KB231523

쉽고 안전하게
돈 빌리는 법
45가지

오남영 · 박연수 지음

참솔

「하늘의 별따기」만큼 어려운 대출을 위하여

경제가 어려울수록 목돈 들어갈 곳은 더 많아지는 게 우리 서민들의 현실입니다.

아파트 중도금이나 전세계약금 차액, 소규모 체인점 창업자금, 상환기일이 돌아온 대출금 같은 큰돈에서부터 자녀의 입학·등록금이나 부족한 생활비, 갑작스런 병원비에 이르기까지 그 수요는 다양하기만 합니다.

그러나 몇백만원에서 몇천만원에 이르는 돈을 갑자기 마련하기란 담보가 있는 경우에도 쉬운 일이 아닙니다. 은행 대출창구를 노크해보면 BIS(국제결제은행) 기준 때문에 신규대출은 막혀 있다는 말을 듣기가 일쑤입니다. 그렇지 않은 경우에도 "우리 은행에 적금 들어둔 것이 있으냐" "평소 거래실적이 상당히 쌓여 있어야 한다"는 등의 조건이 붙는 경우가 대부분입니다.

새마을금고나 상호신용금고 같은 데는 가본 적도 없는데다 또다시 실망만 하게 될까봐 걱정입니다. 그렇다고 사채를 빌리자니 어디서 어떻게 빌리는지도 모르겠거니와 무섭고 꺼림칙한 기분이 들어서 내키지 않습니다. 형편이 이러니까 "어디 돈 빌릴 만한 곳 없을까" "어떻게 하면 빌릴 수 있을까"
하는 궁리와 걱정만 늘어나게 됩니다.

이 책은 바로 이런 분들을 위한 책입니다. 일반서민과 영
세사업자와 자영업자를 위한 실용적인 돈 빌리기 안내서이지
요. 은행, 보험회사, 서민금고, 사채업계를 망라해서 어떤 조
건을 갖추고 어디를 찾아가면 이러이러한 대출을 받을 수 있
다는 실질적인 정보를 실었습니다. 실제로 돈을 빌릴 수 있는
방법을 구체적으로 담았습니다.

좋은 대출상품이라 하더라도 지금 대출이 될 수 있는 종목
과 분야만 해설했습니다. 그러다보니 자격제한이 심한 은행이
나 금고 등 제도금융권보다 이자율은 높지만 자금조달이 쉬
운 사채 쪽을 해설한 분량이 훨씬 많아졌습니다. 대출안내 책
자로서는 기형적인 분량 배분이지만 현재의 경제상황을 고려
한다면 이것이 합리적이라고 글쓴이들은 생각했습니다. 예컨
대 담보가 전세계약서밖에 없는 경우 은행에선 거의 안되지
만 사채대출은 가능하니까요.

다만, 현실은 수시로 바뀌고 오히려 거기에 우리가 활용할

수 있는 틈새가 있다는 점을 독자 여러분은 알아두시기 바랍
니다. 같은 담보대출이라 하더라도 은행마다, 같은 은행이라
도 지점마다, 그리고 같은 지점에서도 시기에 따라 되기도 하
고 안되기도 합니다. 이자율도 많게는 2~3% 까지 차이가
납니다.

사채의 경우도 수수료나 이율, 자격조건이 업자마다 그리고
시기에 따라 조금씩 다릅니다.

이 책에 해설된 정보를 기본지식으로 삼아 되도록 여러 곳
을 알아보는 수고를 아끼지 않는 사람에게 그만큼 이익이 돌
아오게 된다는 뜻입니다.

이 책의 제1부는 박연수가, 제2부는 오남영이 맡아 썼습
니다. 하루빨리 우리 경제가 되살아나서 가계의 주름살도 펴
지고 금융시장이 정상화되기를 바랍니다. 그래서 금융기관 대
출창구가 활짝 열려서 이런 대출안내서는 필요없는 날이 오
기를 손꼽아 기다립니다.

1998. 8. 15.

오남영, 박연수

「하늘의 별따기」만큼 어려운 대출을 위하여 ♪

<table>
<tr><td>제 2 부</td><td>제 3 금융권에서 돈 빌리는 법</td></tr>
</table>

제 1 부

제1·제2 금융권에서 돈 빌리는 법

1 IMF시대의 성공적인 대출전략 5계명

드디어 금융권에 대한 정부의 메스질이 시작됐습니다. 정부는 금융감독위원회를 내세워 인위적인 은행의 퇴출, M&A를 주도하고 있습니다. 요즈음의 금융권 동향을 급진적 용어로 표현한다면 가히 혁명적인 상황이라고까지 말할 수 있습니다.

이러한 경제흐름에서 자신이 필요로 하는 시기에 원하는 금액을 대출받는다는 것은 결코 쉽지 않은 일입니다.

그래서 대출을 잘 받기 위해서는 과거와 같은 접근방법은 지양해야 합니다. 그러나 노력하는 사람에게 기회는 어김없이 주어지는 법입니다.

자! 우리 이제 대출이 가능하도록 계획을 잘 짜고, 이를 실천해서 대출문제를 해결하는 지혜를 터득해 볼까요?

① 적금을 단기로 운영해 목돈을 만들라

대출이 쉽지 않은 시대입니다. 시장실세금리 지표가 되는 회사채 유통금리가 IMF 이전에 I2%이던 것이 IMF 이후 한때는 30%까지 치솟을 정도로 고금리시대가 연출되었습니다. 물론 지금은 I6% 수준으로 많이 하향안정화되었지만 금리가 언제 또 돌변할지 모르는 일입니다.

여기서 말하는 I6%는 돈이 있어 투자하는 사람들의 입장에 섰을 때 I6%이지, 대출받는 사람의 입장에서는 금리를 불문하고 자금을 쓰려고 해도 자금 쓰기가 쉽지 않다는 뜻입니다.

그 이유는 시중자금 흐름, 즉 다시 말한다면 전문용어로 유동성이 단절되어 대출재원 자체가 줄어들었기 때문입니다. 그래서 대출받는 것은 일단 접어두고 어떻게든 자신이 할 수 있는 모든 방법을 강구해야 합니다. 그것이 월수입 관리를 잘해서 대출을 보완하는 방법을 택해야 하는 이유가 되는 것입니다.

월저축의 운영형태를 한번 볼까요. 대개 일정금액 이상은 최저가입기간이 3년 이상 되는 비과세가계장기저축 상품 또는 개인연금으로 운영하는 분들이 많습니다. 그런데 이것은 IMF시대에 걸맞는 대출 희망자들의 올바른 자산관리라고는 볼 수 없습니다. 따라서 월저축 가능금액을 무조건 단기금융상품에 투자하여 빠른 시간 내에 목돈을 만드십시오. 그렇게 하여 필요로 하는 대출의 크기를 줄여야 합니다.

또 대출금리 1%는 실제 내가 부담하는 것이지만 예금금리 1%는 세금 22%를 공제하면 0.78%밖에 되지 않습니다. 그렇기 때문에 대출이 필요한 사람이 한가롭게 장기적금상품에 투자하는 것은 어리석은 일입니다.

대출받는 것도 중요하겠지만 월저축 가능금액을 최대한 늘이고 무조건 단기로 운영하여서 목돈을 만드는 것이 현재와 같은 금융시장 흐름에서는 최선의 선택이라 할 수 있을 겁니다. 월수입을 최대한 단기로 운영해서 목돈을 만들 수 있는 금융상품에는 **투자신탁회사, 증권사의 MMF(단기금융상품), 은행의 상호부금**이 있습니다.

아무리 급해도 바늘 허리 매어 못쓴다는 속담도 있지 않습니까. 그러므로 대출부터 먼저 받으려고 애쓰다가 은행의 높은 문턱을 탓하지 말고, 평소에 계획적이고 합리적인 가계수입운영, 자산관리를 하는 것이 현재의 금융시장에서는 무엇보다 중요하다고 할 수 있습니다.

# 주거래은행을 정하고 거래를 집중하라

옛말에 급할수록 돌아가라는 말이 있습니다. 이것은 지금과 같은 금융 상황에서 대출받고자 하는 분들에게는 더욱 절실하게 들리는 말이 될 것입니다.

대출받는 사람의 입장에서는 대출이 필요한 시점에 바로 대출받는 것이 의미가 있겠지만, 지금의 경제환경이 대출받고자 해도 대출이 바로 이루어질 수 있는 환경이 아니잖습니까? 별 뾰족한 수를 짜내봐야 상황은 더욱 어렵기만 할 뿐입니다.

그러므로 지금이라도 당장 주거래은행을 정하고 은행거래실적을 차곡차곡 쌓아나가는 것이 중요합니다.

은행거래실적이라고 해서 거창한 것이 아닙니다. 매월 나오는 급여이체통장을 주거래은행에서 만들고 각종 공과금과 신용카드이용도 주거래은행에서 발급받은 카드로 집중하여 거래하면 됩니다. 그것이 시간이 지남에 따라서 조금씩 거래실적이 쌓이면 금액이 그다지 크지 않더라도 신용으로 대출받을 수 있는 조건을 갖추게 되는 것입니다.

여러분, 은행 문턱이 높다고 불평만 할 게 아니라 지금 당장 주거래은행을 지정하여 거래를 집중해서 신용부터 쌓도록 합시다.

3 제2 금융권 이용이 틈새가 될 수 있다

요즘 금융기관의 구조조정이다 부도다해서 나라 안이 온통 시끄러워지자 돈있는 사람 입장에서는 수익성보다 안정성이 투자에 있어 더 큰 덕목이 되고 있습니다. 사실 IMF 전에는 상장금융기관이 부도가 난다는 것을 감히 상상이나 해보았습니까?

그러나 이제는 은행도 못믿을 판이니 만큼, **신용협동조합, 새마을금고, 단위 농·축·수협** 등 제2 금융기관을 이용하는 것은 돈을 굴리는 사람의 입장에서는 쉽지 않은 선택이 될 것입니다. 하지만 내 돈을 예금하는 것이 아니라 대출받는 것이라면 거래금융기관이 설사 부도가 난다할지라도 대출받은 사람이 손해 입을 일은 없을 것입니다.

왜 이런 말씀을 드리느냐 하면, 앞에서 거론한 제2 금융권이 대출받는 데 있어 은행보다 훨씬 수월하기 때문입니다. 은행의 경우 대출에 따른 보증인의 자격요건으로 재

산세 납부실적이 꼭 있어야 함은 물론이고, 재산세 납부금
액도 일정금액 이상을 요구하기 때문에 보증인 구하는 것
이 쉽지 않습니다.

　또한 은행의 경우 재산세를 내는 보증인을 구하지 못하
면 상장회사 재직년수 5년 이상의 보증인을 요구하는데
주위에 상장회사에 5년 이상 다닌 사람이 그리 흔한 것도
아니고 요즘 같은 IMF시대에 누가 섣불리 보증을 서겠다
고 나서겠니까? 그래서 지금은 대출자격이 돼도 보증인 구
하기가 어려워서 대출받기 더욱 까다로운 시기입니다.

　하지만 소규모 금융기관이라고 할 수 있는 새마을금고,
신용협동조합, 단위 농·축·수협은 영업기반이 특정지역
이거나, 회사 또는 종교시설에서 운영하는 곳이 많습니다.
그래서 보증인 자격요건이 은행에 비해서 그리 까다롭지
않고 대출도 비교적 손쉽게 될 수 있습니다.

　그렇기 때문에 대출을 받기 위해서는 이들 금융기관의
조합원으로 등록하여 비록 작은 금액일지라도 거래를 터놓
으면 한동안 얼어붙은 IMF시대 대출시장에서는 그나마
비빌 언덕이 될 수 있을 것입니다.

 ## 할부금융도 이용할 생각이라면 아파트 분양받는 것을 단념하라

이 얘기는 아파트의 경제적 가치를 평가하기 이전에 지금처럼 할부금융의 금리가 20%~25%까지 하는 금융시장에서는 아파트 분양에 따르는 경제적 손실이 너무 크고 가뜩이나 소득이 줄어든 가계에 큰 부담이 되므로 굳이 힘들게 분양을 받지는 말라는 뜻입니다.

투자를 할 때 가장 큰 원칙은 각 투자수단의 수익을 일정기간 후에 분석하고 평가해보는 것입니다. 현재 여러분이 아파트를 내 돈으로 중도금을 내고 분양받는다고 가정해 봅시다. 이때 입주시기는 분양받은 후 3년이라고 예상한다면 최소한 3년 후 아파트 가격이 분양가보다 60% 이상은 상승해 있어야 손해가 나지 않습니다.

왜냐하면 지금 아파트를 분양받지 않고 이 돈을 채권에 투자한다면 최소한 50% 이상의 투자수익을 올릴 수 있기 때문입니다. 여기에다 아파트취득에 따른 취득세, 등기비 등을 모두 고려하면 아파트를 분양받은 후 3년이 지났을 때 최소 아파트 가격이 60% 이상은 상승해야 손해가 없겠지요. 그런데 서울지역만해도 분양가 자율화로 분양가가 현시가보다 웃도는 경우도 있을 정도이니, 아파트를 분양받은 후 3년이 지나서 60% 이상의 가격상승을 꿈꾸는 것은 현실성이 없어 보입니다.

위에서 본 것처럼 내 돈으로 아파트를 분양받는 것조차 경제성이 없는 판국에 남의 돈 끌어다 아파트 중도금을 낸다는 전제로 분양받는 것은 천부당 만부당한 일이 되고 말았습니다.

물론 분양가가 현시가보다 낮게 잡힌 수도권 주변지역이라면 얘기는 달라질 수 있겠지만 그런 지역이 그리 흔한 것이 아니잖습니까?

따라서 대출상품 중에서 금리가 가장 높다고 할 수 있는 할부금융자금을 받아다 아파트를 분양받는 것은 경제성이 없는 행동입니다.

5 사채자금은 신중하게 써야 한다

저는 개인적으로 사채를 백안시하지는 않습니다. 사채가 나름대로 경제적으로 기여하는 것은 명동을 중심으로 하여 기업의 진성어음을 할인해주는 어음할인시장입니다.

그러나 급전 형식의 사채는 사회·도의적 측면에서 아직 부정적인 요소가 많고 금리 면에서도 합리적으로 설명되지 않는 부분이 많습니다. 그러므로 최악의 경우에도 사채의 이용은 대단히 신중하게 결정해야 합니다.

또 대부분은 돈을 빌려주면서 채무에 대한 약속어음 공증을 하는데, 이것만으로도 사채업자가 임의로 재산에 대한 압류조치를 취할 수 있기 때문에 공증에 익숙치 못한 사람은 피해를 볼 수밖에 없는 상황에 이르게 될 수도 있습니다.

그러니 사채는 쓰지 않겠다는 원칙을 세우세요. 그래도 피치 못한다면, 이 책의 「제3금융권에서 돈 빌리는 법」 편을 잘 읽어보시고 조심스럽게 사채시장을 두드리십시오.

2 대출에도 내 몸에 맞는 체형이 있다

IMF 이후 국내 자금시장은 꽁꽁 얼어붙다 못해 자금흐름의 고리가 단절되어 경색국면이 계속되고 있습니다. 그러다 보니 대한민국 어디를 가도 돈 빌리기가 편치 않은 형편이지요.

옛말에 「궁즉통(窮即通)」이라 했습니다. 가만히 앉아만 계시겠습니까.

"대출에도 내 몸에 맞는 체형"이 분명히 있습니다. 「새내기 직장인」 「아파트 중도금을 내야 할 분」 「부동산을 담보로 대출할 분」 「팩토링금융으로 어음할인하고 싶은 중소사업자」 「결혼자금이 필요한 OL」 등 6가지의 사례로 나누어 험한 대출의 산맥을 한번 넘어 볼까요?

자신이 처한 상황을 정확히 파악하고 저와 함께 떠난다면 확실한 길이 눈앞에 보일 것입니다.

1 나는 직장도 시원찮고 집도 없는 새내기 직장인

IMF 이전만 해도 부동산담보나 보증보험증권이 없어도 등록법인 이상의 회사에 재직중인 사람은 신용만으로 쉽게 대출받았던 시기가 있었습니다. 그런데 그것은 벌써 옛말이 되어버렸지요. 대출받기 위해서는 예전과는 다르게 각고의 노력이 선행되어야 합니다.

이 사례에 해당되는 분들은 그나마 행운이라는 생각이 듭니다. 요즘같은 불황기에 설혹 만족스럽지는 않을지라도 직장이 있다는 것은 참으로 다행한 일이기 때문입니다.

직장 새내기들이 대출을 필요로 하는 것은 단기적으로는 결혼 혼수비용을 마련하는 것으로, 멀리는 내집 마련을 위한 것이겠지요. 그러나 직장 재직년수가 짧아 보증보험증권 발급도 힘들고 부동산담보는 더군다나 생각지도 못하는 새내기 직장인들의 입장에서는 대출받는다는 것이 깜깜한 일이 아닐 수 없습니다.

자꾸 과거, 과거 얘기해서 안됐지만 불과 1~2년 전만해도 자본금 20억 이상의 회사에 다니는 직장인은 보증인 1인의 개인담보만으로도 보증보험증권 담보대출이 가능했습니다. 금융기관에 따라서는 특정상품 가입조건으로 1천만원까지는 대출이 수월했습니다.

또 금융권의 여신 전산망이 완성되지 않는 관계로 개인여신이 금융기관별로 크로스 체크가 되지 않았기 때문에 다수의 금융기관으로부터 대출을 이끌어 낼 수 있었습니다.

하지만 금융기관 간의 여신 전산망이 가동되면서 금융기관의 모든 개인대출 관련자료가 체크되는 현시점에서는 정말 과거의 얘기가 되어버렸습니다.

더욱이 BIS(국제결제은행) 비율이다 뭐다 해서 금융기관조차 구조정리대상의 핵심으로 떠오른 현 시점에서 불과 1년 전의 금융시장 모습마저도 저의 감각으로는 까마득한 옛날 일로 여겨질 뿐입니다.

자! 그러면 당장 결혼을 눈앞에 두고 있는 새내기 직장인들은 어떻게 해야 대출자금을 만들 수 있을까요? 부모가 부유해서 결혼자금을 대주면 몰라도, 또 부모가 잘 살아도 결혼자금을 모두 마련해줄 수 있는 부모가 과연 얼마나 되겠습니까? 결국 많은 분들이 결혼자금은 셀프로 마련해야 된다는 얘기가 됩니다.

자, 그럼 이런 경우 어디 좋은 대출방법이 없을까요? 현재의 대출시장이 아무리 어렵다해도 노력하는 사람에게는 길이 열릴 수도 있는 것입니다. 단 조건은 대출이 가능한 틈새시장을 지금부터 잘 공략해야 합니다. 그럼 우리, 대출이 반드시 된다는 보장은 어렵지만 가능한 방법들을 찾아 대출여행을 떠나볼까요?

1. 대출연계 저축상품에 빨리 가입하라

가야 할 길이 멀고 험할수록 문제를 정석으로 풀어야 합니다. 집도 없고 개인의 신용도 열악한 새내기 직장인의 대출전략은 우선 각 은행의 대출연계 저축상품을 이용하는 것이 될 것입니다. 이 대출연계 저축상품 중에서 가장 대표적인 것은 **상호부금**이라고 할 수 있습니다.

　상호부금은 은행마다 운영하는 규정이 다르지만 저축가입기간의 1/3～1/4까지 불입하면 대출받을 수 있는 조건이 됩니다. 그러나 여기에서 꼭 명심해야 할 것은 대출 받을 수 있는 조건이 된다는 것과 대출이 된다는 것은 엄연히 구별해야 한다는 점입니다. 왜냐하면 대출조건이 된다고 무조건 대출 해주는 은행은 없기 때문이다.

　이 경우에 재산세를 연 5만원 이상 내는 사람이나 국가공무원, 신뢰할 만한 기업에 최저 5년 이상을 근무한 사람들을 연대보증인으로 세우지 않으면 대출이 되지 않습니다. 사실 은행의 입장에서 생각해보면 저축연계 대출은 일종의 신용대출이라고 할 수 있는데 겨우 입사한 지 얼마 안되는 새내기 직장인을 상대로 무보증으로 대출해줄 은행은 없을 것입니다.

그렇다면 보증인을 구하기가 힘든 사람은 어떻게 하냐구요. 소액이라면 경우에 따라서는 무보증 대출이 가능한 곳도 있는데 그것에 적합한 것이 **국민은행**의 **두배로 상호부금**이 될 것입니다.

아무튼 여러분! 어느날 갑자기 대출받고 싶다고 대출이 되는 것이 아닙니다. 오랜 기간 차곡차곡 금융기관과 거래실적을 쌓아 놓았을 때 비로소 가능한 것입니다.

2. 은행거래실적을 무조건 높여야 길이 열린다

은행문턱이 높다고 참으로 말들을 많이 합니다. 그러나 그것은 대출받는 사람의 입장에서 볼 때 그렇지 은행의 입장에서는 상반된 위치에 서게 됩니다. 왜냐하면 저축상품 팔아서 장사 잘 하다가 소액이라도 대출에서 물려버리면 헛장사하는 것 아니겠습니까?

특히 IMF 이후 개인대출 거래자의 연체가 급증해 일부 금융권의 지점에서는 총개인 대출자의 10%가 이자를 연체하고 있다는 애기도 들립니다. 이런 판국이니 은행의 입장에서는 누구에게나 쉽게 대출해줄 수는 없는 노릇일 겁니다.

그렇기 때문에 은행의 입장에서는 대출 전에 개인의 신상을 계속해서 검증해 볼 수밖에 없는 것이지요. 더욱이 그것도 못 미더워서 보증인을 요구하게 되는 것이고요. 그래서 은행문턱이 높다고 은행 탓만을 할 게 아니라 본인이 평상시에 은행거래를 성실하게 해왔는가 하는 점을 한번쯤은 냉정하게 생각해봐야 하는 것입니다.

우리는 은행거래 하면 고액의 예금을 하거나 적금을 크게 불입하는 것만이 은행거래를 하는 것이라고 생각하는 경우가 많은데 그것은 그렇지 않습니다. 은행거래라는 것은 단돈 1,000원이라도 여유돈이 있으면 은행을 이용하는 월급생활자에게는 **급여이체**에서부터 **각종 공과금이체, 카드결제** 실적 모두가 은행거래 실적에 포함되고 비록 변변찮은 금액이지만 오랜 기간 꾸준히 거래하는 사람에게 일정 등급 이상 신용을 인정하게 됩니다.

그래서 대출이 당장 필요하다고 은행에 가서 통사정하다가 안되면 은행 욕이나 싸잡아서 하는 못난 사람되지 말고 평소에 주거래은행을 정하고 사소한 금액이라도 집중해서 거래하는 자세가 필요합니다.

이렇게 거래실적을 쌓아가다 보면 받을 수 있는 것으로 **마이너스통장 대출**이 있습니다. 마이너스통장 대출은 개인에 대한 은행거래 실적을 종합적으로 평가하고 대출한도를 정해 주는 상품입니다.

만약 저의 대출한도가 1,000만원이라고 한다면 1,000
만원 대출한도내에서 수시로 갖다 쓰면 됩니다. 여기에 대
한 이자는 내가 갖다 쓴 금액과 기간에 대해서만 지급하면
되기 때문에 편리한 점이 아주 많습니다.

또 마이너스통장 대출의 장점은 금리가 저렴하다는 것
을 들 수 있습니다. 사실 IMF시대가 되면서 대출금리가
급격히 상승하여 신탁대출의 경우 금리가 20%선에 육박
하는 것이 현실이지만 마이너스통장 대출은 일반계정으로
운영되기 때문에 대출금리가 상대적으로 저렴하다는 장점
이 있습니다. 여러분 지금 당장 은행거래를 시작하십시오.

3. 카드론을 이용하기는 편리하나 금리가 높다

카드론은 말 그대로 은행신용카드를 이용해서 대출을 받는
것입니다. 아마 여러분 가운데 대부분 은행신용카드 한 장
없는 분이 없을 것입니다. 저도 한때는 은행카드를 11장
까지 갖고 다닌 적이 있었을 정도이니까요. 물론 지금은
주거래 은행카드 1장만 남기고 모두 태워 버려서 쓰지 않
고 있습니다.

카드를 많이 소유하면 편리한 점도 있겠지요. 그 편리함
이라는 것이 결국 알고 보면 카드를 돌려서 서로 결제일
다른 카드끼리 막고, 그것이 힘들면 신규카드 발급받아서

또 다른 카드 결제로 돌리고, 카드대출 받아서 주식투자하고, 현금 주고는 사기 힘든 고가의 물건을 할부로 구입할 때 활용하는 것입니다.

그러나 그 편리함의 대가라는 것이 결국 개인파산으로 이어지는 경우가 부지기 수입니다.

저의 경우에도 개인파산까지는 가지 않았지만 I천만원이 넘는 카드 빚을 일시에 갚아야 할 지경까지 사태가 악화되어 은행대출로 간신히 위기를 넘긴 적이 있습니다. 뭐, 사실 카드를 잘 활용하는 사람에게는 카드가 유익한 구실도 할 것입니다. 하지만 카드를 저처럼 합리적으로 사용하지 못해 망신당한 사람도 많을 것입니다. 뭐든지 자신이 하기 나름 아니겠는가 하는 생각입니다.

그렇지만 제가 여기서 카드론을 말씀드리는 것은 그래도 신용만으로 단돈 I00만원이라도 대출받기엔 현실적으로 카드론이 유리하기 때문입니다. 그래서 카드론이 금리도 높고 상환조건에 있어서도 은행대출 상품과 비교할 수 없겠으나 발등에 불이 떨어질 정도로 아주 급할 때는 요긴하게 쓸 수 있는 장점도 있습니다.

은행권 카드론 중에서 이용절차가 비교적 간편한 **장은카드의 카드론**은 일반카드 소유자간의 맞보증으로 I인 500만원까지 대출이 가능하고 2인의 보증인이 있으면 I,000만원까지 대출이 가능합니다. 그리고 골드카드 소유자의 경우에는 자체 신용만으로도 500만원까지는 대출이 가능하

고 1인의 보증인이 추가되면 1,000만원까지 대출이 가능
합니다.

　단, 현재의 대출시장 흐름이 대단히 경색되어 있기 때문
에 대출시점의 자금시장 사정에 따라 수시로 대출가능 여
부가 변할 수 있습니다. 때문에 카드론을 이용하는 경우에
도 해당카드사에 대출가능 여부를 수시로 확인하는 지혜가
필요합니다.

　그리고 카드론을 이용하기 위해서는 연체사실이 있어서
는 절대로 안된다는 점을 꼭 명심해야 합니다.

# 아파트는 분양받았는데 중도금 낼 일이 막막합니다

서민들의 입장에서는 내집 마련 방법 중에서 그래도 가장 많이 선호되었던 것이 신규 아파트를 분양받는 것이었습니다.

아파트를 신규분양 받는 것은 일시불을 주고 내집을 마련하는 것과 비교해서 분양 입주시기까지 분양대금을 나눠서 낼 수 있는 장점이 있기 때문입니다. 또 한가지 서민의 입장에서 분양을 통한 내집 마련하기의 가장 큰 장점은 서민들에게는 일생에 한번 있을까 말까 한 재테크의 최대 기회였기 때문입니다.

지금이야 분양 아파트의 경제적 이점이 많이 상실되었지만 불과 수년 전만 해도 아파트를 분양받은 후 입주시기가 되면 프리미엄을 얹어 거래되기도 했습니다. 지역에 따라서는 입주 후 시세가 분양가의 2배까지 치솟는 곳이 상당수 있었기 때문입니다.

분양 아파트를 마련하는 대다수 사람들은 중도금 납입을 대출로서 해결할 계획을 세우고 아파트를 분양받게 됩니다. 사실 돈 쌓아놓고 아파트 분양대금을 낼 수 있는 사람은 별로 많지 않을 것입니다. 그래서 대부분의 사람들은 우선 **주택은행**의 **저리 자금**을 끌어내고 그것이 부족하면 **주택할부금융**의 **주택자금**을 이용하는 것이 지금까지의 중도금 마련에 대한 일반적인 관행이었습니다.

그러나 IMF 사태가 터지자 주택할부금융사의 주택자금을 이용해서 중도금에서 잔금까지를 치르려는 사람들은 생각을 바꿔야 하는 경제적 변화가 있었습니다. 따지고 보면 IMF 이전에도 주택할부금융은 시장실세금리의 지표가 되는 회사채 유통수익률을 기준으로 해서 거기에 가산금리가 붙는 식으로 대출금리가 정해졌기 때문에 고금리 상품이었습니다.

그러나 그래도 15% 이상을 넘지 않았었는데 IMF 이후에는 주택할부금융사의 대출금리가 연 20%를 훨씬 넘을 정도의 고금리가 되고 말았습니다. 그러므로 금리만을 놓고 볼 때 주택할부금융사의 주택자금 대출은 가계금융의 대출로는 부적절한 상품이 되었습니다.

이보다 더 문제가 되는 것은 이와 같은 고금리를 부담하더라도 대출받는 것이 쉽지 않다는 점에 더 큰 문제가 있습니다. 주택할부금융회사는 여신전문 금융기관이기 때문에 수신을 받을 수 없어 부득이 타금융기관에서 자금을 끌어다 대출자원을 확보해야 합니다.

그러나 IMF 이후 주택할부금융회사의 주요 자금조달 창구가 되어 왔던 종합금융회사가 무더기로 영업정지 혹은 도산을 함에 따라 자금조달 자체가 힘들어졌고 시중금리의 급격한 상승으로 기존 대출금에 대한 손실이 눈덩이처럼 증가하여 거의 대부분의 주택할부금융회사의 영업기반이 취약해졌기 때문입니다.

자, 이런 판국이니 아파트는 분양받아 놓았는데 수중에 돈은 없고, 어찌됐든 대출금을 받아서 중도금 문제를 해결해야 되겠는데 주택할부금융회사들은 저 모양이고, 걱정이 이만저만이 아닐 것입니다.

그래서 요즘 위약금을 물더라도 당장 분양 아파트를 해약하는 것이 사태의 악화를 막는 길이라고 생각하는 분들이 늘어나고 있습니다. 하지만 위약금을 지불하는 문제도 그리 간단한 것은 아닙니다. 위약금이라는 것이 돈 몇푼으로 끝나는 것도 아니고 분양대금의 10%를 내야 하는 것이니 만큼, 아파트를 포기한다는 것이 쉽지만은 않을 것입니다.

또한 지금은 경제환경이 최악으로 어떻게든 정리하고 싶겠지만 입주시기를 전후해서 아파트 가격이 상승할지도 모르는 일이기 때문에 포기하고 만다면 훗날 큰 후회를 할 수도 있는 것입니다.

자, 그렇다면 중도금을 어떻게 마련하는 것이 좋을까요?

지금부터 아파트를 분양받고자 하는 분들이라면 충분히 생각하고 대비해야 합니다.

그러면 어떻게 하는 것이 가장 좋을까요?

❶ 저는 지금부터 주택할부금융을 이용한 주택자금 대출은 생각하지 말라고 권하고 싶습니다. 그 이유는 주택할부금융의 대출금리가 20%를 넘어섰기 때문에 오히려 중도금을 연체시키는 한이 있더라도 현재와 같은 금리로는 대출받아서 얻을 수 있는 아무런 경제적 이득이 없습니다.

그래서 적어도 아파트 분양을 통해서 내집을 마련하려고 생각하는 분은 최소한 1년 전부터 대출작전에 돌입하여 저리의 대출자금을 끌어내기 위한 노력을 게을리 해서는 안되는 것입니다.

❷ 따라서 우선적으로 해야 할 일은 어떻게 하든 주택은행 출입을 자주해서 단 한 푼이라도 저리의 주택자금을 대출받기 위하여 비교적 대출이 용이한 대출연계 적금상품에 미리 가입해 두어야 합니다.

❸ 그 다음, 주거래은행을 통한 마이너스통장 대출한도를 미리 받아놓는 방법을 꼭 생각해보십시오.

❹ 마지막으로 자신의 보증보험한도를 체크하여 마지막 상황까지 대비하는 것이 중요합니다.

❺ 물론 대출받기에 앞서 대출과 관련없는 모든 예·적금을 해약하고 십시일반 모으는 자세가 그 무엇보다 필요합니다.

③ 부동산은 빵빵하게 갖고 있는데 대출은 어떻게……

우리의 관념 속에 대출하면 부동산 담보대출을 염두에 둘 정도로 대출은 부동산 담보대출을 의미하는 것이었습니다. 그래서 부동산이 있다고 하면 대출받는데 어떠한 어려움도 없다는 것이 상식화되어 있습니다.

그러나 지금도 그럴까요. 여러분도 익히 들어서 알다시피 자산 디플레이션이다 해서 부동산에 대한 곱지 않은 시선들이 많습니다.

또 부동산도 이젠 환금성이 대단히 중요한 가치척도로 떠올랐습니다. 그래서 공시지가가 많이 나간다 해도 환금성이 없는 임야, 상가, 다세대, 오피스텔, 빌라(연립) 같은 부동산에 호의적으로 대출해주는 금융기관도 거의 없습니다. 그래서 부동산 담보대출도 그리 녹록치 않은 현실이 되었습니다.

또 우리가 가장 잘못 알고 있는 상식 중의 하나는 은행

대출상품은 무조건 좋고 기타 금융기관의 대출상품은 무조건 나쁘다는 시각은 버려야 합니다. 왜냐하면 실재 은행대출의 연금리가 1~2% 낮다고 해도 대출에 따르는 구속적 예·적금이 많다고 한다면 통상 예금금리(구속성 예금)와 대출금리는 차이가 나게 마련이기 때문에 대출받는 사람의 입장은 경제적으로 더 손해가 될 수 있습니다.

그래서 대출상품은 단지 대출 이율만 따지는 것이 아니라 대출에 따른 부수적 조건들을 일일이 따져서 대출조건의 비교우위를 논해봐야 하는 것입니다. 그럼, 여러분이 빵빵한 부동산이 있다고 가정한다면 어떻게 하면 대출을 잘 받는 것일까요? 한번 대출전략을 구상해 볼까요.

1. 최상의 조건을 제시하는 금융기관과 거래하라

아무리 금융기관들이 구조조정을 겪는다해도 부동산 담보대출을 안할 수는 없을 것입니다. 왜냐하면 금융기관 입장에서 그나마 가장 신뢰성 있는 자산운영 방법이 부동산 담보대출이기 때문입니다.

금융기관의 자산운영 방법을 알아보면, 대개가 주식투자로는 대규모 평가손을 기록하고 있고 기업여신은 이제 금융기관 자체를 부실화시키고 있을 정도로 심각합니다. 그러나 개인을 대상으로 하는 부동산 담보대출만은 금융기관

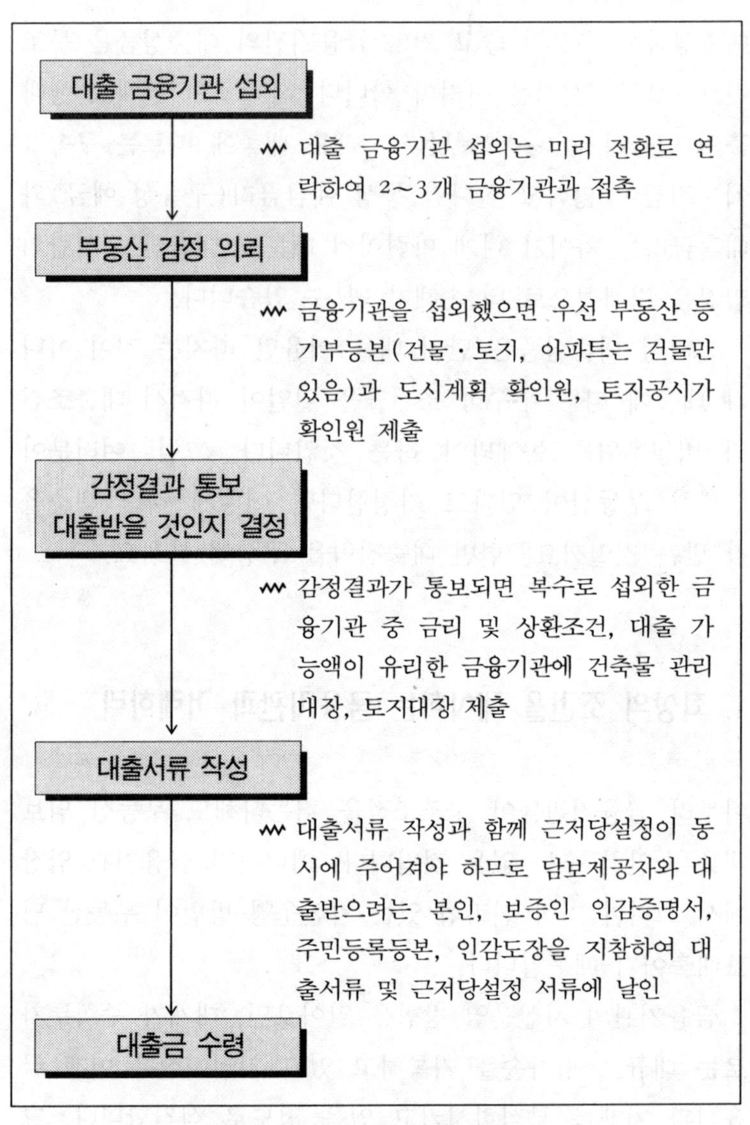

〈부동산 담보대출 업무 흐름도〉

 2. 대출에도 내 몸에 맞는 체형이 있다

을 멍들게 하지 않습니다.

따라서 아직도 부동산 담보대출은 가능하기 때문에 대출에 신중하게 접근하는 자세가 필요합니다.

물론 부동산도 다같은 부동산이라고 할 수는 없고 흔히 환금성이 좋아 A급 물건이라고 할 수 있는 아파트는 어디 가서나 대접받을 수 있습니다. 그러나 상가나 오피스텔, 다가구, 다세대 주택은 평가금액이 적다는 것을 미리 염두에 두는 것이 좋겠습니다.

앞에서 말씀드렸듯이 부동산 담보대출은 그래도 모든 금융기관이 아직은 소극적이나마 취급하고 있습니다. 그러나 각 금융기관별로 대출가능 금액, 금리, 상환조건, 구속적 예·적금 등 대출에 따르는 부대조건들이 천차만별이기 때문에 금융기관 선택을 어떻게 하느냐가 부동산 담보대출에 있어 가장 중요한 핵심사항이 됩니다.

그래서 다수의 금융기관과 접촉하여 대출가능 여부를 확인하고 가능하다면 적어도 2~3군데 금융기관에 감정서류(최초 감정시 필요서류 : **부동산 등기부등본**(토지·건물, 아파트는 건물만 있음), **토지대장, 건축물 관리대장, 토지공시가 확인원**)를 집어넣고 감정이 끝난 후 대출가능 여부와 대출 부대조건을 따져봐서 가장 좋은 조건을 제시하는 금융기관과 거래하는 것이 경제적으로 이익이 될 수 있습니다.

2. 외국계 가계금융 취급은행을 접촉하라

BIS 비율이라고 해서 국제결제은행이 요구하는 자기자본 비율 8%를 채우지 못하는 금융기관에는 사실상의 사형선 고인 은행퇴출로 강경하게 밀어붙인다는 것이 정부의 구상 입니다. 그러다 보니 자금 끌어들이기에 바쁜 국내은행들 의 대출 여력이 없다는 것은 미루어 짐작할 수 있습니다.

그러나 국내은행들이 이렇게 허덕이고 있을 때 **시티은 행, 홍콩 상하이은행** 등은 이 틈을 기회로 국내영업에 더욱 더 열성적입니다. 시티은행의 자기자본비율이 21%라고 하니 안정성이야 우리나라 은행과는 비교도 할 수 없겠 죠. 그러다 보니 이들 금융기관들은 예금이 몰려와 유동 성도 충분하고 대출을 오히려 더욱 적극적으로 하는 감이 있습니다.

따라서 부동산 담보대출의 경우 외국계 은행이라고 낯 설어 하지 말고 해당은행에서 적정물건으로 판단하는 것이 라면 외국계 가계금융 취급은행과 거래하는 방법도 염두에 두는 것이 틈새 전략이라고 할 수 있습니다.

3. 보험사, 상호금고의 대출이 오히려 쉽다

요즘 우스갯소리로 제2금융권의 일부회사, 또는 기타 금융기관으로 분류되는 회사들이 오히려 안전한 것 아니냐는 말이 있습니다. 왜냐하면 그들 금융기관들은 외화자금 조달조차 할 수 없기 때문에 BIS비율과도 무관하고 듣기만 해도 역겨운 IMF의 캉드쉬하고도 상관없기 때문입니다.

그러나 정작 중요한 것은 그들 금융기관의 대출상품이 전문은행과 비교해서 경쟁력을 갖는가 하는 점이 될 것입니다. 하지만 이 점에 있어서도 이들 금융기관이 은행상품과 견주어 꼭 뒤처진다고 할 수는 없습니다.

보험사의 경우 96년 말까지만 해도 대출원금의 월 1% 범위내에서 보험가입이 되어야 대출을 받을 수 있게 보험업법에 규정되어 있었으나 현재는 이 규정이 철폐되어 꼭 보험가입자가 아니라도 대출이 가능합니다.

그 다음 문제되는 것이 금리 부분으로 금리인상 전의 보험사 대출금리는 기관에 따라 1년에서 3년까지 14~15% 수준으로 은행의 신탁금리와 견주어 높다고 할 수 없었습니다. 은행의 대출은 대개 만기가 1년인데, 1년 후 연장하게 되면 은행측이 마음대로 금리를 인상해서 IMF 이전에도 16% 이상에 대출을 받았던 사람이 아마 모르긴 해도 무척 많을 것입니다.

현재 보험사의 대출시 적용되는 금리는 보험사에 따라 다소 차이는 있겠으나 19% 선으로 현재 은행과 할부금융과 비교해 보면 높다고 할 수 없을 것입니다.

다음으로 상호신용금고의 대출이 있는데, 우선 말씀드릴

것은 상호신용금고의 대출금리는 대부분 20%가 넘는다는 점입니다. 그러나 아직까지도 대출을 적극적으로 운영하는 곳이 많고 대출에 따라 구속성 예·적금이 적다는 데서 한푼이 아쉬운 사람에게는 비록 금리는 높더라도 편리한 점이 많이 있을 것입니다.

# 중소사업자가 팩토링금융으로 어음할인 하는 법을 알고 싶다

IMF시대에 가장 죽을 맛 나는 사람들이 바로 사업하는 분들이 아닌가 합니다. 경기가 침체되다 보니까 물건이 당연히 안 팔려 어려운 점이야 어쩔 수 없다손치더라도 대규모 기업집단의 부도로 이들 기업의 외주업체들인 중소기업 역시 물건을 팔고 받은 어음이 부도가 나 휴지조각과 다름없는 무용지물로 변해 그 답답함이야 안 겪어본 사람은 감히 짐작도 하지 못할 것입니다.

또한 우리나라에서의 상거래는 대부분의 중소사업자가 물건을 납품하고 나서 그 대금으로 현금을 받게 되는 비중보다 어음으로 대금결제를 받게 되는 경우가 더 많습니다. 그러다 보니 가뜩이나 자금이 어려운 중소사업자들은 어음 받아 할인해서 운전자금을 확보해야 하는데 그것이 현실적으로 가능하지 않습니다.

과거야 부동산 담보가 있으면 부동산 담보내에서 할인

이 가능했지만 지금은 그것조차 여의치 않은 경우가 많습니다. 만약 어음을 할인한다고 가정해도 제2 금융권의 할인금리가 25%를 넘는다고 하니 사업하는 사람 입장에서는 물건대금을 어음으로 받아 할인하는데 25%의 금리를 부담하면 사업채산성을 기대하는 것 자체가 무리라는 생각입니다.

애기의 주제와는 거리감이 있는 사례가 될지 모르겠으나 우리보다 일찍 IMF를 겪은 영국은 현재 경영자의 70% 이상이 회계학을 전공한 사람이라고 합니다. 그만큼 현대경영에서는 공격적인 마케팅 능력을 구사하는 사람보다 단 한푼이라도 소모성 경비를 줄이는 사람이 더 대접받는 시대가 되었다고 할 수 있습니다. 이것은 그만큼 현대경영이 각박해져 있음을 역설하는 것이기도 합니다.

여러분들도 오늘 당장만 사업하고 다시는 사업을 안 하려면 몰라도 이제부터는 어음할인 잘해서 금융비용 단 한푼이라도 줄일 수 있는 방법을 알아두는 것이 미래의 불확실성에 대비하는 일이 될 것입니다.

자, 그럼 누구도 가르쳐주지 않는 어음할인의 비법을 전수받아 보십시오.

1. 어음할인과 어음할인 팩토링을 구분해야 한다

어음할인이나 어음할인 팩토링이나 그게 그거지 어떻게 다르냐고 반문하면 이제는 정말 곤란합니다.

어음할인이라고 하면 다음과 같은 유통경로를 거치는 것만을 어음할인이라고 알고 있으면 되고 나머지는 모두 어음할인 팩토링으로 보시면 됩니다.

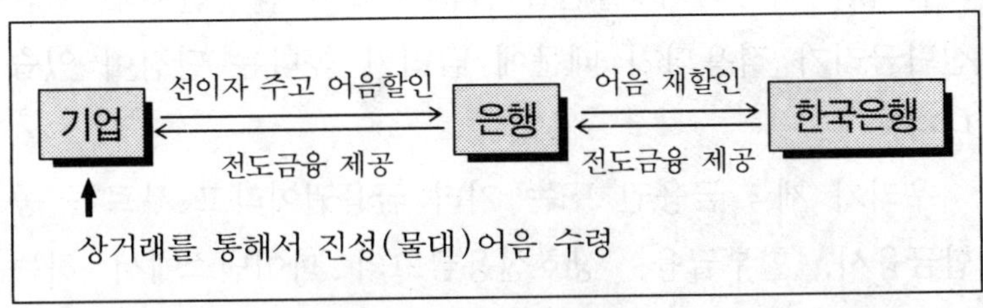

〈어음할인의 유통경로〉

위의 표에서와 같이 어음할인이라고 하는 것은 기업이 상거래를 통해서 받게 된 진성(물대)어음을 은행에서 할인하고 은행은 이를 한국은행에 가서 재할인하는 유통과정을 말합니다. 이때 한국은행 재할인 적격어음이 될 수 있는 제조업체 또는 건설회사 중에서 일부 업종, 또는 기술(신용)보증기금의 보증서(할인보증)가 첨부된 어음에 한해서 재할인이 가능합니다.

따라서 받을 어음이 빵빵한 대기업 또는 대기업 계열이라도 한국은행 재할인 적격어음에서 제외된다면 어음할인을 할 수 없습니다. 그때는 은행이 채권을 만기까지 보유하는 조건으로 어음할인을 하게 되는데 이것을 어음할인 팩토링 또는 확정채권 팩토링이라고 합니다.

그래서 은행에서 어음할인하는 방법은 두가지가 있는데 우리는 이것을 확실하게 구분하지 못하였던 것입니다.

어음할인하려는 사람의 입장에서는 이것들의 큰 차이는 금리에 있다고 볼 수 있는데, 어음할인(재할인)은 우대금리가 적용되어 할인금리가 낮고 어음할인 팩토링은 신탁금리가 적용되기 때문에 금리가 높다는 단점이 있습니다.

우리가 제2 금융권 또는 기타 금융권이라고 부르는 종합금융사, 할부금융, 상호신용금고의 파이낸스에서 하는 어음할인은 정확한 의미에서 팩토링 금융의 한 부분으로 어음할인 팩토링 또는 확정채권 팩토링이라고 할 수 있습

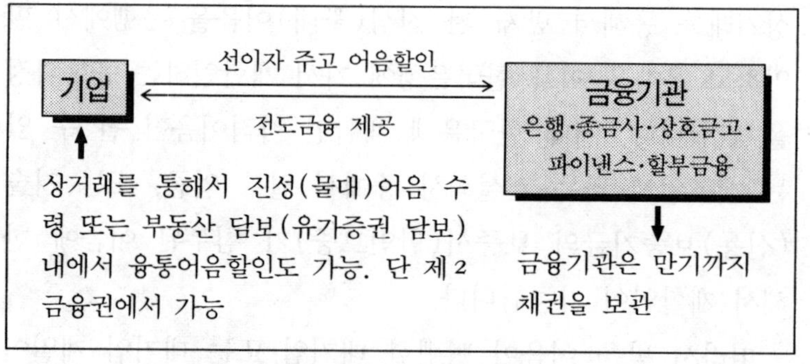

〈어음할인 팩토링의 유통구조〉

니다. 앞의 표는 확정채권 팩토링 또는 어음할인 팩토링의
유통구조입니다.

2. 가계수표도 할인할 수 있다는데, 그 말이 정말인가

가계수표는 단정적으로 할인할 수 없다라고 말할 수 있습
니다. 그런데 문제는 관행으로 볼 때 가계수표도 할인이
가능합니다. 물론 할인하는 곳이 이른바 제도금융권이 아
니어서 그렇지, 사채시장에서는 상거래를 통해 받지 않은
어음일지라도 할인이 가능합니다. 문제는 사채시장에서 어
음할인을 하는 경우 금리가 높다는 것입니다.

그렇다면 정말 가계수표는 제도금융권에서 할인이 안되
는 것입니까? 그것의 정답은 가계수표는 할인이 됩니다.
그것도 아주 다양한 방법으로 가능합니다. 또한 가계수표
할인의 경우 꼭 담보가 없어도 가계수표의 신용만으로 활
용할 수 있습니다.

단 그것은 시중의 자금유동성의 영향을 많이 받기 때문
에 IMF 이전처럼 활발하지는 않지만 되는 것이 확실합니
다. 한번 그 방법들을 따져보기로 하죠.

가계수표가 소액이고 발행처가 다수이면 가능하다

가계수표는 은행에 당좌거래를 해야만 발행할 수 있는 약

속어음과 비교해서 개인도 쉽게 발행할 수 있어 부도율이 높은 것이 사실입니다. 그런데 바로 이 가계수표를 할인한다는 것이 쉬운 일은 아닐 것입니다. 물론 가계수표를 달랑 1장 갖고 와서 할인해달라면 누가 해주겠습니까?

그러나 가계수표가 소액이고 발행처가 다수이면 일정 리스크를 인정하더라도 가계수표 총액의 50％에서 80％까지 할인할 수 있습니다.

그럼, 어음할인 형식과 같은 방법으로 하는 것인가

가계수표를 일정금액 보관하고 건건이 할인하는 방법도 있겠지만 그것은 절차상 복잡하고 제도권 금융에서는 가능하지 않습니다. 그래서 많이 쓰이는 방법으로는 가계수표를 담보로 제공하고 일정한도내에서 자가발행 융통어음(문방구어음도 가능)으로 어음할인 형식을 빌려 할인하는 것입니다.

이를 쉽게 설명드리면 가계수표가 20매이고 총액이 5,000만원이라고 가정했을 때 가계수표 총액의 80％까지 자금을 쓸 수 있다고 합시다. 그러면 자가융통어음 4천만원을 어음할인 형식으로 해서 자금을 쓸 수 있다는 애기가 됩니다.

결혼을 눈앞에 두고 있는 OL의
결혼자금 대출전략은?

어찌보면 위의 사례는 뭔가 문제가 있다는 생각이 듭니다. 만약 결혼자금을 장만하기 위해 대출을 받을 경우 결혼 후에도 대출금을 상환해야 되는데, 다행히 결혼 후에도 직장생활이 가능해 대출금을 상환할 수 있으면 몰라도 그것이 여의치 않았을 때는 남편에게 고스란히 부담지우게 됩니다.

여성들의 결혼자금은 직장생활을 하면서 처음부터 월수입 관리를 효과적으로 잘 운영하여 만든 목돈으로 결혼자금 종자돈으로 활용하는 것이 가장 바람직한 것이 될 것입니다.

그러나 모든 일이 자신의 뜻대로 되는 것은 아닙니다. 또한 충동구매력이 강한 OL이 결혼자금을 알뜰하게 모은다는 것이 쉽지 않을 것입니다.

만약 부득이한 사정으로 대출을 꼭 받아야 하는 경우

OL에게 담보물이 있을 리 없고 빵빵한 보증조차 없으므로 개인의 신용등급이 현저히 떨어지는 상황에서 소액이라도 대출받는 것이 결코 쉬운 일이 아닐 것입니다. 그렇다고 방법이 전혀 없는 것은 아닙니다.

❶ 주거래은행을 정하고 급여이체 등 거래실적을 점차 쌓아 두는 것입니다.

❷ 각 은행의 틈새상품이라고 할 수 있는 **레이디우대 금융상품**을 꼭 체크해 두고 필요할 때 즉각 활용하는 것입니다.

❸ 기존 금융권보다 대출이 수월하고 보증인 조건이 까다롭지 않은 **새마을금고, 신용협동조합, 단위 농·축·수협**을 이용하는 것입니다.

사실 대출에 무슨 왕도가 있겠습니까? 대출이 필요한 시점에서 적어도 6개월 이전부터 내가 받을 수 있는 대출상품을 미리 알아보고, 이것이 가능하기 위해서는 어떻게 해야 하는가를 차분히 준비하는 길밖에 달리 방법이 없습니다.

공무원, 전문직 종사자를 위한 대출전략

공무원, 전문직 종사자들은 IMF 시대에도 변함없이 신용으로 대출이 가능한 계층이라고 말할 수 있습니다. IMF 이전보다 대출가능금액이나 보증인 조건이 까다로워진 것은 어쩔 수 없는 변화이므로 이 점을 알고 대출전략을 짜면 신용만으로도 대출이 가능합니다.

과거 IMF 이전만 해도 이들과 상장사 근무 직장인, 금융회사 종사자들도 신용으로 대출이 가능한 대상이었지만 상장기업의 잇따른 부도와 대마불사라고까지 일컫던 상장 금융기관의 부도, 금융기관의 구조조정으로 금융기관도 더 이상 안정된 직장이라는 평가가 사라져 이젠 신용으로 대출받는다는 생각은 버려야 하게 되었습니다.

사실 96년에서 97년 초까지는 신용대출의 황금기였다고 할 수 있습니다. 이 시기에는 기업들의 연쇄도산으로 금융권의 기업대출이 위축되면서 가계대출 비중을 늘리기 시작했던 시기로 금융권간의 상호여신 체크가 안 되어 전문직 종사자, 금융기관 근무자는 수개의 금융기관으로부터 1억원 이상까지도 신용대출이 가능했었습니다.

여기서 신용대출이라고 하면 흔히 신용대출로 분류되는 보증보험증권 담보 무대출을 제외하고 본인의 신용과 보증인 한 명만으로 대출이 가능한 것을 말합니다.

이때만 해도 보험사를 예로 들면 **프리론 대출**이라고 해서 자체 신용만으로도 3년 이상 근무자의 경우에 적게는 500만원에서 많게는 수천만원까지 신용대출이 가능했었습니다. 그러나 IMF를 겪으면서 금융권의 판도가 급격하게 변모되어 이제는 더이상 이러한 대출이 가능하지도 않고 이렇게 신용만으로 대출할 정도로 배포가 큰 금융기관도 없습니다. 그래서 자신의 크레디트 등급이 우수하다고 할지라도 과거와 같은 조건의 대출을 받기는 어려운 상황인 것이지요.

그래서 이 분들도 정상적인 금융거래실적을 쌓아놓아야 대출이 필요한 시점에서 대출을 받을 수 있습니다.

그래도 이 분들은 썩어도 준치라고 약간의 실적만 있으면 **마이너스통장 대출**한도도 크게 받을 수 있고, **카드론**도 효과적으로 이용할 수 있습니다. 그래서 대출받는데 과거처럼 안일하게 대처하지만 않는다면 다른 사람보다는 아직도 대출을 쉽게 받을 수 있습니다.

3 금융기관의 대출상품 한눈에 꿰차기

대출시장은 결국 경제흐름에 따라 탄력적으로 변화
됩니다. 그래서 대출메뉴얼에 맞는 대출조건을 갖추
었다고 해도 금융기관의 유동성이 경색되어 있다면
대출받는 것이 쉽지 않습니다. 이것은 현재의 IMF
경제공간에서 명확히 입증되고 있지 않습니까?

따라서 대출조건은 되는데 왜 대출이 안되느냐고
항변하는 것은 대출시장의 흐름을 정확히 읽어 내
지 못한 결과입니다.

아무튼 대출상품을 많이 아는 것이 절대 손해는 아
니므로 이 책에 나와 있는 대출상품을 눈여겨 봐두
면 장차 경제적 이득을 반드시 얻게 될 것입니다.

그리고 경제상황이나 경제정책에 따라 같은 대출상
품이라도 대출여부가 수시로 달라집니다. 그러므로
필요한 대출을 제때에 받기 위해서는 꾸준한 관심
과 노력이 필히 필요합니다.

① 주택은행의 저금리 대출상품 알아보기

1. 주택 신축시 가능한 대출

◈ **대출대상** 자기명의로 된 대지에 주택을 신축하려는 사람

▣ **대상주택 규모** 방화구조 또는 내화구조를 갖춘 주택으로서 건물 면적 100 m²(약 30평) 이내

◑ **대출한도** 2,500만원 이내

◎ **신청시기** 건물착공 전 또는 소유권 보존 등기일로부터 6개월 이내

◐ **대출기간** 20년 이내

⊛ **상환방법**
  ❶ 원금 균등분할 상환
  ❷ 원리금 균등분할 상환
  ❸ 체증식 분할상환

2. 아파트 분양대금 대출

◎ **신청시기** 분양계약 체결 후 분양대금 완납 전
☯ **대출기간** 20년 이내
⚾ **상환방법**
❶ 원금 균등분할 상환
❷ 원리금 균등분할 상환
❸ 체증식 분할상환

3. 전세(임차)자금 대출

◆ **대출대상** 부양가족이 있는 무주택 세대주로서 주택을 임차(계약갱신 포함)하려는 사람
▣ **대상주택 규모**
❶ 임차면적 85 m² 이하, 전세보증금 5,000만원 이하
❷ 단, 40 m²(노부모 부양가구 및 국내입양 가구는 60 m²) 이하는 전세보증금의 제한이 없습니다.
◑ **대출한도** 1,200만원 이내
◎ **신청시기** 임대차 계약서 상 입주일로부터 1개월 이내. 단, 입주일은 주민등록 전입일 전후 1개월 이내여야 합니다.

☯ **대출기간**
  ❶ 3년
  ❷ 5년
☷ **상환방법** 원리금 균등분할 상환

4. 주택구입자금 대출

◈ **대출대상**
  ❶ 지은 지 30년 이내의 주택을 사려는 사람
  ❷ 단, 재개발·재건축 대상 주택 등은 제외
▣ **대상주택 규모** 방화구조 또는 내화구조를 갖춘 주택으로서 건물면적 330㎡(약 100평) 이내, 건물면적 100㎡(약 30평) 이내인 주택
◐ **대출한도** 2,500만원 이내
◉ **신청시기** 매매계약 체결일로부터 소유권 이전 후 6개월 이내
☯ **대출기간** 20년 이내
☷ **상환방법**
  ❶ 원금 균등분할 상환
  ❷ 원리금 균등분할 상환
  ❸ 체증식 분할상환

5. 중도금 납입자금 대출

◈ **대출대상** 공동주택을 최초로 분양받아 분양계약을 체결한 사람
▣ **대상주택 규모**
  ❶ 대지 330 m², 건물 85 m² 이내
  ❷ 월급여 60만원 이하의 근로자인 경우 100 m² 이내
◐ **대출한도** 2,500만원 이내

6. 대지구입자금 대출

◈ **대출대상**
  ❶ 주택을 신축하기 위해 대지를 구입하려는 사람
  ❷ 단, 주택신축 후 주거전용 면적은 100 m²(약 30평) 이하
▣ **대상주택 규모** 대지 330 m²(약 100평) 이하
◐ **대출한도** 1,000만원 이내
⊛ **신청시기** 매매계약 체결일로부터 소유권 이전 후 6개월 이내
◑ **대출기간**
  ❶ 3년
  ❷ 5년

❸ 10년

⚾ **상환방법**

❶ 원금 균등분할 상환

❷ 원리금 균등분할 상환

❸ 체증식 분할상환

7. 주택개량 자금 대출

◈ **대출대상** 지은 지 2년이 넘은 주택을 증축 또는 수선하려는 사람

◼ **대상주택 규모** 증축 후 건물면적 100 ㎡ 이하

◑ **대출한도** 1,000만원 이내

✆ **신청시기**

❶ 착공 전

❷ 준공 전

☯ **대출기간**

❶ 3년

❷ 5년

⚾ **상환방법**

❶ 원금 균등분할 상환

❷ 원리금 균등분할 상환

❸ 체증식 분할상환

■ **대출금리**

40 m² 이하 : 임차·우대 모두 연 9.5%

40~60 m²

❶ 5년제 이하 : 연 10.0%

❷ 10년제 이하 : 연 10.5%

❸ 15년제 이하 : 연 10.75%

❹ 15년제 초과 : 연 11.0%

60 m² 초과·기타

❶ 5년제 이하 : 연 10.5%

❷ 10년제 이하 : 연 11.0%

❸ 15년제 이하 : 연 11.25%

❹ 15년제 초과 : 연 11.5%

가계성 집단주택자금 대출

❶ 5년제 이하 : 연 11.5%

❷ 10년제 이하 : 연 12.0%

❸ 15년제 이하 : 연 12.25%

❹ 15년제 초과 : 연 12.5%

우대금리 적용대상은 국가유공자 및 그 유족입니다. 가계성 집단주택자금 대출이란 아파트 분양 구입자금, 조합주택 건설자금, 사원주택 분양 구입자금을 말하며 연체 대출금리는 연 18.0%입니다. 대출금리는 1997년 4월 현재 기준이며, 금융시장 변화에 따라 변경될 수 있습니다.

8. 주택은행 대출시 주의해야 할 것들

⬤ 신용정보

주택자금 대출 신청자가 「금융기관 신용정보 교환 및 관리규약」에 의해 불량 거래자로 등록된 경우에는 대출이 제한될 수 있습니다.

◆ 담보

대출을 받을 때는 대출대상 주택(대지 포함)에 대하여 은행에서 제Ⅰ순위로 근저당권을 설정하며, 이 근저당권을 침해하는 권리(가등기, 가압류, 압류, 전세권 등)가 등기되어 있을 때는 대출을 받을 수 없습니다.

✖ 중도금 대출의 대상이 되는 주택

❶ 국민주택 기금 대출승인 주택, 재개발 조합주택(재건축, 직장, 지역조합, 일반분양은 제외), 사원주택, 임대에서 분양으로 전환되는 주택은 중도금 대출대상 주택에서 제외됩니다.

❷ 중도금 대출 신청금액 중 10%에 해당하는 금액은 주택이 준공된 후 소유권 이전 및 건물·대지에 대해 제Ⅰ순위 근저당권을 설정한 후에 지급합니다.

◢ 대출횟수

❶ 주택부금 등 주택자금 대출관련 예수금 거래자에 대한 대출은 Ⅰ계좌 Ⅰ회에 한합니다.

❷ 단, 내집마련 주택부금, 차세대 주택 종합통장, 신

재형저축을 거래하는 사람은 주택 임차자금 대출을
받고 나서도 해약하지 않은 경우 1회에 한해 임차
자금 대출 이외의 대출(1992년 12월 31일 이전에
가입한 사람의 경우 중도금 대출 포함)을 받을 수
있습니다.

❸ 우리집 통장, 한가족 알찬통장, 만수무강 통장을 거
래하는 사람이 주택자금 대출을 받은 지 1년이 넘
고 대출 신청자격이 생기면 다시 주택자금 대출을
받을 수 있습니다.

▨ **대출 할부금을 늦게 낼 때의 처리**

❶ 정해진 날짜에 이자나 대출원금을 갚지 않으면 불이
익을 당할 수 있습니다.

❷ 납입해야 할 금액 또는 대출원금에 대해 연체이자를
내야 합니다.

❸ 은행은 담보로 제공한 물건 또는 채무자(보증인)의
일반재산에 대하여 경매 등을 통해 채권회수 조치를
취하게 됩니다.

❹ 「금융기관 신용정보 교환 및 관리규약」에 의해 불
량 거래처로 등록되어 금융기관과 대출거래가 제한
됩니다.

근로자를 위한 평화은행 주택자금 대출

1. 주택구입자금 대출

◆ **대출대상**

❶ 무주택 기간 I년 이상인 세대주

❷ 대출대상 업종에 I년 이상 근속 중인 사람

❸ 단, 국민주택 중 근로복지 주택이나 분양주택을 공급
받은 사실이 있는 사람 가운데 당첨일로부터 I0년이
경과하지 않은 사람은 제외됩니다.

❹ 세대주 아닌 기혼여성 및 호주상속 예정자

❺ 대출대상 업종 : 통계청 고시 「한국 표준산업 분류」
에 의한 아래의 I0개 업종(농·수렵·임업/어업/
광업/제조업/전기·가스·증기업/건설업/자동차
판매·수리 및 차량연료 소매업/운수업·창고업·통
신업/보건·사회복지 사업/위생 및 유사 서비스업)

단, 수도권 이외 지역의 근로자는 대출대상 업종과
관계없습니다.

◪ **대상주택규모**

❶ 공동주택 : 60 m²(18.1평) 이하

❷ 단독주택 : 85 m²(25.7평) 이하

◐ **대출한도** 1,600만원 이내(단, 국민주택 기금 대출잔액
이 있는 주택은 1,600만원에서 대출금 잔액을 차감한
금액을 한도로 산정합니다)

◈ **담보** 해당 주택

◉ **신청시기** 주택 매매계약 체결일로부터 소유권 이전등기
접수일 후 6개월 이내

☯ **대출기간** 5년 거치 10년 체증식 분할상환(15년)

✺ **필요한 서류**

❶ 소속직장의 사업자등록증 사본

❷ 주민등록등본 및 최근 1년간 주소지의 건물 등기부
등본 또는 건축물 관리대장

❸ 의료보험증 사본

❹ 주택 매매계약서 사본

❺ 구입주택의 토지 및 건물의 등기부등본

❻ 국민주택 당첨사실 조회표

❼ 인감증명서

❽ 호주상속 예정자나 주민등록표 상 배우자가 없는 경
우에는 호적등본

2. 전세자금 대출

◈ **대출대상**

❶ 무주택 기간 1년 이상인 세대주

❷ 대출대상 업종에 1년 이상 근속 중인 사람

❸ 직전월의 월정급여가 100만원 이하인 기혼자, 결혼 예정자 및 호주상속 예정자

❹❺는 주택구입자금 대출과 같습니다.

▣ **대상주택규모** 전세면적 60㎡(18.1평) 이하

◐ **대출한도** 1,000만원 이내

◈ **담보** 주택금융 신용보증서

◉ **신청시기** 전세 계약일로부터 잔금 지급일까지(1개월 이내 입주가능자)

☯ **대출기간**

❶ 2년 만기 일시상환

❷ 전세 재계약시 1회(2년) 연장할 수 있습니다.

✤ **필요한 서류**

❶❷❸은 주택구입자금 대출과 같습니다.

❹ 전세계약서 사본

❺ 전세주택의 건물 등기부등본

❻ 직전월 급여명세표

❼ 호주상속 예정자나 주민등록표상 배우자가 없는 경우에는 호적등본

③ 주요 은행의 마이너스통장 대출 안내

구분	해당상품	급여이체실적	거래실적 평가방법
국민 은행	국민 종합통장	6개월 평균 × 2 또는 1년 평균 × 3	3개월 이상 : 3개월 평잔 × 2 6개월 이상 : 6개월 평잔 × 3 1년 이상 : 1년 평잔 × 5
주택 은행	한가족 알찬 통장	3개월 평균 × 2	3개월 평잔 × 1.5 × 우대율 6개월 평잔 × 1.5 × 우대율 1년 평잔 × 2.0 × 우대율 −1년 미만 : 1 −1년 이상 : 2 −2년 이상 : 3
신한 은행	종합통장 대출	3개월 평균 × 2, 6개월 미만 거래 300 한도 6개월 이상 거래 500 한도	3개월 평균 × 2 또는 6개월 평균 × 3
한미 은행	한미 종합통장	3개월 평균 × 3	3개월 평균 × 3
외환 은행	한가족 평생통장	3개월 평균 × 우대율 −6개월 미만 : 3 −1년 미만 : 4 −1년 이상 : 5	3개월 평균 × 우대율 −1년 미만 : 1 −3년 미만 : 2 −3년 이상 : 3

 직장인에게 유리한 장기신용은행의
즉일 대출상품

✵ 상품의 특징

❶ 길게는 5년까지 기한을 연장할 수 있습니다.

❷ 정해진 날짜보다 더 빨리 갚을 수 있으며, 수시로 대출금의 일부를 갚을 수 있습니다. 빨리 낸다고 해서 수수료를 내지는 않습니다.

❸ 정해진 날짜보다 빨리 갚으면 보증보험료가 환급됩니다.

◗ 대출한도 최고 3,000만원까지

〰 처리기간 I시간 이내(필요한 서류를 다 갖췄을 때)

⬤ 기타의 조건 적금에 가입하는 등 다른 조건은 전혀 없습니다.

✵ 필요한 서류

❶ 재직증명서 원본 2매

❷ 근로소득 원천징수 영수증 원본 I매

❸ 주민등록증(본인확인 후 반환)

❹ 의료보험증(본인확인 후 반환)

❺ 도장

▲ 대출절차

❶ 가까운 대한 보증보험 지점에서 보증한도를 확인한 후 장기신용은행에서 대출승낙 확인서를 발급(발급을 의뢰할 때 위에 적은 필요서류를 가지고 가야 합니다) 받습니다.

❷ 보증보험사에 대출승낙 확인서를 제출한 후 보증보험 증권을 받고 나서 대출이 됩니다.

❸ 대출받은 돈은 그날로 인출할 수 있습니다.

# 서민금융기관인 국민은행의 가계자금 대출 안내

◈ **대출대상** 개인(대출 상품별로 규정이 따로 정해진 경우에는 그에 따릅니다)

❖ **동일인에 대한 가계자금 대출 최고한도**

❶ 은행계정 : 최고 2억원 이내

❷ 자금별

- 주택자금 대출 : 2억원 이내
- 주거용 주택으로 대출금 전액이 담보되는 대출 : 2억원 이내
- 기타 가계자금 대출 : 5,000만원 이내
- 자동대출은 별도 운용됩니다.

❸ 신탁계정

- 최고 1억원 이내
- 은행계정과는 별도로 운영됩니다.

❹ 대출상품별로 대출한도를 따로 정한 경우에는 그에

따릅니다.

☯ **대출기간과 형식**(생활안정 자금/주택자금)

❶ 상호 급부금 : 5년 이내/5년 이내

❷ 원금 분할상환식 증서 대출 : 5년 이내/30년 이내

❸ 원금 일시상환식 증서 대출 : 3년 이내/3년 만기

❹ 대출상품별로 기간과 형식을 따로 정한 경우에는 그
에 따릅니다.

▣ **주택자금 대출 대상주택규모** 전용면적 100㎡(30.3평)
이하

◆ **담보**

❶ 유담보

❷ 각종 보증서

❸ 연대보증 또는 신용

▨ **부대비용**

❶ 부동산을 담보로 제공하는 경우

• 저당권 설정비용 : 등록세는 저당권 설정액의 0.2%

교육세는 등록세의 20%

주택채권매입액은 저당권 설정

액의 1%

법무사 수수료는 대한법무사협

회에서 정한 소정 수수료

• 담보조사 수수료 : 감정평가법인 또는 한국감정원

에 감정평가를 의뢰하는 경우에는 기본수수료(10

만원)＋초과수수료(예를 들어, 감정평가 금액이
I억원인 경우에는 I5만원), 은행에서 자체 감정
평가하는 경우에는 3만원～IO만원
❷주택금융 신용보증서를 담보로 하는 경우(주택금융
신용보증료)
●주택구입·신축 자금 : 전용면적 40 m² 이하일 경
우에는 연 0.3 %
전용면적 40 m² 초과일 경
우에는 연 0.5 %
❸주택개량·임차자금일 경우에는 연 0.3 %

6 대표적 외국계 은행인 시티은행의 가계대출

1. 주택담보 대출

✱ **상품의 특징** 주택을 담보로 최고 4억원까지 대출받을 수 있습니다. 두가지 상환방법 중에서 선택할 수 있으므로 자금운용을 안정적으로 할 수 있습니다.

◑ **대출한도** 1,500만원~4억원

☯ **대출기간** 5년(추가로 3년 동안 연장할 수 있습니다)

◈ **담보** 서울, 부산 및 근교 위성도시에 있는 주거용 주택 (아파트, 연립주택 포함)

▦ **선택사항**

❶ 대출금 상환
- 매달 이자납입 : 1년마다 원금의 10% 상환
  마지막 해에 60% 상환
- 매달 원리금 균등분할 상환

❷ 이자조정

- 5년간 대출이율 확정
- 1년마다 대출이율 조정

❸ 조기상환 수수료

- 1년 이내 2.5% 2년 이내 2.0%
  3년 이내 1.5% 4년 이내 1.0%
  4년 6개월 이내 0.5% 4년 6개월 이후 0%
- 1년 이내 1% 1년 이후는 0%

2. 내집마련 대출

✲ **상품의 특징** 구입할 주택을 담보로 최고 4억원까지 대출받을 수 있으며, 길게는 20년에 걸쳐 갚을 수 있습니다.

매달 원리금 균등분할 상환으로 원금을 갚는 데 따르는 부담을 줄인 대출입니다.

◐ **대출한도** 1,500만원~4억원

◆ **담보** 서울, 부산 및 근교 위성도시에 있는 전용면적 30.3평 이하의 주거용 주택(아파트, 연립주택 포함)

⚾ **상환방법** 매달 원리금 균등분할 상환

▦ **선택사항**

❶ 대출기한

- 20년

- I년~20년

❷ 이자조정

- 5년마다 대출이율 조정

- I년마다 대출이율 조정

❸ 조기상환 수수료

I년 이내 2.5%	2년 이내 2.0%
3년 이내 I.5%	4년 이내 I.0%
4년 6개월 이내 0.5%	이후는 I%
I년 이내 I%	I년 이후는 0%

3. 파워라인 대출

✳ **상품의 특징** 최고 4억원의 대출 한도내에서 쓰고 갚는 것을 자유자재로 할 수 있습니다. 필요할 때 사용한 만큼만 이자를 갚으면 되는 편리한 대출입니다.

◑ **대출한도** I,500만원~4억원

◓ **대출기간** 3년

◈ **담보** 서울, 부산 및 근교 위성도시에 있는 주거용 주택 (아파트, 연립주택 포함)

⚾ **상환방법**

❶ 원금은 대출기간 중 수시로 갚거나 만기 때 한꺼번

에 갚을 수 있습니다.

❷ 이자는 매달 첫 영업일에 후납합니다(대출한도에 여유가 있을 경우는 대출한도에서 자동처리됩니다).

4. 보증보험부 신용대출

✲ 상품의 특징 보증보험 증서를 담보로 직장인에게 최고 3,000만원까지 대출해 줍니다. 긴급한 자금을 개인의 신용으로 간편하게 마련할 수 있습니다.

◐ 대출한도 500만원~3,000만원

◒ 대출기간 1년~5년

◆ 담보 대한보증보험(주)의 소액대출 보증보험 증서

⚾ 상환방법

❶ 1년 : 만기일에 원금을 한꺼번에 상환

❷ 2년 : 1년째에 원금의 20% 상환 만기일에 원금의 80% 상환

❸ 3년 : 1, 2년째 원금의 각 20%씩 상환 만기일에 원금의 60% 상환

❹ 5년 : 매달 원리금 균등분할 상환
또는 1년마다 원금의 20%씩 상환

◻ 조기상환 수수료율 조기상환 금액의 1%(1년 이내)

5. 전세자금 신용대출

✴ **상품의 특징** 담보나 보증인을 세우지 않고 2,000만원까
지 전세자금을 대출받을 수 있습니다. 신규 전세자금이
필요한 기혼 직장인이 주택금융 신용보증기금의 보증
서를 통해 신속하게 자금을 마련하고 여유있게 갚을
수 있는 대출입니다.

◈ **대출대상**

❶ 기혼자의 신규 전세에만 대출해 줍니다.

❷ 연소득 1,500만원 이상인 사람

❸ 근속년수 2년 이상인 전문직업인 또는 직장인

◑ **대출한도** 1,000만원~2,000만원

◓ **대출기간** 5년

㊙ **상환방법**

5년간 매달 원리금 균등분할 상환

◎ **조기상환 수수료율** 조기상환 금액의 1%(1년 이내)

리스와 렌탈 금융기관 이용하기

1. 리스금융이란

리스는 시설자금을 융자해주는 대신에 시설 자체를 대여하는 새로운 형태의 설비금융입니다. 이용자가 직접 선정한 기계설비를 리스회사가 구입하여 중·장기에 걸쳐 대여하는 것입니다. 형식상 임대차 방식을 취한 물적 금융이며 기계·설비에 대한 투자가 필요할 때 소유하는 방식보다는 효율적으로 이용할 수 있으며 시설자금 투자를 최소화하여 최대의 수익을 얻는 데 목적이 있을 것입니다.

따라서 리스는 가장 경제적이고 효율적인 시설투자 방법으로 인정받고 있습니다.

2. 리스대상 물건

일반 사무기기에서부터 대형 산업설비에 이르기까지 또한
국산·수입제품을 막론하고 거의 모든 기계·설비가 리스
대상이 될 수 있습니다.
- ❶ 산업시설 기계 및 기구
- ❷ 전자·통신 및 사무기기
- ❸ 의료기기(진단·치료·실험기기) 및 병원설비
- ❹ 선박·항공기·차량 등 운반·수송기기
- ❺ 관광진흥 및 유통 근대화에 사용되는 설비
- ❻ 스포츠 관련 시설(볼링장 등)
- ❼ 기타 내구성 설비

3. 리스 업무의 경제적 이점

❶ 기계·설비 도입에 필요한 자금을 100% 지원해 주
기 때문에 초기 자금부담이 없습니다.

❷ 이용자가 지급하는 리스료 전액이 손비인정 처리되
고, 리스 기간내의 감가상각이 기계·설비의 내용 연수보
다 짧아 절세 효과가 큽니다.

❸ 리스를 이용한 설비금융은 은행의 여신한도 관리에
포함되지 않으므로 은행 차입한도와 무관합니다.

❹기계·설비 구입 업무를 리스회사가 맡아서 하므로 노력과 시간이 절감되고, 신속한 의사결정으로 투자시기를 놓치지 않게 되어 투자효과를 높여 줍니다.

❺리스는 임대차의 일종이므로 대차대조표상에 자산 및 부채로 계산되지 않아 재무구조의 건전성이 유지됩니다.

4. 리스 업무의 흐름도

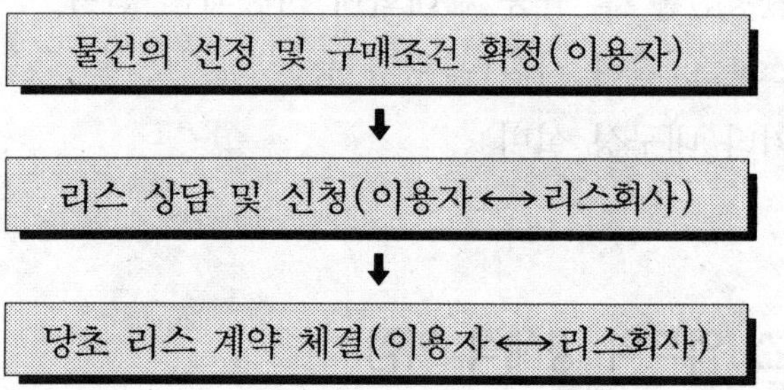

5. 리스 업무의 요약

렌탈이란 이용자가 선정한 산업기기, 인쇄기, 의료기 및 계측기 등을 리스회사가 구입하여 빌려 주는 임대차 계약으로서, 리스와 비슷한 설비자금 조달 방법입니다.

❶필요한 자금의 100%를 지원해 주므로 초기 자금부

담이 없습니다.

❷렌탈료는 모두 손비로 인정되므로 절세효과가 있습니다.

❸리스에서 취급하기 어려운 소액물건도 지원해 줍니다.

❹신제품이 나오는데 따르는 기존 설비의 진부화에 빨리 적응할 수 있습니다.

❺렌탈 기간 동안 부가가치세를 분할 납부하므로 100% 금융효과가 있습니다.

 # 주택할부금융을 효과적으로 이용하는 법

◈ **대출대상** 신규로 주택을 분양받거나 미분양 주택을 사는 사람으로서
- 전용면적 40.83평(135㎡) 이하인 아파트
- 무주택자 또는 1가구 1주택자로서 입주한 지 1년 안에 먼저의 주택을 팔 수 있는 사람
- 중도금 또는 잔금을 지불할 시점에 있는 사람

◑ **할부기간** 3～25년

◐ **대출한도** 1인당 총 분양가의 50% 이내(고객의 신용도 및 담보가액은 금융회사의 심사기준에 따릅니다)

◻ **대출금리** : 연 14.0～14.5%(수수료 1%)

◉ **상환방법**
❶ 원리금 균등분할 상환
❷ 일정기간 원금을 거치한 후 원리금을 균등분할해 갚는 거치식 상환

✽ **필요한 서류**

❶ 분양 계약서

❷ 인감 및 인감증명서 1부

❸ 주민등록증 사본

❹ 주민등록등본 1부

❺ 재직증명서

❻ 근로소득 원천징수 영수증

❼ 자동이체용 통장 사본(국민은행 /서울은행 /신한은행)

예를 들어, 할부금액이 1,000만원일 때 원리금 균등상환시 상환금액은 다음과 같습니다(이자율 /매달 상환액).

- 3년 : 14.0% / 341,776원
- 10년 : 14.3% / 156,471원
- 20년 : 14.5% / 127,999원

그리고 1,000만원을 거치식으로 상환할 때의 상환 금액은 다음과 같습니다(이자율 /거치기간의 이자 /거치 후 상환액).

- 3년 거치 7년 대출 : 14.2% / 118,333원 / 188,506원
- 3년 거치 17년 대출 : 14.5% / 120,833원 / 132,242원

제 2 부
제3 금융권에서 돈 빌리는 법

1 사채시장의 올바른 이해를 위하여

아직도 사채시장 하면 어딘가 막연하고 끔찍한 곳
으로 생각하는 사람이 많습니다. 그러나 실은 그렇
지 않습니다. 더구나 1982년에 터진 「장영자 사건」
이후에 사채시장은 전문적이고 조직적으로 분업화
되어 금융의 틈새시장으로 확고히 자리잡고 있습니
다.

10조원대가 훨씬 넘는 규모로 특히 기업과는 불가
분의 관계로 자라난 사채시장은 이제 여러분 곁 가
까이에 있습니다.

돈이 필요한 자영업자, 영세사업자, 일반 시민 들이
사채시장에 대한 편견 없는 올바른 이해를 통하여
쉽고 안전하게 돈을 빌릴 수 있기를 바랍니다.

① 사채시장이란 어떤 곳인가

1. 과거의 사채시장

우리는 흔히 사채시장을 제3 금융권이라 부릅니다. 제도권내의 제1, 제2 금융권을 벗어나 제3 금융권이라 불리는 사채시장. 아직도 우리나라 경제의 60%를 차지한다는 지하경제는 정부의 힘으로도 어쩌지 못하고 여전히 치외법권 지대로 자리잡고 있습니다.

1960년대 초 5·16혁명 이후 박정희정권의 탄생으로 시작된 경제개발계획과 발맞추어 사채시장은 성장하기 시작하였습니다. 남대문시장에서 출발하여 회현동, 소공동을 거쳐 명동에 자리잡기까지 주로 이북출신의 월남민들이 사채로 억척스럽게 돈을 벌었습니다. 바로 그들이 지금의 「큰손」이라 할 수 있겠지요. 그들은 경제개발과 함께 기업의 활동이 활발해지자 기업의 젖줄인 돈(사채)을 공급하면서 기업과 더불어 성장해온 것입니다.

이때 이들의 주요품목은 어음할인과 채권이었다고 합니다. 기업이 열심히 땀흘려 번 돈을 이들은 가만히 앉아 배당을 받은 셈이지요. 마치 최대 주주이기나 한 것처럼.

옛말에도 10년 세도가 없다고 했습니다. 60년대 초부터 10여년 동안 경제의 급성장과 함께 나란히 발전해 왔던 사채시장은 유휴노동으로서 지나치게 많은 부를 축적한 대가로 정부로부터 호되게 된서리를 맞게 됩니다.

이름하여 1972년 8월 3일 단행된 「사채동결조치」이지요. 기업의 목을 죄는 사채업자의 횡포를 보다 못한 정부에서 실행한 강력조치입니다. 덕분에 기업은 살아났지만 사채업자들은 꼬리잘린 도마뱀처럼 물린 돈은 찾을 생각도 못하고 지하로 잠적해 버렸습니다.

그러나 그것도 잠시. 제2차, 제3차 경제개발로 우리나라는 개발도상국으로 부상하고, 중화학공업의 부상과 중동 특수로 인한 건설호황으로 제2의 도약기를 맞은 것이지요.

경제부흥에 따르는 필수요건은 자금. 이재에 밝은 사채업자들이 이를 놓칠 리 없습니다. 이제 그룹 규모로 성장한 대기업을 상대로 사채거래는 다시 시작되었습니다. 대체로 사채업자는 가만히 앉아 기다릴 뿐, 돈이 필요한 기업에서 사채시장을 기웃거리는 것이 일반적인 풍토입니다.

당시 사채시장의 80~90%가 융통어음할인 시장이었다고 합니다. 60~70년대와 달리 70~80년대는 자금규모도

한층 더 커졌습니다. 기업의 융통어음할인도 수십억원에서 I백억원대를 상회하는 등 IO년 전과는 비교도 할 수 없을 정도로 엄청난 규모의 자금이 동원되며, 시중에는 「큰손」 이란 신조어가 탄생되기도 하였습니다.

"경제는 유통이다"라고 했던가요?

말 한마디 잘못하고 혼난 사람이 있습니다. 바로 1982년에 터진 그 유명한 「장영자 사건」이지요. 1972년 8·3 조치 이후 꼭 IO년 만의 일입니다. 사실 지난 IO년 동안 사채시장은 곪을 대로 곪았었지요. 그러다가 결국은 터진 것입니다.

대기업에서 융통어음을 할인하면서 담보로 맡긴 견질어음마저 할인하여 돌리는 바람에 이를 결제하지 못한 공영토건, 일신제강 등이 하루아침에 문을 닫아야만 했습니다.

이후 사채시장에 대한 조치는 더욱 강력해지고 큰손들은 시치미를 뚝 떼고 다시 지하로 잠적해 버렸습니다. 그러자 이때부터 사채시장은 전문직종으로 분업화하기 시작하였습니다.

우리의 사채시장의 발전은 이러했습니다. I960년대 초 영세하게 시작했던 사채시장은 경제발전과 더불어 기업과 함께 성장하였으나 결국 기업의 성장을 저해하는 족쇄가 되어 I972년 8·3조치를 당하게 된 것이지요. 그후 오히려 더욱 큰 규모로 발전한 사채시장은 몇몇 큰손에 의해 좌우되며 융통어음시장 위주로 운영되더니 급기야 「장영자 사건」으로 또 한번의 곤욕을 치르게 된 것입니다.

큰손들이 사라지자 사채업자들은 소액전주를 모집하며 각기 특색을 살려 다양한 전문업종으로 분업화하였습니다. 마침 그때에 생겨난 가계수표, 신용카드, 아파트청약예금 등은 곧바로 사채상품화되어 사채시장은 더욱더 짜임새 있는 금융의 틈새시장으로 자리잡게 된 것입니다.

사실 「장영자 사건」 전만 해도 사채하면 기업에선 어음할인, 일반인은 일수 정도만 알았지, 부동산 담보대출 등은 어떻게 하는지 또 어디서 하는지도 몰랐습니다. 사채는 일수만 써도 자칫 큰일나는 줄 알았고, 일수쟁이 하면 지독하고 무서운 사람의 대명사로 인식되곤 했던 것입니다.

이렇듯 과거의 사채시장은 일반인보다 기업을 상대로 한 융통어음할인이 주종을 이루었다가 1982년 장영자 사건 이후 큰손들이 잠적하면서 전문화된 사채시장으로 발전하게 되었습니다.

2. 변화하는 사채시장

과거의 융통어음할인업이 전문적인 사채시장으로 변모한 것처럼 지금도 사채시장은 끊임없이 변화하고 있습니다. 장영자 사건 이후 큰손들이 사라진 사채시장은 소액전주를 확보하면서 전문화, 분업화된 모습을 갖추었고, 그후에도 계속 새로운 상품만들기에 골몰하였습니다.

　1989년, 부동산 열기가 한차례 지나간 이후 부동산 매매는 끊기고 정부의 부동산 담보대출 규제로 인해 사채시장으로 부동산이 엄청 쏟아져 나왔습니다. 바야흐로 부동산 담보대출의 전국시대.

　강남의 신사동 사거리 일대에 자리잡은 부동산 담보대출 업소들은 한창때 그 사무실의 크기나 직원의 수가 웬만한 은행지점의 그것보다 컸습니다. 그런가 하면 우리나라 인구수보다도 많이 발행되었다는 신용카드는 새로운 사채상품으로 각광받으며, 신문의 금융광고면에는 연일 카드할인 광고가 톱(top)을 차지하고 있었습니다. 당좌수표의 사촌뻘되는 가계수표의 사용이 일반화되자 가계수표할인이란 상품 또한 등장하여 사채업자의 주머니를 채워주는 도구로 전락하였습니다.

　이외에도 자동차 담보대출, 전세계약서 담보대출, 아파트분양계약서 담보대출, 주식 담보대출, 잔고증명, 평잔, 당좌대월 등 새로운 사채상품이 속속 등장하며 사채시장을 전문적이고 조직적으로 분화시켰습니다.

　제도권 금융에서 수용할 수 없는 자금수요를 교묘히 찾아내어 상품화한 것이지요. 이렇게 짜임새 있는 판을 짠 사채시장은 오늘도 시대의 흐름과 제도의 개선에 따라 항상 변화하고 있습니다.

　융통어음이 사라지자 어음시장은 진성어음 할인시장으로

바뀌었고, 몇년 동안 부동산을 울궈먹은 부동산 담보대출의 대형 사무실들은 흔적도 없이 사라져 버렸습니다. 자동차의 급증으로 자동차 담보대출이 성행하는가 하면, 자동차 매매시 구입해야 하는 채권의 등장으로 채권시장 또한 열기를 띠고 있습니다.

한 사람이 최소한 두세 개씩은 가지고 있는 신용카드의 과다공급 때문인지 신용카드할인이 전국적으로 확대되더니 카드사의 첨단장비와 공동전산망 단속으로 하루아침에 쇠락의 길을 걷기도 했습니다. 한동안 유행했던 아파트분양계약서 담보대출도 분양권 전매가 가능해지면서 이제 서서히 자취를 감추고 있습니다.

금융기관의 대출이 까다로워지거나 구속성 예금인 꺾기를 강요할 때면 CD나 개발신탁 같은 예금증서가 사채시장에서 활개를 칩니다. 그러나 시중자금이 풍부해지고 금융권에서 대기업을 찾아다니며 대출세일을 할 양이면 CD나 개발신탁은 힘도 못쓰며 사채시장에서 위축되는 것입니다.

이처럼 사채시장은 경기동향과 시중 자금사정에 따라 부침을 거듭하며 변화하고 있습니다.

또 사채시장의 변화하는 모습은 새로운 사채상품의 등장으로 단박에 알 수 있습니다. 4년 전 제가 썼던 『사채 이야기』에서 새로운 상품으로 소개한 것이 골프회원권 담보대출이었습니다. 그러나 그것은 이제 과거의 상품이 되고 말았습니다.

신용카드할인의 경우를 볼까요. 허위 가맹점의 개설이 어려워지자 상품권, 주유권으로 할인하더니 상품권, 주유권이 일시중단되자, 카드할인 고객에게 순금을 판 후에 다시 그 금을 매입하는 형식으로 단속의 망을 피해나가며 변신에 변신을 거듭하고 있습니다.

담보물건이 소진하자 대형자금을 운용하는 사채업자들은 유망 중소기업을 찾아다니며 넌지시 미끼를 던지기도 합니다. 스톡옵션제를 제의하며 투자제의를 하는 것이지요. 적대적 기업인수·합병인 M&A에 관한 기사가 계속 매스컴에 보도되자 약삭빠른 사채업자는 일찌감치 "M&A 기업 인수합병"이란 광고를 게재하며 자금활용할 창구를 찾습니다.

IMF 이후 제도권의 대출이 특히 어려워지자 금융대출 중개업자는 사채가 아님을 강조하며 신용대출할 사업자를 열심히 찾습니다. 사채에 비하여 금융권의 금리가 싼 점을 강조하고 대신 엄청난 수수료를 요구하면서요.

이렇듯 사채시장은 새로운 상품을 개발하기 위하여 제도권 금융의 맹점을 호시탐탐 엿보고 있습니다. 과거 몇몇 큰손에 의하여 좌우되던 사채시장은 이제 전문화되고 조직화되어 끊임없는 변화의 파도를 타고 있는 셈이지요. 자금을 필요로 하는 사람과 경제가 있는 곳에서 제도권 금융만으로 모든 자금수요를 충족시킬 수 없는 한 사채시장은 절대 소멸되지 않으리라 생각합니다.

3. 사채시장의 생리

사채시장의 생리에 대하여라면 저의 졸저 『사채이야기』
에서 얼핏 언급한 적이 있습니다. 한마디로 말해 배타적
이고 폐쇄적이고 비공개적이라고 할 수 있지요.

배타적 성질

사채업자들은 자기들의 사업에 타업자가 끼어 드는 것을
배격하는 배타적 성질이 강합니다. 같은 업종의 사업자끼
리도 실리적으로 필요한 경우 이외에는 서로 모르는 듯이
지냅니다. 바로 옆에 사무실이 있어도 양자의 필요에 의
한 협조가 끝나면 더이상은 함구지요.

　긴급교환자금 같은 경우에도 자기가 못하면 그만입니
다. 다른 업자를 소개한다든가 할 수도 있을 텐데 이런
예가 거의 없습니다. 섣불리 다른 업자를 소개하지 않는
거지요.

　어음할인의 경우도 마찬가지입니다. 자기가 할인할 수
없다면 다른 곳에서 할인해 줄 수도 있겠지만 소개라는
게 도통 없습니다. 옆 사무실에서 어음을 어떻게 매입하
여 어떤 방식으로 처분하는지 전혀 모르는 거지요.

　이는 자기만의 노하우가 알려질까 꺼려하는 자기방어
적인 성질인 것입니다.

폐쇄적 성질

사채업자들이 얼마나 폐쇄적인가는 몇 군데 사채사무실로
전화해보면 금방 알 수 있을 것입니다. 수화기를 들고 궁
금한 것을 물어볼라치면 간단히 몇가지 요건만 설명하고
뚝 끊어버릴 겁니다. 필요하면 직접 찾아와서 상담을 하
라는 것이지요.

한창 성행했던 신용카드할인 도매상의 경우 수시로 사
무실을 옮기며 전화번호도 계속 바꾸었습니다. 당국의 단
속에 대한 피해의식에 젖어 있는 이들은 그만의 속내를
내보이기 싫어하는 폐쇄성과 함께 탈세에 따른 단속을 피
하기 위한 채비를 단단히 하는 것이지요.

바로 문단속성 성질인 것입니다.

비공개적 성질

무형의 시장인 사채시장에서 거래되는 자금은 대부분 음
성적인 것이므로 비공개리에 거래될 수밖에 없습니다. 과
거의 대형 금융사고들을 보면 일반 시민이 전혀 상상치도
못하는 거액의 거래가 물밑에서 진행되고 있었던 것 아닙
니까? 정상적인 금융거래가 아닌 만큼 공개적으로 이루
어질 수 없는 것이지요.

특히 수십억 내지 1백억원대를 넘는 대형자금 거래일
수록 은밀히 진행될 수밖에 없는데 이는 탈세에 대비하여
전주를 보호하고 자금노출을 숨기려는 비공개적인 성질입

 I. 사채시장의 올바른 이해를 위하여

니다.

　이러한 사채시장의 특별한 생리 때문에 사채는 제도금융과는 달리 지하금융, 또는 제3금융이라 불리는 것입니다.

2 사채시장의 올바른 이해를 위하여

사채시장을 잘 모르는 분에게, 아니 전 국민에게 꼭 말씀 드리고 싶은 것이 있습니다. 이젠 사채시장에 대한 막연한 오해에서 벗어나 제대로 알 때가 되었다는 것입니다.

IO조원대가 훨씬 넘고 우리나라 총통화(M_2)의 약 IO％를 담당하고 있는 사채시장의 크기. 남대문이나 동대문시장처럼 상가가 있고 점포가 있는 것이 아니고 무형의 시장인 사채시장. 일반 시민은 사채시장이 무형의 시장이기에 더욱 막연하게 생각하고 있겠지요.

또 사채시장이라 하면 어마어마하고 무지막지한 곳으로 대부분 알고 계십니다. 그러나 지금부터는 이러한 고정관념에서 벗어나길 바랍니다. 사채시장도 비록 무형이긴 하지만 전문적이고 조직적으로 분화되어 짜임새 있는 모습으로 엄연히 자리잡고 있는 하나의 시장인 것입니다.

동대문이나 남대문시장에 가면 숙녀복상가, 아동복상가,

그릇상가, 과일상가, 야채상가, 생선상가 등등 전문상가로 나뉘어 있듯이 사채시장도 업종별로 전문화되어 나뉘어져 있습니다. 단지 상가와 점포만 없을 뿐이지요. 그러나 사채시장도 보통은 같은 업종끼리 몰려 있어 쉽게 찾을 수 있습니다.

때문에 과거와 달리 이젠 사채시장을 찾을 때 지레 겁을 먹지 않아도 됩니다. 시중 금융기관을 찾을 때와 똑같이 생각하고 문을 두드리십시오. 조건이 맞지 않으면 그만두면 됩니다. 일반 금융기관과 다를 바가 하등 없지요. 차이가 있다면 고금리와 수수료, 그리고 대출기간이 짧다는 것입니다.

여러분은 이미 「제 1 · 제 2 금융권에서 돈 빌리는 법」편을 읽어서 아시겠지만, 사채대출에는 이보다 훨씬 높은 금리와 수수료가 따릅니다. 힘없고 빽없는 보통 사람에게 제도권 금융 대출이 결코 쉽지 않기 때문에, 사채업자는 이것을 빌미로 고금리와 수수료를 요구하는 것이지요.

또한 사채업자는 자칫 실수하면 전주나 자신의 개인재산에 큰 피해를 입을 수도 있습니다. 빌려준 돈을 회수하지 못한 경우에 말입니다. 이런 높은 위험부담율도 감안하여 고금리를 받고 있답니다.

그러나 사채의 장점도 있습니다. 급전이 필요할 때 즉시 자금을 조달할 수 있는 거의 유일한 창구이지요. 그리고 제도권 금융 같은 까다로운 절차나 자격심사 따위도 없습니다. 제도권 금융에서는 담보력이 인정되지 않는 대출대상도 사채시장에서는 얼마든지 가능한 경우가 많습니다. 이런 몇가지 편리함 때문에 사람들이 사채시장을 찾는 것이겠지요.

그렇다고 사채시장을 옹호하는 것은 아닙니다. 사실을 사실대로 아시고, 무조건 사채시장을 두려워하지 말라는 것입니다. 피치 못하게 사채시장을 찾아야 할 경우 사전에 사채시장을 충분히 알고 있다면 아주 효과적으로 이용할 수 있을 겁니다. 비록 고금리이긴 하지만 사채시장을 잘 활용하여 기사회생한 기업이 얼마든지 있습니다.

이제 독자들은 이 책 『쉽고 안전하게 돈 빌리는 법 45가지』를 읽고 나면 사채시장에 대하여 자세히 알게 될 것입니다. 모쪼록 사채시장을 부정적인 시각으로만 보지 마시고 여러분이 필요할 때 쉽게 찾을 수 있는 또 하나의 금융시장으로 긍정적인 면도 생각해 주길 바라는 마음입니다.

3 사채업자란 어떤 사람들인가

사채업자란 어떤 사람일까요. 궁금하시죠? 인상이 고약하고 날카롭게 생겼을까요? 아니면 무지막지하고 폭력적으로 보일까요? 아닙니다. 그렇지가 않습니다. 그들도 일반 시민과 똑같은 보통사람입니다. 특히 일요일, 집에서 가족과 함께 쉴 때면 누구나와 똑같이 가정적인 사람으로 돌아갑니다.

그러나 월요일, 직장에 출근하면 각자 맡은 일에 열중하는 사업가로 변신하게 됩니다. 장사꾼은 열심히 물건을 팔 것이고, 탤런트는 다양한 연기로 맡은 배역에 충실할 것이며, 월급쟁이는 직장에서 자기의 소임을 다하려고 노력할 것입니다.

사채업자도 이와 똑같습니다. 각자 자기 직업에 충실하고자 할 뿐이지요. 장사꾼이 부지런히 물건을 팔아 이익을 내려 하듯이 사채업자도 알차게 돈을 활용하여 이익을 내

려는 것뿐입니다. 단지 현금을 다루는 업종이기에 자칫 잘
못하면 직접적인 재산피해를 입게 되겠지요. 이러한 피해를
미연에 방지하기 위하여 사전에 철저하게 준비하는 과정이
일반인에겐 혹여 부정적으로 보이는지도 모르겠습니다.

　제도권 금융기관인 은행을 한번 볼까요. 모든 과정이 제
도화되어 있어 대출 한번 받으려면 얼마나 까다로운지 여
러분이 더 잘 알 것입니다. 이렇듯 까다로운 절차와 자격
심사 때문에 사채시장을 찾게 되겠지요.

　그런데 아뿔싸! 높은 이자와 수수료를 달라고 하는군요.
그게 바로 사채의 특징이라면서요. 그러나 사채업자는 돈
을 떼여도 은행에선 돈을 절대 떼이지 않는다는 사실을 독
자께선 어떻게 생각하실지 자못 궁금합니다.

　사채업자라 해서 크게 별난 사람은 아닙니다. 예전 고리
대금업자라고 불리던 시절과는 판이하게 다르지요.

　그러나 미꾸라지 한 마리가 연못물을 흐리듯, 이 분야에
도 극히 일부의 악덕업자가 있는 것은 사실입니다. 대출금
변제가 늦다는 핑계로 담보물을 재탕, 삼탕 울궈내어 그것
을 헐값에 처분케 하는가 하면 긴급교환자금 대출시기를
고의로 지연시켜 부도 일보직전까지 몰고 간 다음 폭리를
취하는 등, 악덕 사채업자에게 당한 피해 사례가 왕왕 보
도되곤 합니다. 그러나 이런 몇몇 악덕업자 때문에 선의의
사채업자까지 매도되는 현실이 안타깝습니다.

　이제 전문화된 사채시장으로 발전한 만큼 사채업자도

변화해야 합니다. 전문적 지식과 양식을 갖춘 사람으로 교체되어야 합니다. 그러기엔 시간이 필요한 것 같습니다. 자질이 부족한 사채업자는 시간이 흐르면 자연도태되리라 생각합니다.

어디 한번 살펴볼까요? 과거 1960년대부터 1980년에 이르기까지 20여년간의 사채시장은 무풍지대라고 할 수 있었습니다. 전문지식보다는 억척과 끈기로 대처하였고 조직없이 혼자서 일하다 보니 자연히 지독하고 몰인정하게 처세할 수밖에 없었던 것입니다.

그러나 1980년대 이후 사채시장이 전문화되면서 사채업자도 전문지식과 다양한 정보를 바탕으로 정확하고 빈틈없이 일처리를 하고 있습니다. 앞으로의 사채시장은 더욱더 전문화되고 조직화될 터이기 때문에 과거와 같이 무지한 사채업자는 더더욱 설 자리가 없을 것입니다. 이젠 사채업도 전문적인 지식과 자격을 지닌 사람이 운영해야 할 때가 된 것입니다.

또한 사채업자는 야누스처럼 양면성을 가질 수밖에 없습니다. 그런데 이 양면성은 자의가 아니라 타의에 의해서 결정지위집니다.

왜 그럴까요? 다급한 상황에 처한 사람에게 자금을 융통해주면 그는 사채업자를 구세주같이 생각합니다. 반면 대출금 연체자에게 혹독한 방법으로 자금회수를 하고자 한다면 그는 사채업자를 피도 눈물도 없는 냉혈한이라고 비난할 것입니다.

　이렇듯 사채업자는 구세주와 냉혈한 사이를 오가며 제 3 금융권의 보루를 지키고 있습니다. 쓰는 사람의 입장에서 사채가 필요악이냐 필요선이냐의 여부에 따라 사채업자는 고마운 업자 또는 악덕업자로 두 얼굴을 지니는 야누스가 되는 것입니다.

2 사채시장에서 여러가지 돈 빌리기

제도권 금융의 대출상품이 다양해졌다고는 하나 아직까지도 일반 서민에겐 그림의 떡이요, 은행의 문턱은 더욱 높아졌습니다. 견실한 중소기업도 담보가 없으면 제도권 금융의 대출이 힘든 마당에 서민들이야 오죽하겠습니까?

그래서 중소기업인이나 자영업자 혹은 서민이 급히 돈이 필요할 때 눈을 돌리는 곳이 사채시장일 수밖에 없습니다. 기업이 있고 경제가 있는 곳에 돈이 필요하기 마련인데, 제도권 금융에서 이 수요를 모두 충족시킬 수 없는 한 사채시장은 존재할 수밖에 없다고 생각합니다.

어쩔 수 없이 사채시장을 찾는 분을 위해서 사채에는 무슨 종류가 있고 어떤 처지의 사람이 어떠한 방법으로 돈을 빌릴 수 있는지 이제부터 차근차근

알아보도록 하지요. 사채시장을 자세히 알고 문을
두드림으로써 사채를 안전하게 빌리도록, 그리고 나
중에라도 불이익을 당하지 않도록 사채시장에서 안
심하고 돈 빌릴 수 있는 방법을 하나하나 설명하겠
습니다.
먼저 사채의 종류에는 어떤 것이 있을까요?
과거와 달리 지금은 사채시장도 전문화·분업화 되
었기 때문에 업종별로 나눌 수 있습니다. 이 구분은
제가 1994년에 이미 시도한 바 있는데, 그것은 제
가 연구검토하여 독자적으로 구분한 것이었습니다.
먼저 사채의 종류를 크게 네가지로 구분해 보았습
니다.

대출업
할인업
일일자금업 또는 자금조성업
중개업
기 타

위의 큰 분류 속에는 다시 다양한 사채업이 있는데,
그것들을 하나하나 사례를 들어가며 꼼꼼히 짚어
보겠습니다.

1 대출업 쪽에서 돈 빌리는 법

제1·제2 금융권처럼 돈을 대출해주고 이자와 수수료를
받는 방법이기에 대출업이라고 해보았습니다. 대출업에서
어떻게 돈을 빌릴 수 있는지 알아볼까요?

1. 월 변

왕십리에 있는 「풍년 떡방앗간」 주인 아주머니.

시중 경기가 안좋다 보니 떡쌀 찧을 일도 없고 고추 빻을
일도 별로 없어 방앗간이 한가해졌습니다. 금년 봄에 큰아
들이 대학에 합격해 입학금과 등록금을 마련해야 하는데,
평소에 저축해둔 돈은 별로 없답니다. 설상가상으로 방앗
간 매출도 형편없어 300만원이나 되는 아들 등록금 때문
에 안절부절입니다.

　은행에 가보니 신용대출은 천만의 말씀이라는군요. 그
흔한 신용카드나 가계수표 한 장 없는 그녀가 지니고 있는
것이라곤 단 하나, 성실하게 장사한다는 신용 하나뿐. 궁
리 끝에 찾은 것이 동네 계주(契主) 아줌마였습니다.

월변이란 무엇인가

다행히 그동안 계를 들어둔 것이 하나 있어서, 계를 타면
갚기로 하고 자금여유가 있는 계주로부터 월변으로 300만
원을 빌려 아들의 대학 등록금을 내게 되었지요.
　월변이란 한달에 한번씩 이자를 결제하고 원금은 맨 나
중에 한꺼번에 갚는 대출방식입니다. 마치 은행처럼 말입
니다.

이율은 얼마나 되나

방앗간 아주머니가 평소 성실하고 신용이 있었기 때문에
이자는 월 2푼(2%)으로 빌릴 수 있었습니다. 시중 A급
어음할인 금리도 월 2%까지 했던 걸 감안하면 요즘같이
경제가 어려운 시기에 월 2%는 파격적인 금리가 아닐 수
없습니다.
　보통 월변 금리는 월 3%정도인데 빌리는 사람의 신용
도에 따라서 2~5%로 유동적이고, 또한 금액이 100만원
대나 1천만원대나에 따라 2~5% 선에서 다르게 결정됩
니다. 물론 빌리는 액수가 클수록 이자율은 낮아지겠지요.

거래는 주로 누가 할까

월변은 한달에 한번씩 이자를 갚는다고 해서 붙은 이름입니다. 뜻대로라면 부동산 담보대출이나 전세계약서 담보대출 등 대출업종은 모두 광의의 월변에 속하지만, 여기서의 월변이란 아무런 담보없이 서로의 신용 내지는 차용증 한 장으로 이루어지는 거래를 말합니다. 그렇기 때문에 서로가 잘 아는 사람 사이에서 거래가 이루어진다고 할 수 있습니다.

갚지 않으면 어떻게 될까

위에서 설명했듯이 여기서 말하는 월변이란 잘 아는 사람끼리의 신용거래이므로 자신의 신용을 지키기 위해서라도 기한내에 빌린 돈을 갚으려고 할 것입니다. 하지만 사정이 여의치 않아 이를 어길 경우 쌍방간에 불화가 일어 서로 신의를 잃음은 물론이요, 채권자는 자신의 차용금을 회수하기 위해 소액청구심판 소송을 제기하는 등 법적 절차를 밟게 될 것입니다.

이것은 「갚지 않으면 어떻게 될까」 편에서 자세히 설명하기로 하겠습니다.

어쨌든 그리 크지 않은 금액으로 인하여 가까운 사이에서 불편한 관계로 변하게 된다면 이 또한 실망스런 일이 아닐 수 없으므로 적은 금액일수록 신용을 잃지 않도록 최선을 다해야겠습니다.

2중, 3중, 중복대출도 얼마든지 가능!

부동산 담보대출 같은 경우는 등기부등본을 보면 대출 건수(근저당권 설정 건수)가 등본상에 기록되기 때문에 차용인의 대출 건수가 한눈에 드러납니다. 그렇기 때문에 보통 중복대출은 잘 이루어지지 않는다고 할 수 있습니다. 하지만 월변은 I 대 I 신용거래로 이루어지는 만큼 또다른 사람에게서 얼마든지 돈을 빌릴 수 있습니다. 채권자 입장에서는 채무자가 또 어디서 돈을 빌렸는지 전혀 알 수가 없기 때문이지요.

간혹 이점을 악용하여 수억 내지 수십억을 차용한 후 잠적하는 질이 좋지 않은 사람이 있습니다. 앞으로 우리가 살아갈 2I세기는 정보화사회입니다. 한번 신용을 잃은 사람은 컴퓨터에 기록이 고스란히 남게 되어 여러가지의 불이익을 크게 당하게 될 것입니다. 그러므로 자신이 감당할 수 있는 만큼의 대출만 받으라고 권하고 싶습니다.

2. 일 수

계주에게 월변으로 300만원을 빌린 「풍년 떡방앗간」 아주머니에게 난감한 일이 닥쳤습니다. 3개월 후 계를 타면 갚기로 약속했던 계주가 급작스레 집을 이사해야 한다며, 지금 당장 300만원을 갚으라고 독촉하며 난리인 겁니다.

약속날짜가 아직 남았기에 어떤 법적 조치를 당하지야 않겠지만, 어려운 시기에 선뜻 돈을 빌려준 계주가 자금문제로 어려움을 겪고 있는데 나 몰라라 할 수도 없는 노릇이지요. 끙끙 앓다가 옆집 옷가게 경옥엄마에게 어쩌면 좋으냐고 사정 이야기를 털어놓으니 일수를 얻어 갚으라고 제안하는군요.

일수란 무엇인가

일수란 일정액을 빌린 후 그것을 갚는 방법으로 기간과 일일수금액을 정하여 매일매일 푼돈으로 원금과 이자를 갚아나가는 것입니다. 방앗간을 운영하기 때문에 하루에 큰돈이 들어오는 것은 아닐지라도 10~20만원 정도의 고정수입이 있기에 일수를 얻기로 하였습니다.

일수는 어디서 얻나

일수는 어디서 얻느냐고 경옥엄마에게 물어보았습니다. 동네 가게를 상대로 일수놀이를 하는 일수 아줌마가 있는가 하면, 일수전문 사무실이 따로 있어 이들이 가게마다 광고지를 돌리기도 합니다. 그리고 경제신문의 금융광고란이나 『벼룩시장』 등 생활정보지에 "일수"라는 광고를 내면서 일수 쓸 사람을 찾는다고 합니다.

배운과 함께 우리나라에서 가장 많이 이용되고 있는 사채가 일수입니다. 일수업자는 주로 일간신문, 경제신문의 금융광고란이나 『벼룩시장』 등의 생활정보지에 광고를 냅니다. 그리고 각 동네마다 가게들을 대상으로 하는 일수업자가 따로 있습니다.

중복대출도 가능하다

일수 역시 월변과 마찬가지로 이곳저곳에서 중복하여 돈을 빌릴 수가 있습니다.

저는 시내 중심가의 의류상가와 유흥업소 및 남대문시장 상인들을 상대로 일수를 해보았기 때문에 일수를 쓰는 사람들의 생리를 잘 알고 있습니다. 이들 대부분은 두세 명의 일수업자와 거래를 하고 있더군요. 그 이유는 일수업자가 한 사람에게 많은 돈을 빌려주지 않기 때문입니다.

예를 들어 A라는 가게주인이 돈이 필요하여 B라는 일수업자에게 1천만원을 요청했을 경우, B업자가 전액을 다 주면 다행이겠지만 500만원밖에 주지 않는다 하면 A는 B 모르게 다시 C라는 일수업자에게 500만원을 빌리는 것입니다. 이때 C업자는 A가 B업자에게 500만원을 일수로 차용한 것을 안다면 A에게 돈을 빌려주지 않겠지만 이를 모르는 C업자는 A에게 500만원을 대출해주는 것이지요.

　물론 돈을 빌리는 입장에서는 필요한 금액만큼 마련하기 위하여 노력하겠지만 때로 무리한 대출은 자신의 가정 경제 또는 사업기반 자체를 흔들리게 할 우려가 있습니다. 그러므로 자신의 고정수입을 충분히 검토한 후 능력에 맞는 금액을 대출받아 앞으로의 계획에 무리가 없도록 해야 할 것입니다.

대출요건은 무엇인가

일수를 얻을 수 있는 요건은 무엇일까요? 경옥엄마로부터 일수 대출을 제안받은 방앗간 아주머니는 누구에게 일수를 얻을 것인가 곰곰이 생각해 보았습니다.

　현재 경옥엄마가 거래하는 일수업자는 전부터 알고 있는 동네 아줌마로, 경옥엄마의 책임진다는 말 한마디만 있으면 까다로운 절차없이 차용증이나 약속어음 한 장만으로 즉각 일수를 주겠다고 합니다. 다만 그 아줌마는 자신도 영세업자이기 때문에 1인당 100만원 이상은 대출해줄 수 없다고 하는군요. 그래서 신문의 일수 광고란을 보고서 전화를 걸어보니 수속이 좀 복잡한 것이 은행과 비슷했습니다.

　첫째 약속어음 공증을 해야 하고

　둘째 부동산(집 또는 대지)이 있으면 후순위라도 근저당 설정을 해야 하고 셋째 이도 저도 없으면 재산세를 내는 사람 두 명을 연대 보증인으로 세울 경우 300만원까지 대출해줄 수 있다고 합니다. 대신 일수기간은 200일에서 300일까지 가능하다고 하였습니다.

대출수속에 35만원 정도의 부대비용이 든다

또한 일수업체에서는 약속어음 공증료 10만원 정도, 부동산 근저당 설정을 한다면 근저당 설정비 10만원 정도, 그리고 대출액의 5% 안팎(300만원 일수면 15만원)의 수수료 등 모두 35만원 정도를 채무자가 부담해야 한다고 했습니다. 결국 300만원을 빌린다면 이런 부대비용을 미리 떼이고 실제로는 265만원 정도를 손에 쥐게 되는 것 역시 은행의 대출방식과 유사했습니다.

대부분의 일수업자는 대출금의 5~8%의 수수료를 받습니다. 이것은 본인의 자금으로 일수를 놓을 경우 이자 이외의 플러스 알파가 되겠지요. 그러나 대개는 전주를 연결하여 대출금은 전주의 것으로 빌려주고, 날마다 일일수 금액을 전주의 통장에 입금시킵니다. 대신 사채업자는 수수료를 자신의 몫으로 챙긴답니다.

기간은 60~300일, 이율은 얼마?

방앗간 아주머니는 다시 한번 생각하지 않을 수 없었습니다. 동네 일수 아줌마에게서 빌리면 까다로운 절차와 수수료가 없는 대신 액수가 적고, 일수전문업체에서 빌리려하니 날짜가 길어서 좋긴 하나 공증료다 수수료다 해서 가외로 드는 비용이 만만치 않았던 것입니다.

그래서 일수의 기간과 이자를 차근차근 따져보기로 했습니다. 이곳저곳 일수업자에게 전화를 걸어 기간을 물어보니 액수가 100만원 미만일 경우는 보통 60일이나 80일로 한다고 합니다. 100만원 이상일 경우는 대부분 100일, 200일, 300일을 적용한다고 하는군요.

먼저 100만원을 60일 일수로 했을 경우 이자율이 어떤지 계산해 보았습니다.

♣ 100만원을 60일로 빌린 경우 ♣

100만원을 60일 일수로 하였을 경우 1일 불입금은 2만원이라고 합니다.

20,000원 × 60일 = 1,200,000원

그러므로 총 불입금은 120만원이 되지요. 즉 원금이 100만원인데 20만원의 이자를 더하여 갚는 것입니다.

일수기간이 60일이면 정확히 2개월인데, 2개월에 20만원의 이자를 준다면 1개월에 10만원, 다시 말해서 원금 100만원에 대한 1개월 이자가 10만원이라면 이자율은 1개월에 10%, 1할 이자가 됩니다.

물론 매일매일 돈을 불입해서 원금을 갚아나가는 것까지 생각한다면 1할 이자가 더 되는 셈이지요.

♣ 100만원을 80일로 빌린 경우 ♣

100만원을 80일 일수로 하였을 경우에 일일 불입금은 1만 5,000원이라고 합니다.

  15,000원×80일=1,200,000원

그러므로 총 불입금은 120만원이 되지요.

  이것은 60일 경우와 마찬가지로 총 불입금은 120만원이지만 기간이 다르므로 이자율은 다소 떨어집니다. 60일과 같이 이자액은 20만원이므로 20만원을 80일로 나누면 이자율이 나오겠지요.

  200,000원÷80일=2,500원(1일 이자)

  2,500원(1일 이자)×30일=75,000원(1개월 이자)

그러므로 원금 100만원에 대한 1개월 이자율은 7.5%(7푼 5리)가 됩니다.

  60일에 비하면 이자율이 월 2.5%(2푼 5리)가 싸고, 1일 불입금도 5,000원이 적기 때문에 60일 짜리보다 부담이 적은 편입니다.

♣ 100만원을 100일로 빌린 경우 ♣

몇 군데 전화하여 물어보니 사무실마다 일일 불입금이 조금씩 달랐습니다. 일일 불입금이 1만 2,000원, 1만 2,500원, 1만 3,000원 등 대략 세가지의 종류가 있었습니다.

  각각의 경우 총 이자는 얼마가 되고 이자율은 얼마나 되는지 계산해 보았습니다.

원금 100만원에 기간 100일이라면 일일 불입금은 금방 계산이 나오지요.

1,000,000원 ÷ 100일 = 10,000원

하루에 1만원씩 100일이면 100만원이 되므로, 일일 불입금 1만 2,000원, 1만 2,500원, 1만 3,000원 중에서 1만원은 원금이고 2,000원, 2,500원, 3,000원은 이자가 되는 것입니다.

일일 불입금 1만 2,000원인 경우

2,000원 × 100일 = 200,000원

2,000원 × 30일(1개월) = 60,000원

이 되므로 100일간 총 이자는 20만원이 되고 30일간 이자는 6만원이 됩니다. 이자율은 6%(6푼)가 되겠지요.

일일 불입금 1만 2,500원인 경우

2,500원 × 100일 = 250,000원

2,500원 × 30일 = 75,000원

이 되므로 100일간 총 이자는 25만원이 되고 30일간 이자는 7만 5,000원이 됩니다. 이자율은 7.5%(7푼 5리)가 되겠지요.

일일 불입금 1만 3,000원인 경우

3,000원 × 100일 = 300,000원

3,000원 × 30일 = 90,000원

이 되므로 IOO일간 총 이자는 30만원이 되고 30일간 이
자는 9만원이 됩니다. 이자율은 9%(9푼)가 되는 것이
지요.

♣ **100만원을 200일로 빌린 경우** ♣

이 역시 몇 군데 전화하여 물어보니 사무실마다 일일 불입
금이 달랐습니다. 7,000원, 8,000원 등 대략 두 종류가
있었습니다.

일일 불입금 7,000원 짜리를 계산해 보았습니다.

7,000원×200일＝I,400,000원

여기서 원금 IOO만원을 제하면 40만원이 이자가 되겠
지요.

40만원이 200일에 대한 총 이자이므로

400,000원÷200일＝2,000원

즉 하루 이자가 2,000원이므로

2,000원×30일＝60,000원

이란 계산이 나옵니다.

그렇다면 IOO만원을 일일 불입금 7,000원으로 200일
일수를 빌렸을 경우, 200일간 총 이자는 40만원이고 30
일 이자는 6만원이므로 I개월 이자율은 6%(6푼)가 되
는 것입니다.

일일 불입금 8,000원 짜리를 계산해 보았습니다.

8,000원×200일＝1,600,000원

여기서 원금 100만원을 제하면 60만원이 이자가 되겠지요.

60만원이 200일에 대한 총 이자이므로

600,000원÷200일＝3,000원

즉 하루 이자가 3,000원이므로

3,000원×30일＝90,000원

이란 계산이 나옵니다.

그렇다면 100만원을 일일 불입금 8,000원으로 200일 일수를 빌렸을 경우, 200일간 총 이자는 60만원이고 30일간 이자는 9만원이므로 1개월 이자율은 9%(9푼)가 되는 것입니다.

♣ 1,000만원을 300일로 빌린 경우 ♣

300일 짜리 일수를 몇 군데 알아보았지만 워낙 장기간이기 때문에 100만원 정도는 줄 수 없고, 최저 500만원 이상 1,000만원 단위가 돼야만 300일로 줄 수 있다고 합니다.

사실 10여년 전만 해도 일수 100만원을 얻으려면 상당한 신용과 평소의 거래가 있어야 했습니다. 하지만 요즈음 일수의 단위는 보통 500만원에서 1,000만원으로 커졌습니다. 대신 부동산 등 확실한 담보가 있을 경우 후순위라도 근저당 설정을 하거나, 재산세를 내는 사람의 연대보증이 있어야만 1,000만원 정도의 돈을 빌릴 수 있다고 하는군요.

일일 불입금은 I,000만원에 5만 5,000원~6만 5,000
원으로 그때그때의 경제 상황과 채무자의 여건에 따라 조
금씩 다르게 해줄 수 있다고 합니다. 이에 대한 이자율은
위에서 설명한 방식으로 계산해보면 대략 6~IO% 정도가
됨을 알 수 있습니다.

오랫동안 일수의 기간과 이자율을 계산해본 방앗간 아
주머니는 우선 경옥엄마에게 소개받은 동네의 일수 아줌
마에게 IOO만원을 일일 I만 2,000원씩 IOO일로 빌렸습
니다. 그리고 생활정보지 광고를 보고 연락한 일수업자에
게 200만원을 일일 2만 4,000원씩 200일로 빌려서 합
계 300만원을 마련하였지요. 이렇게 해서 계주의 돈을
갚고 하루 3만 6,000원씩 IOO일간 일수를 찍기로 결정했
습니다.

일수의 유리함과 불리함

계주의 독촉에 못 이겨 생전 써보지 않은 일수를 얻어
300만원의 빚을 정리한 방앗간 아주머니는 일수의 유리
함과 불리함에 대하여 다시 한번 생각해 보았습니다.

우선 이자를 비교해 보았지요.

계주에게 월 2%로 빌렸던 이자가 일수를 쓰면서 월 6%
로, 이자 부담율이 4%나 높아졌습니다. 그런가 하면 동네
일수 아줌마에겐 약속어음 한 장 써주고 IOO만원을 빌렸지
만, 일수업자에겐 200만원에 대한 5%의 수수료 IO만원

과 약속어음 공증료 2만원 등 모두 12만원을 더 부담하고 보니 실제 월 이자율은 약 7 % 정도 되었습니다.

또 매일 3만원이라는 생돈을 지출해야 하니 이 역시 큰 부담이 아닐 수 없겠지요.

반면에 300만원이라는 빚을 일거에 청산하고 매일 3만 6,000원씩의 지출이 부담스럽긴 하지만 100일 후면 모든 빚이 청산되게 되었습니다. 그리고 그때쯤 계를 타게 되면 한꺼번에 목돈을 탈 수 있다는 기대감에 한편으론 안도감도 가질 수 있었습니다.

연체될 때는 어떤 불이익이 있나

어떠한 형태의 채권·채무관계도 마찬가지이겠지만, 일수 역시 대출금이 연체되면 일수업자는 채권을 회수하기 위하여 최선의 방법을 구사할 것입니다.

일수 같은 경우는 몇회 이상 연체하면 연체이자를 가산하는 수가 있으므로 최초 계약시 약정서를 잘 살펴야 할 것입니다.

채무자가 도저히 대출금을 상환치 못할 경우, 약속어음 공증을 해주었다면 그것은 하나의 판결문과 같으므로 채권자는 공증서류를 이용하여 채무자의 동산에 압류신청을 한 후 경매에 부쳐 채권자의 대출금을 회수하려 할 것입니다.

부동산에 근저당 설정을 하고 대출한 후 변제하지 못

한다면 채권자는 근저당 설정서류를 이용하여 부동산 경매 신청을 해서 대출금을 회수하려 할 것입니다.

만일 재산세를 내는 2명의 연대보증인을 세우고 일수로 대출받은 후 갚지 못한다면 채권자는 2명의 연대보증인에게 소액청구심판 소송을 제기해 그들로부터 대출금을 받아내고자 할 것입니다.

이렇듯 사채업자들은 다양한 방법을 동원해서 자신의 돈을 회수하려 합니다. 그러므로 나중에 큰 불이익을 당하지 않도록 서로간의 신용을 잘 지켜 원만한 거래가 이루어지도록 해야겠지요.

대출금이 연체되면 어떻게 해서라도 그것을 회수하려는 자세는 제도금융권이나 사채시장이나 마찬가지입니다. 그런데 굳이 사채업자만을 비난하는 것은 공정치 못하다고 생각합니다. 제가 사채업자 출신이어서 팔이 안으로 굽은 것일까요?

다만 약점을 이용하여 엄청난 고리의 연체이자를 물리는 등 불법을 자행하는 일부 악덕업자도 분명 있기에, 맨 처음 대출할 때 약정서부터 차근차근 잘 살펴보십시오.

일수는 상인, 중소기업인, 자영업자가 주로 이용한다

일수는 월변과 더불어 우리나라에서 가장 많이 이용되는 사채 대출방법의 하나입니다.

월변은 한달에 한번씩 이자지급을 하고 약속한 날짜에

원금 전액을 갚아야 하지만, 일수는 일정기간을 정하여 그 기간내에 원금과 이자를 한꺼번에 매일매일 조금씩 갚아 나가는 방법입니다. 그렇기 때문에 매일같이 고정수입이 있는 사람들, 즉 장사하는 사람들과 자영업자가 많이 이용합니다.

월변에 비하여 이자율은 높지만 날마다 조금씩 푼돈으로 목돈을 갚아 나갈 수 있기 때문에 상인들은 대부분 일수를 이용하고 있습니다. 남대문시장, 동대문시장은 물론이고 유흥업소와 점포가 몰려 있는 웬만한 상권에는 으레 일수업자가 있기 마련입니다.

그리고 중소기업을 경영하는 사장님도 자금 구하기가 힘들 경우 일수를 얻는 수가 있습니다.

이제는 제도권 금융에서도 저축, 대출상품을 다양화하여 「일수식 대출」 또는 「일수식 적금」 상품을 개발했다고 하는군요.

3. 직장인 신용대출

국내 5대 그룹 중 하나인 S그룹에 근무하는 김대리.

IMF시대여서 월급도 20% 깎인 상태라 주머니 사정이 매우 어렵습니다. 웬만한 건 모두 신용카드를 이용해서 지출했기 때문에 신용카드 한도가 모두 찼고 모아둔 현금이라곤 한푼도 없는데 갑자기 돈 쓸 일이 생겼습니다. 어머니가 시장에 다녀오시다가 뺑소니 차에 치여 병원의 응급실에 계신데, 당장 입원비 100만원을 내야 치료를 받을 수 있다고 합니다.

서울에 일가친척이 별로 없고 성품이 성실하지만 고지식한 김대리로서는 100만원 구하기가 하늘의 별따기입니다. 병원 대기실에 앉아 안절부절 못하며 신문이나 뒤적이던 김대리는 신문광고란의 "직장인 신용대출"이란 문구에서 시선이 멈췄습니다.

광 고

평소 출근길이면 버스정류장이나 지하철 입구에서 아주머니들이 뿌리던 전단에 "직장인 신용대출" 어쩌구 하는 것을 여러번 보았습니다만 전단을 받자마자 별생각없이 쓰레기통에 구겨 넣었습니다. 그런데 오늘은 그 광고가 김대리를 위한 것인 양 그의 눈에 대문짝만하게 들어오는

직장인 신용대출은 안정된 직장에 다니는 사람이 신용 하나만으로 쉽게 돈을 빌릴 수 있는 분야입니다. 하지만 이자율이 결코 싸지 않기 때문에 가능한 한 자제하는 편이 좋습니다.

군요. 당장 돈 100만원이 급한 김대리는 곧바로 공중전
화로 달려가 전화를 했습니다.

직장인 신용대출의 자격요건은 무엇인가

사채사무실에 전화를 건 김대리는 다짜고짜 직장인 신용
대출을 받으려면 어떤 자격을 갖추어야 하느냐고 물었습
니다. 공무원, 군인, 교사, 은행원, 그리고 상장업체 직원
이면 가능하다고 전화선 저쪽에서 대답했습니다.

즉 신분이 불확실한 일반회사 직원은 곤란하고, 안정된
직장에 근무하는 사람으로서 월급과 상여금이 일정하고,
만일 직장을 그만둘 때는 충분한 퇴직금을 탈 수 있는
사람이어야 한다는 것입니다.

김대리가 자신을 S그룹에 근무하는 직원이라고 소개하자
저쪽에서는 그것을 증명할 수 있는 서류와 대출을 받기 위
한 다른 몇가지 서류를 준비하여 오라고 했습니다.

구비서류는 어떻게 되나

준비해야 할 서류는 다음과 같습니다.

주민등록등본, 재직증명서, 의료보험카드, 급여명세서.

대출 경험이 전혀 없는 김대리는 이 서류를 가지고 가
면 잘못 악용되지나 않을까 부쩍 의심이 들었습니다. 그
래서 왜 이런 것들이 필요하냐고 물었습니다. 사채업자의
대답은 주민등록등본은 본인 확인용이고, 재직증명서와

의료보험카드는 직장 확인용이고, 급여명세서는 월급이
얼마인지 알아야 대출금액을 정할 수 있다고 했습니다.

그러니까 위의 서류를 가져와야만 서류를 확인한 뒤
대출금액을 결정한다고 합니다.

대출사무실은 어디에 많이 있을까

김대리는 마지막으로 전화한 사무실의 위치를 물어보았습
니다. 그러자 그 사무실은 강남역 사거리에 있다고 하는
군요.

직장이 명동에 있는 김대리는 강남까지 가기가 불편스
러워 다른 광고를 보고 몇 군데 더 알아보았습니다.

직장인 신용대출 사무실은 시청 앞, 명동, 강남역 일대
에 밀집해 있었습니다. 서류를 준비한 김대리는 굳이 멀
리 갈 필요가 없다고 생각하여 명동에 있는 한 사무실로
찾아갔습니다.

대출한도와 대출기간은 얼마인가

난생 처음 사채사무실을 찾은 김대리는 두렵기도 하고 한
편 쑥스럽기도 하였지만, 상황이 상황인 만큼 서류를 내
놓았습니다. 물론 필요금액은 100만원이라고 하였지요.

서류를 검토한 사채업자는 김대리 직장으로 넌지시 전
화하여 실제 근무하는가를 확인한 후 100만원을 대출해
주겠다고 하였습니다.

그의 말에 따르면 월급액수와 근무연한에 따라 적게는 100만원부터 많게는 1,000만원까지 대출해줄 수 있다고 합니다.

대출기간은 대략 3~6개월로 유동적이며, 이자만 연체하지 않는다면 3개월 정도 더 연장해줄 수 있다고 합니다.

이자와 수수료는 얼마나 될까

직장인 신용대출은 아무런 담보없이 단지 안정된 직장에 다닌다는 신용 하나만을 보고 대출해주는 글자 그대로 「직장인 신용대출」이므로 대출해주는 사채업자 입장에서는 위험도가 꽤 높은 분야입니다.

모든 금융상품은 위험도가 높으면 이율이 높고 위험도가 낮으면 이율이 낮은 법입니다.

직장인 신용대출은 당연히 이율이 높은 편이겠지요. 보통 광고에는 4~5％라고 하지만 실제 대출받으려면 7~8％의 이율을 물어야 하고, 수수료도 7~8％ 정도 부담해야 합니다. 그러므로 처음 대출받을 때 대출금의 약 15％ 정도는 공제할 각오를 해야 할 것입니다.

이것은 대단한 고금리인데 신용대출 금리가 이처럼 높은 까닭은 다른 대출에 비해서 손실율이 높기 때문입니다. 10건 중 1~2건은 사고가 발생하며 돈을 떼이기가 십상입니다.

중복대출도 가능하다

신용대출은 부동산 등이 담보가 아니라 직장이 바로 담보
가 되므로 이곳저곳에서 중복하여 대출이 가능합니다.

허나 「월변」이나 「일수」 편에서 말씀드렸듯이 여기저기
서 돈을 빌리다보면 결국 이자에 이자를 못 이겨 빚이 늘
어나는 만큼 함부로 중복대출 받을 일이 아닙니다. 직장인
월급으로 한달에 7~8%씩 하는 이자를 감당하기란 불을
보듯 뻔한 일이기 때문이지요. 직장인 신용대출 이자가 결
코 싸지 않음을 기억하시기 바랍니다.

갚지 않으면 어떻게 되나

직장인 신용대출의 대출금 연체시 채권자 측에서는 어떻게
해서든 대출금을 회수하려 할 것입니다.

김대리처럼 좋은 직장에 다니며 처음으로 신용대출을
받는 사람은 양질의 고객이기에 본인이 먼저 약속을 이행
하려고 노력할 것입니다. 그러므로 훌륭한 직장에 다니는
사람일수록 채권자 입장에서는 채권을 회수하기가 쉽다고
생각하겠지요.

예를 들어 어떤 은행원이 신용대출을 받은 뒤 연체시켰
다고 가정해 봅시다.

사채업자가 전화독촉만 해도 제대로 답변하기가 곤란할
텐데 하물며 은행창구로 찾아가 큰 소리라도 친다고 상상
해 보십시오. 은행직원뿐 아니라 일반 상장회사 직원도 사

채업자가 사무실로 찾아와 큰 소리를 친다면 그 사람의 직장생활은 끝날 위기에 부닥칠 것입니다.

전화로 3~4일 독촉해서 안되면, 이렇게 사무실로 직접 찾아가서 2~3일은 가만히 앉아만 있습니다. 그래도 갚지 않으면 큰소리를 칩니다. 하루나 이틀 동안 창피를 주어도 변제할 능력이 안되는 직장인에겐 할 수 없이 월급에 차압이 들어가든가 아니면 최종적으로 퇴직금에 차압이 들어가든가 하겠지요. 사채업자는 채권회수를 위해서라면 할 수 있는 모든 방법을 동원할 것입니다.

대출시 필요한 서류와 유의해야 할 것들

대출서류를 작성할 때는 대출신청서, 약속어음 공증 등 몇 가지 서류를 작성해야 하는데, 이때 대출 신청인이 유의해야 할 점이 있습니다.

서류 하나하나를 신중히 검토해 보고 후에 불리하게 작용할 소지가 없는지 반드시 확인하고 서류에 도장을 찍으라고 당부하고 싶습니다.

약속어음 공증서류를 예로 들어 볼까요? 인감증명서를 첨부하여 공증용 위임장에 서명해주면 채권자 혼자서도 얼마든지 공증을 할 수가 있습니다. 그러니까 이때 약속어음 금액란에 정확한 대출금액을 반드시 기재해야 합니다. 액수를 쓰지 않은 채 도장만 찍어주면 나중에 채권자 마음대로 금액을 써넣을 수 있기 때문입니다.

4. 자동차 담보대출

D패션의 영업사원 박주임.

아직 집을 장만하지 못하여 비록 전세를 살고 있지만 영업을 활발히 하기 위해서 자동차만큼은 일찌감치 구입하여 타고 다닙니다. 소형차에 불과하지만 재산목록 I 호라고 애지중지하며 쓸고 닦아 항상 새 차처럼 깨끗이 쓰고 있습니다.

그러던 그가 덜컥 교통사고를 내고 말았습니다. 원래 침착한 박주임인지라 운전도 항상 조심스레 하던 터였는데 술에 취한 사람이 느닷없이 도로에 뛰어드는 바람에 어쩔 수 없이 대인사고를 내고만 것입니다.

다행히 중상은 아니어서 합의금 IOO만원에 합의를 보기는 했으나 패션업계의 불황으로 요즈음 영업실적이 부진한 그로서는 당장 IOO만원을 구할 길이 없습니다. 월급은 물론 판매수당 탈 것도 변변치 않고 주변의 어디에도 빌릴 만한 곳이 마땅치 않다는군요.

할 수 없이 혹시나 하는 마음으로 신문의 금융광고란을 살펴보았습니다. "직장인 신용대출"이 눈에 띄어 전화해보니 일반회사 영업사원이라 자격이 안된답니다.

다시 광고란을 멍하니 쳐다보니 "자동차 담보대출"이란 게 눈에 들어 옵니다. 마침 차를 가지고 있기에 이것은 어떠한 것인가 전화해보았습니다.

자동차를 가지고 있는 사람이면 누구나
그것을 담보로 돈을 빌릴 수 있습니다.
「차차차」하는 자동차 담보대출의
광고를 보고 돈을 빌리러 오는 사람의
70 % 는 젊은이라고 하는군요.

자동차 소유자는 누구나 빌릴 수 있다

먼저 자동차 담보대출은 어떻게 하는 거냐고 물어보았겠지요. 자동차를 소유하고 있으면 누구나 자동차를 담보로 대출받을 수 있는데 차종은 중형·소형 승용차 및 택시에 한해서만 가능하다고 합니다.

대형차나 승합차 등은 대상에서 제외된다고 합니다. 왜냐하면 대형차나 승합차 등을 담보로 대출했을 때 채무자가 변제하지 않으면 차를 처분해야 하는데 대형차들은 매매가 어렵기 때문에 아예 취급을 않습니다.

한편 영업활동에 차가 생명인 박주임은 자동차를 담보로 대출받을 경우 차를 사용할 수 없으면 이 또한 난감한 일이 아닐 수 없습니다. 그래서 자동차 사용 여부를 물어보았습니다. 그러자 그것은 사채업자가 자신들의 오랜 경험과 대출자의 신용도를 기준하여 판단한다고 합니다. 차를 사용하게 하는 경우가 있고 아니면 아예 자기네 전용 주차장에 세워두고 운행을 못하게 하는 수도 있다고 합니다.

대출금액과 대출기간은 어떤가

다음은 대출금액에 대하여 물어보았습니다. 대략 중고차 시세의 절반 정도인 50~60%까지 대출해줄 수 있다고 하는군요. 고급 중형 승용차나 외제 승용차로 대출받는 경우에는 대출금이 1,000만원을 넘기도 하지만 그리 흔한 일은 아니고, 대부분 중, 소형차로 100~500만원 정도의 대출이 일반적이라고 합니다.

대출기간은 다른 것에 비하여 매우 짧습니다. 1개월을 기본으로 하고 이자불입을 잘할 경우 3개월까지 연장해 주지만 그 이상 지나면 차의 명의를 바꾼다고 합니다.

이처럼 대출기간이 특별히 짧은 이유는 자동차의 감가상각을 따질 때 다른 담보와 달리 교통사고가 발생하면 담보가치가 현저히 떨어지기 때문이겠지요.

담보물의 평가기준은 무엇인가

자동차 담보대출 사무실의 직원 중에는 중고차 전문가가 반드시 있습니다. 그가 먼저 차를 본 후 차종, 연식, 주행거리, 교통사고 유무 등에 따라 대출금액을 정합니다. 그는 대단한 중고차 전문가여서 적절한 중고차 값을 바로 내놓는다는군요.

평가기준은 합당한 중고차 값의 50~60% 정도입니다.

구비서류와 유의할 것들

구비서류는 자동차등록 원부와 보험가입증, 대출금 연체시 차를 매매하기 위한 매매계약서, 이에 따른 합의서, 대출금에 대한 약속어음 공증 등을 준비해야 합니다.

이때 앞에서도 얘기한 바 있지만 매매계약서 및 합의서 내용을 정확히 확인한 후 서명할 것과 백지어음에 꼭 대출금액을 써넣을 것을 다시 한번 강조합니다.

연체하면 어떤 불이익이 올까

자동차 담보대출은 어쨌든 자동차라는 물건을 담보로 하여 대출을 받는 만큼 대출금을 연체하거나 갚지 못하면 급기야 자동차를 빼앗기는 결과를 맞게 됩니다.

이런 사태는 매매계약서와 합의서를 써주기 때문에 발생하지요. 그러므로 그리 많지 않은 대출금 때문에 자신의 소중한 운송수단인 차를 잃지 않도록 미리미리 신중하게 생각한 후 대출신청을 해야 할 것입니다.

대출은 주로 누가 하나

아무리 궁리해도 뾰족하게 돈을 구할 방법이 없는 박주임은 차를 사용해도 된다는 약속을 분명히 받고, 여러가지 서류를 준비하여 대출사무실을 찾아갔습니다.

대출업자는 젊은 박주임을 보더니 싱긋 웃으며 유흥비가 떨어졌느냐고 물었습니다. 박주임은 정색을 하고 자초

지종을 이야기하였죠. 그러자 대출업자는 안심이 된다는 듯한 표정을 짓더니 대출기간 중에는 운전을 특히 조심하라고 당부를 했습니다. 그리고 다른 사람에 비하여 이율을 낮추어 주는 등 조건을 좋게 해주겠다고 했습니다.

대출업자는 얘기를 덧붙였습니다. 자동차 담보대출을 받으러 오는 사람들의 70%가 젊은 층이며, 대출한 돈도 유흥비 내지는 도박으로 탕진하는 경우가 많다구요. 그래서 웬만하면 차량운행을 허가하지 않는다고 합니다.

이자와 수수료는 얼마나 될까

박주임이 가장 염려스럽고 걱정되는 부분이 바로 이율과 수수료입니다.

이율 7~8%에 수수료 7~8% 또는 이율 5~6%에 수수료 10%라고 하는데 둘러치나 메치나 매한가지. 결국 이자와 수수료를 합하여 대출금에서 15%를 공제하는 거지요.

자동차 담보대출의 이율은 매달 수수료까지 포함하여 실상 15% 선인데, 엄청나게 높은 이율입니다.

왠 대포차?

대출금이 연체되면 이를 받아내기 위해서 사채업자는 매매를 강요하는 등 분쟁의 소지가 있는 행동을 하기도 합니다. 이렇게 되면 때로는 폭력을 수반할 수도 있겠지요. 그러므로 일부업자는 이런 것을 대비하여 스스로 폭력을 보유하기도 합니다.

이 과정에서 「대포차」라는 게 생겨 납니다. 대출 후 대출금을 변제하지 못하여 차를 찾지도 못하고 그렇다고 명의 변경도 해주지도 않고 채무자는 "나 몰라라" 하고 나타나지 않는 수가 있습니다. 이 경우 대출업자는 그 차를 그냥 팔아버리는 것이지요. 이것이 대포차입니다.

이때 이 차를 사는 사람은 전후 사정을 사전에 알고 사기 때문에 보험료나 세금 등을 일체 내지 않고 공짜로 타다가 차가 낡으면 아무곳에나 버리고 맙니다.

폼 나는 차는 위험하다?

「자동차 1,000만대 시대」가 도래하였습니다. 그러자 자동차 담보대출은 최근 몇년 사이 급팽창하며 사채업의 한 분야로 확고히 자리잡게 되었습니다. 이유는 대출금의 액수가 적으며 자동차라는 확실한 담보가 있고 대출기간이 짧기 때문에 손실율이 적다는 메리트가 사채업으로서는 이상적이기 때문입니다.

그런데 차주가 어리숙하게 보이고 차가 괜찮으면 차를 고의로 뺏으려 하는 극히 일부의 악덕업자도 있음을 꼭 기억해야 합니다. 무엇보다 이러한 지경을 당하지 않으려면 대출서류 작성할 때 위에서 열거한 것들을 조심하고 각종 약속을 잘 지켜 본인의 권리를 잃지 않도록 해야겠습니다.

　　이처럼 자동차 담보대출의 모든 것을 파악한 박주임은
비록 고리이지만 어쩔 수 없이 자동차를 담보로 100만원
을 대출받은 뒤 한달 만에 부지런히 자금을 마련하여 갚고
편한 마음으로 차를 운전할 수 있었습니다.

대출사무실의 위치

대표적으로 중고차 매매시장이 있는 장안평에 모여 있습니
다. 그리고 강남 중고차 매매센터를 중심으로 시작된 대출
사무실이 지금은 각 지역 역세권 및 상권 지역이면 으레
자리하고 있지요. 유료 주차장이나 노상 주차장에 차를 세
워둘 양이면 십중팔구 차대출 광고 전단이 꽂혀 있을 정도
로 자동차대출 사무실이 많이 증가했습니다.

5. 아파트청약통장 담보대출

**30평형 아파트를 신청하려고 무주택 3년 만에 아파트청약
예금에 300만원을 예치해 놓은 박찬오씨.**

　　0순위가 되기 위해 2년이 지나가기를 손꼽아 기다리고
있는데 갑자기 돈 쓸 일이 생겼습니다. 집주인이 전세보증
금을 100만원 올려 달라는 것입니다. 2년 동안 아무말 없
다가 3년 만에 인상하겠다는데 봐달라고 부탁할 수도 없
는 입장입니다.

　알뜰한 아내가 생활비를 이리 아끼고 저리 아껴서 300
만원을 만들어 겨우 아파트청약예금에 가입한 것이 목돈의
전부인데, 전세금 때문에 청약예금을 해약할 수도 없는 노
릇이지요. 그리고 정기적금을 서너 개 넣고는 있으나 만기
일이 되려면 모두 더 불입해야 하는 것뿐입니다. 몇명의
친지에게 사정을 알아보았으나 워낙 경제가 어려운 시대이
고 보니 맨입으로 돈 구하기가 거의 불가능하군요.

　인상된 전세금 때문에 끙끙 앓던 찬오씨. 출근길에 아줌
마들이 거리에서 돌리는 광고전단을 받아 무심코 들여다보
니 "아파트청약통장 대출"이라는 문구가 눈에 확 들어옵
니다. 회사에 도착한 찬오씨는 동료 몰래 광고지에 있는
전화번호로 다이얼을 눌렀겠지요. 그리고 아파트청약통장
대출이 무엇이냐고 다짜고짜 물었습니다.

청약통장 담보대출에는 무엇이 있나

이 대출은 두가지 방법이 있는데, 하나는 찬오씨가 가입한
것과 같은 아파트청약예금 담보대출이고 다른 하나는 아파
트청약부금 담보대출입니다.

　전자는 아파트를 청약하기 위해서 목돈으로 일시에 예
치한 것이고 후자 역시 아파트를 청약하기 위한 것이나 매
월 일정액을 적금식으로 넣는 통장을 말합니다. 청약통장
담보대출이란 바로 이 통장을 담보로 금전을 대출해주는
것입니다.

대출금액과 기간은 어떨까

대출금액은 가입한 청약통장의 금액에 따라 다릅니다. 30
평형 청약금액이 300만원, 40평형 청약금액이 1,000만원,
50평형 이상 청약금액이 1,500만원인데, 이 청약통장 금
액의 50%내에서 대출해준다고 합니다.

　대출기간은 기본이 3개월이고, 이자를 연체하지 않으면
3개월 더 연장하여 6개월까지 해주지만 경우에 따라서는
재연장될 수도 있습니다.

이자와 수수료는 얼마?

청약통장 담보대출은 제도권 금융의 적금 담보대출과 같은
성격의 것으로 통장에 들어 있는 돈을 담보로 대출해주기
때문에 안전성이 높습니다. 그러니까 당연히 신용대출이나
자동차 담보대출보다 훨씬 이율이 낮겠지요. 이자율은 보
통 3.5~4% 정도이나 수수료는 다른 대출과 마찬가지로
7~8%입니다.

구비서류와 조심해야 할 것

청약통장 담보대출의 구비서류는 그리 복잡하지 않습니다.
청약통장과 통장의 도장, 주민등록등본과 본인임을 확인할
주민등록증입니다.

　이때 중요한 것은 대출업자가 만일의 사태(연체)에 대
비하여 통장을 해지하고 임의로 돈을 찾을 수 있는 위임장

내지는 합의각서를 작성할 때입니다. 반드시 서류 하나하나를 잘 검토하고 작성해야 합니다. 서류의 문구를 또박또박 자세히 읽어보면 어떠한 함정이 있는지 쉽게 알 수 있을 것입니다.

연체되면 청약통장이 해지된다?

이자가 연체되고 원금의 변제가 늦어지면 다른 대출은 차압 또는 가압류, 경매 등의 절차를 밟게 되지만 청약통장 담보대출의 경우는 조금 다릅니다. 청약통장을 담보로 했으므로 사채업자는 대출할 때 제출한 서류(통장과 통장의 도장, 위임장 또는 합의각서)를 이용하여 청약통장을 해지하고 예금을 인출하여 원금을 받아내려 할 것입니다.

힘들여 가입한 청약통장이 해지되지 않도록 서로가 신용을 지켜야겠습니다.

요즘은 어떤가

수년 전 아파트 열기가 한창이던 시절엔 청약통장 대출도 신문의 금융광고란에 꽤 많은 비중을 차지하며 호황기를 누리기도 했었습니다. 그러나 지금은 시중 은행에서 청약통장을 담보로 대출해주고 있기 때문에 사채시장을 찾는 사람이 별로 없다고 합니다.

그러니 신문광고란에서 거의 사라지고 있겠지요. 신문광고비보다 저렴한 비용으로 길에서 광고전단을 뿌리는 업소가 시청 앞, 명동 등에서 몇 집이 문을 열고 있는 형편입니다.

모든 사정을 알고 난 찬오씨는 3개월 후면 만기가 되는 적금을 타서 갚기로 작정하고 대출사무실을 찾아갔습니다. 그리고 아파트청약통장을 담보로 100만원을 대출받아 전세금을 인상해주었습니다.

6. 아파트분양계약서 담보대출

아파트청약예금 가입 후 2년 만에 운좋게도 신규 아파트 분양신청에 당첨된 찬오씨.

청약예금에 가입한 돈과 그동안 적금 들어둔 것을 모두 찾아 분양계약을 마쳤습니다. 석달에 한번씩 내는 중도금 마련이 여간 벅차지 않지만 그래도 곧 내집을 마련한다는 부푼 꿈에 젖어 하루하루가 즐겁습니다.

그런데 문제가 생겼습니다. 예기치 못한 경제 한파로 부도회사가 늘어나고 회사들마다 구조조정의 열풍이 몰아쳤습니다. 내실이 단단하기로 소문난 찬오씨 회사도 경영의 어려움을 어찌지 못하고 직원들의 급료는 깎고 상여금은 지급을 중단시켜 버렸습니다.

회사의 이 조치가 찬오씨 개인에겐 아파트의 잔금을 불입하지 못하게 하는 불행을 초래하였습니다. 물론 상여금

만으로 잔금의 전액을 충당할 수는 없었겠지만 500여만원
이나 되는 잔금을 준비하기가 막막합니다. 새 아파트로 이
사갈 기대로 매일매일이 뿌듯하기만 했는데 이젠 잔금 날
짜가 다가올수록 하루하루가 걱정스럽기만 합니다.

혹시나 하는 생각에 전에 청약통장 담보대출을 받았던
사무실에 슬쩍 전화해 보았습니다. 대출방법이 있다고 하
는군요.

방법은 어떻게, 그리고 자격, 이자, 기간, 수수료는?

청약통장 담보대출과 비슷한 방법으로 아파트의 분양계약
서를 담보로 대출해줍니다.

대출자격은 아파트 분양계약 후 중도금을 2회 이상 치
른 자만 가능하다고 합니다. 이유는 분양계약만 하고 중도
금을 한번도 치르지 않으면 분양계약 자체가 취소될 수 있
기 때문이라고 하는군요.

구비서류는 분양계약서 원본, 인감증명서, 주민등록등본
과 초본, 인감도장, 주민등록증, 계약금 및 중도금의 영수
증 등입니다. 그러면 약속어음 공증 및 소유권 이전 가압
류 등을 한 후 대출해준다고 합니다.

대출금액은 계약금과 중도금 등 총 불입액의 50%까지
가능합니다.

기간, 이자, 수수료는 청약통장 담보대출과 동일하다고
하는군요.

다행히 과거에 한번 찾아갔던 사무실이라 찬오씨는 아파트 입주 후 은행에서 대출받아 갚기로 하고 모든 서류를 갖추어 대출사무실로 찾아가 500만원을 대출받았습니다.

그러나 앞으로는 분양계약 후 곧바로 전매가 가능해지기 때문에 사채업자가 이 대출은 피하는 경향입니다.

찬오씨는 비록 이자와 수수료 부담은 크지만 급할 때 사채를 쓰는 편리함이 있다는 것을 다시 한번 느꼈습니다. 무엇보다도 사채는 즉시 자금을 조달할 수 있다는 것이 큰 장점이라 할 수 있겠지요.

7. 전세계약서 담보대출

IMF 한파로 실직 중인 허주씨.

어떤 직장이라도 들어가려고 발이 부르트도록 여기저기 다녀보지만 직장 구하기가 정말 만만치 않습니다. 그래서 하다 못해 포장마차라도 한번 해보려고 생각하지만 가진 돈이라곤 한푼 없는 빈털터리입니다. 포장마차도 알아보니까 자리값이니 뭐니해서 400~500만원은 가져야 할 수 있답니다.

1,500만원짜리 단칸방에 아내와 돌 지난 아들과 함께 사는 그의 전 재산은 전세금 1,500만원이 모두입니다. 그것도 결혼할 때 시골에 계신 부모님께서 밭뙈기를 팔아서

전세계약서를 담보로 돈을 빌리려면 반드시 동사무소에서 「확정일자 일부인」을 받아야 합니다. 그리고 집주인의 동의서가 있어야 합니다. 보증금에 비하여 세가 아주 적은 월세계약서라면 그것을 담보로 하여 돈을 빌릴 수도 있습니다. 이율과 수수료는 싼 편이지요.

마련해준 것이지요.

부모님의 실정을 뻔히 아는 그는 차마 부모님께 구조요청을 할 수가 없습니다. 또 그럴 염치도 없구요. 하릴없이 신문을 뒤적뒤적하던 허주씨는 금융광고란에 실린 "전세계약서 담보대출"이란 것을 보고 이를 알아보기로 마음먹었습니다.

전세계약서 담보대출이란

일단 전화를 걸어 물어보니 전세계약서에 기재된 전세보증금을 담보로 하여 대출을 해주는 것이라고 합니다.

전세보증금은 세입자가 이사갈 때까지 집주인에게 보관시킨 돈이므로 이 돈을 담보할 수가 있겠지요.

하지만 월세보증금은 세입자가 만약 월세를 불입하지 않으면 보증금에서 공제되기 때문에 월세계약서는 담보로 삼지 않는 것을 원칙으로 합니다. 그렇지만 보증금에 비하여 월세가 아주 적을 경우는 월세계약서일지라도 가능하답니다.

예를 들어 보증금 I,000만원에 월세 I0만원인데 대출금이 500만원이라고 합시다. 보통의 임대기간인 I년간 월세가 밀렸어도 임대료는 고작 I20만원밖에 안됩니다. 보증금 I,000만원에서 밀린 임대료 I20만원을 공제해도 880만원이 남으므로 대출금을 회수할 수 있는 금액으로 충분하지요.

이러한 경우에 월세계약서도 담보로 하여 대출해줄 수 있다는 것입니다.

대출금액과 기간은 얼마나 되나

어느 정도 대출자격이 된다고 생각한 허주씨. 이번엔 대출 가능 금액이 얼마냐고 물어보았습니다. 그것은 전세보증금 또는 월세보증금의 50% 정도를 기본으로 하지만 상황에 따라 좀더 상향 또는 하향 조정될 수 있다고 합니다.

이유는 집주인의 동의를 얻어 전세권 설정을 해놓은 경우는 확실한 담보효력이 발생하므로 전세보증금의 60~70%까지 대출이 가능합니다.

대출기간은 대개 3~6개월이나 경우에 따라서는 임대기간 만료 때까지 연장해줄 수 있다고 합니다.

구비서류

전세계약서(「확정일자 일부인」을 받은 계약서)와 등기부등본(설정관계 확인), 공증에 필요한 인감증명서, 주민등록등본 등입니다.

다른 대출에서는 거의 대부분 약속어음 공증을 하는데 이 대출만큼은 채권양도·양수 공증을 합니다. 그 이유는 채무자가 대출금을 변제하지 못하면 전세보증금에 대한 반환청구권을 채권자에게 양도하여 채권자가 빌려준 돈을 받아낼 수 있도록 하기 위해서지요.

또 하나 꼭 준비해야 할 서류는 임대인인 집주인의 동의서입니다. 만일 채무자가 대출금을 갚지 않을 경우 집주인은 채무자(세입자)의 전세보증금을 채권자(대출업자)에게 내주겠다는 내용의 동의서입니다.

이 동의서가 없으면 채권자는 아무런 대항을 할 수 없기 때문에 집주인의 동의서가 없으면 절대로 대출을 해주지 않습니다.

이율과 수수료는 낮은 편이다

전세보증금이란 확실한 담보가 있어서 어느 정도 안전성이 있기 때문에 이율은 다소 낮은 편입니다. 얼마 전까지는 3.5~4% 했으나 요즈음은 워낙 시중 은행금리가 높아져 보통 4~5%로 올랐습니다.

수수료는 8~10% 정도인데, 수수료는 당연히 첫달만 내면 되겠지요.

대출금액과 대출사무실의 위치

이 대출의 특징이라면 전세보증금을 담보로 하기 때문에 보증금의 액수에 따라 대출금액이 변동된다는 점입니다. 전세액이 독채 아파트처럼 1억대가 넘는 경우가 있긴 하지만 전세계약서 담보대출로 그렇게 큰 금액을 빌려주지는 않습니다.

더러는 4,000~5,000만원 정도까지 주기도 하지만 이럴 땐 집주인의 재정상태도 꼭 살펴봅니다. 그리고 집주인의 동의서만으론 안되고 전세권 설정이 되어 있어야만 가능합니다. 그러므로 전세보증금이 많다고 해서 그에 비례하여 큰 금액을 빌릴 수는 없습니다.

한때 몇몇 은행에서 전세계약서를 담보로 대출해주기도 했었습니다. 그러나 IMF 이후 은행사정이 어려워지자 지금은 이 상품의 대출이 중단된 상태라고 합니다.

대출사무실의 분포는 과거와 달리 시내 중심가보다는 지역 역세권에 몰려 있습니다. 시청 앞, 종로 3가, 동대문, 신설동, 신촌, 강남역 주변 등에 흩어져 있습니다.

전세계약서 담보대출에 대하여 모두 이해한 허주씨는 아내와 상의한 끝에 포장마차를 차리기로 작정하였습니다. 집주인에게 사정을 설명하고 그의 동의서를 받아 전세계약서를 담보로 500만원을 대출받은 후 포장마차를 차릴 수 있었습니다.

8. 부동산 담보대출

건축업자 김사장.

　큰돈은 없지만 자투리땅을 매입하여 연립주택이나 다세대주택을 지어 분양하는 등 다년간 건축업으로 짭짤한 재미를 보고 있었습니다. 그런 그에게도 IMF 한파는 여지없이 찾아왔겠지요.

　이번에는 연립주택 1동에 6가구를 지어 분양하려는데 매기도 매기려니와 은행대출이 통 되질 않습니다. 이미 준공필증은 떨어져 소유권 보존등기도 다 되어 있으나 은행들마다 채권회수에 바쁠 뿐 여신자금이 전혀 없다고 이구동성입니다. 은행에서 대출받으려면 족히 2~3개월은 기다려야 할 것 같습니다.

　그런데 김사장은 마냥 기다릴 수 없는 형편입니다. 건물은 완공되었지만 인건비와 자재비 등 당장 지출해야 할 금

1990년대 초는 부동산 담보대출의 전성시대였습니다. 하지만 지금은 담보물건이 그리 흔하지 않습니다. 이율과 수수료는 담보물의 소재지와 근저당 설정순위에 따라 달라집니다.

액이 I억원 가량이나 됩니다. 하지만 이 어려운 시기에 몇 천만원도 아니고 I억원이나 되는 돈을 어디서 쉽게 구할 수 있단 말입니까. 인부와 자재상의 독촉에 날마다 시달려도 주택은 분양되질 않고, 답답한 김사장은 이 궁리 저 궁리 끝에 사채사무실을 찾아보기로 하였습니다.

부동산 담보대출은 어떻게 하나

평소 신문광고에서 보아둔 바가 있어 한 업소에 전화를 하고 찾아갔습니다. 상담에 나선 업자의 설명은 다음과 같았습니다.

먼저 서류를 준비하여 오면 서류검토 후 부동산 소유자와 함께 대출사무실 직원이 현장에 나갑니다. 그가 물건에 대한 감정을 하면 감정가의 60~70% 정도 대출해준다고 합니다.

여기서 말하는 감정가란 전문감정평가기관이 아닌 부동산 담보대출 사무실에서 오랜 경험을 쌓은 직원이 물건을 직접 보고 결정한 값을 말합니다. 이들은 전국 어느 곳이나 안가본 곳이 없을 정도로 상가, 단독주택, 연립주택, 나대지, 임야, 전답 할 것 없이 한번만 나가보면 거의 정확한 감정가를 정하는 실력이 있습니다.

이 값은 절대적인 것이어서 한번 가격이 결정되면 그 이상의 대출은 힘들답니다. 그것은 전주를 보호하기 위한 수단이라고 하지요. 감정가를 잘못 산출하면 후에 채권을 회수하는데 문제가 발생할 여지가 있기 때문입니다.

구비서류는 반드시 본인이 가지고 가야 한다

김사장은 필요한 서류가 무엇이냐고 물었습니다. 먼저 등기부등본(토지 및 건물), 토지대장, 건물대장, 도시계획확인원(일명 지적도), 주민등록등본 등을 가져가야 한답니다. 이외에 부동산이 임야나 전답일 때, 경우에 따라서는 국토이용계획서, 임야대장, 임야도 등 서류가 달라질 수도 있습니다.

일단 이러한 서류를 준비해 와야만 대출사무실 직원이 현장에 감정을 갈 수 있답니다. 이 서류는 복사를 한 사본은 안되고 물건의 소유자 본인이 직접 와야 한답니다.

이유는 본인이 아닐 경우 공연히 허탕만 칠 우려가 있기 때문이지요. 제도권 금융기관에 가서 대출받으려면 본인이 직접 서류를 가지고 가야 하는 것과 똑같은 이치입니다.

대출금액과 대출기간은 얼마인가

부동산 담보대출 사무실에서 빌려줄 수 있는 금액은 100만원에서부터 10억원대까지로 담보물건에 따라 천차만별입니다.

1980년대 말부터 1990년대 초 부동산 담보대출이 한창 성행할 때에는 강남 신사동 일대의 제 아무리 큰 대출사무실에서도 한 물건당 5억원 이상은 대출하지 않았습니다.

전주가 없어서가 아니라 굳이 한 물건에 많은 돈을 투자하여 잠겨둘 필요가 없기 때문이었겠지요. 연체되면 채권회수도 문제겠지만, 그 당시엔 담보물건이 굉장히 많았습니다.

그러나 요즈음은 담보물건이 그리 흔치 않습니다. 그때만 해도 여관, 식당, 유흥업소 등 향락산업 업종이나 부동산 임대업종 건물은 금융권 대출의 제외대상이어서 웬만한 부동산은 모두 사채시장으로 쏟아져 나왔던 겁니다. 지금은 이러한 규제가 모두 풀려서 사채시장으로 나오는 담보물건이 별로 없습니다.

그러다 보니 이제는 자금이 남아돌아 10억원대 물건에도 손을 대게 되는 것이지요.

대출기간은 기본 6개월로 하며 이자를 연체하지 않고 불입을 잘하면 3개월 정도 연장해줍니다. 어쩔 수 없이 더 연장되는 경우도 있지만 이럴 때는 대출사무실에서는 채권자를 바꾸어 계약을 다시 새롭게 하려 합니다.

그 이유는 새로이 계약을 맺어서 수수료를 다시 받아내려는 대출업자의 잇속과 이미 확보하고 있는 전주를 놀리지 않으려는 두가지 속셈 때문입니다.

부동산을 담보로 대출받으려 한다면 이런 점에도 신경써야 합니다.

이용자는 누구일까

부동산 담보대출이 성행했던 1990년대 초에는 과열된 부동산 경기를 가라앉히기 위해 정부에서 여러가지 규제를 많이 가했습니다. 그런 만큼 제도권 금융기관에서의 대출 자격도 여간 까다롭지 않았었지요. 그러니 웬만한 부동산 물건이면 모두 사채시장으로 나올 수밖에 없었지요.

반면에 지금은 이러한 규제가 많이 풀렸으나 경기불황으로 인하여 제1·2 금융권 대출이 어려워지자 다시 사채시장을 찾는 경향입니다. 허나 수년간의 부동산 가격하락으로 담보가치가 많이 떨어졌고 이미 담보가 설정되어 있는 물건도 재탕 삼탕하느라 깨끗한 물건이 별로 없습니다. 신축건물이거나 근저당 설정된 적이 없는 깨끗한 담보물은 어떻게 하든 제도권에서 대출받으려 하겠지요.

건축업자 김사장처럼 피치 못할 경우에만 선순위 설정을 하더라도 가끔 사채시장을 찾을 뿐입니다. 대부분은 1순위로 제1·2 금융권에서 대출을 받고 나머지 담보여력으로 후순위로 사채시장에서 대출받으려 합니다.

부동산 담보대출은 기업체나 일반인의 구분없이 누구나 부동산 담보물만 있으면 이용할 수 있습니다. 주로 이용하는 사람은 제도권에서 대출받을 수 없는 물건의 소유자, 즉 규제대상 물건의 소유자, 금융권에서 이미 선순위로 대출을 받아 더이상 대출받을 수 없는 물건의 소유자, 또는 제도권에서 대출받기까지는 시간이 걸리므로 당장 급하게 돈을 써야 하는 사람들이 주로 이용합니다.

후순위 설정권자가 되면 담보물 여력을 보고 대출해준다

부동산 담보대출을 받고자 하는 사람이 꼭 알아두어야 할 사항 몇가지. 사채업자들은 후순위로 설정하고 대출해줄 경우 채권회수에 문제가 생기지 않도록 하기 위하여 담보물을 감정할 때 매우 짜게 굽니다.

행여 담보물건이 경매에 들어가 채권금액 이하로 낙찰되면 후순위 설정권자인 사채업자는 원금을 회수하지 못할 수도 있기 때문입니다. 그러니까 후순위일 때는 부동산 담보대출도 그리 쉽지 않은 거지요.

그리고 이미 제도권에서 대출을 받고 추가대출을 신청하였으나 더이상의 담보여력이 없어서 대출이 안되는 물건은 사채시장에서도 통하지 않을 것이 십중팔구입니다. 그러므로 군이 다리 아프게 대출사무실을 찾지 말라는 것입니다. 한마디로 말해서 사채업자의 감정가격이 제도권 금융의 그것보다 더 박하므로 제도권에서 더 받지 못했다면 사채시장에서도 받을 수 없답니다.

대출금이 연체되면 어떻게 되나

김사장은 대출금의 원금과 이자의 상환이 늦어지면 사채업자는 어떻게 대처하는가를 물었습니다. 그런데 사채업자의 대답이 예사롭지가 않군요.

사무실 한켠에선 아까부터 아예 부실채권 전담직원인
듯 계속하여 전화통을 붙잡고 이 사람 저 사람에게 전화를
걸어댑니다. 그는 밀린 이자와 원금을 갚으라며 목이 터저
라고 외칩니다.

이렇게 몇번 전화독촉을 해도 이행하지 않을 경우 최고
장이나 내용증명을 보내서 정한 날짜까지 갚지 않으면 부
동산 경매신청을 한다고 통지한답니다. 채권자나 채무자
모두 경매에 들어가면 서로 피곤해지므로 가능한 한 경매
절차를 밟는 단계까지 가지 않도록 노력하겠지만 악성채권
이 되어 채무자가 도저히 갚을 수 없으면 할 수 없이 부
동산 경매신청을 하는 수밖에 없다고 합니다.

여기서 대출인들이 꼭 유의해야 할 사항이 하나 있습니
다. 앞의 「대출금액과 대출기간」에서 잠시 언급한 바 있
지만, 약속기한내에 대출금을 갚지 못하면 사채업자는 차
용인에게 재대출받을 것을 요청합니다. 그 이유는 수수료
를 다시 받을 속셈과 다른 전주를 놀리지 않으려는 두가지
의도라고 이미 설명하였지요.

가끔 이런 악덕업자를 만나서 이렇게 몇번씩 재탕, 삼탕
하다보면 멀쩡한 부동산을 날려버리는 수도 있습니다.

수억원짜리 고급 빌라를 날린 이유는

예를 들어볼까요.

시가 2억원의 아파트로 1억원을 대출받았다고 합시다.

최초 대출시 선이자, 공증비, 수수료 등 경비 명목으로 약 15%인 1,500만원 정도를 제하고 8,500여만원을 손에 쥡니다. 그런데 6개월 후에 원금을 변제하지 못해서 다른 채권자(전주)에게 재대출을 받게 되면, 선이자 외에 다시 대출금의 10% 정도인 수수료를 공제하게 됩니다. 즉 1,000여 만원의 경비를 또 부담해야 하는 것이지요.

이렇게 몇번 되풀이한다고 상상해보십시오. 아파트 한 채쯤 날라가는 것은 식은 죽 먹기인 것입니다.

몇년 전 수억원짜리 고급 빌라를 담보로 사채시장에서 대출받은 후 이를 갚지 못해 몇번인가 재탕하는 바람에 집을 날린 사람이 있었습니다. 그는 나중에 자신의 억울함을 언론에 호소하여 그런 사실이 신문에 소개되었습니다. 그러자 사채시장이 온통 떠들썩하게 되었지요.

극히 일부이긴 하지만 이런 상황을 악이용하는 악덕 사채업자도 있으니까 정말 조심하여야 합니다.

이자와 수수료는 담보물의 소재지와 설정순위에 따라 다르다

김사장은 마지막으로 이자와 수수료에 대하여 물어보았습니다. 이자와 수수료는 물건 소재지와 몇번째 순위로 근저당 설정되는가에 따라 다른데 대략 다음과 같은 기준이라고 합니다.

❶ 담보물이 서울시내 및 서울 근교에 있으며 1순위로 설정될 경우 이자 3% 수수료 8%.

❷ 담보물이 지방에 있거나 2순위로 설정될 경우 이자 3~4% 수수료 10%.

보통 이렇게 두가지 기준이 적용됩니다.

수년 전 담보대출이 호황이던 시절엔 대출금액이 적고 (3,000만원 미만) 물건에 1순위로 근저당 설정하게 되면 2% 이자도 가능하였고, 억대가 되는 금액도 물건이 좋고 1순위로 설정되면 2.5% 정도까지 해주었습니다. 그러나 요즈음은 은행대출이 힘들고 은행금리가 높은 점과 시중금리의 기준점인 A급어음(국내 5대 그룹 어음) 할인금리가 2.5%까지 올라간 것을 고려하여 더 높은 금리를 요구하는 것이 현재의 추세라고 합니다.

이자와 수수료는 위와 같으나 실제 대출을 받으면 감정비, 출장비, 공증료 등 모든 경비를 포함해 평균 15%는 공제한다고 합니다. 즉 1억원을 대출받으면 실 수령액은 8,500만원밖에 되지 않는 거지요.

자금이 급한 김사장은 할 수 없이 신축한 연립주택을 담보로 1억원을 대출받았습니다. 약 15%의 경비를 제하고 8,500만원을 들고 나온 그는 착잡한 마음으로 약속기일을 꼭 지킬 것을 다짐하면서 회사로 돌아왔습니다.

대출사무실의 규모와 위치

1990년대 초 일세를 풍미했던 부동산 담보대출 시장이 서서히 사양기에 접어들자 우선 사무실의 규모가 줄었고 사무실 숫자도 많이 줄어 들었습니다. 한때 웬만한 은행의 지점보다도 규모가 컸던 강남 신사동 로터리 주변의 사무실들은 지금 흔적도 없이 사라졌습니다. 일부 대출사무실만이 몇명 안되는 직원을 거느리며 명맥을 유지한 채 과거의 영화를 꿈꾸며 권토중래하려 하고 있지요.

사무실의 분포를 보면 담보대출의 발상지였던 종로 3가가 아직도 원조의 자리를 지키고 있으며 시청 앞, 동대문, 신설동 로터리, 강남 신사동 사거리, 강남 전철역 등입니다. 그리고 각 등기소 주변에는 여전히 담보대출 사무실이 자리잡고 신문광고나 광고전단으로 고객을 끌고 있습니다.

9. 경매대금 대납대출

부동산 담보대출이 호황이던 시절엔 경매대금 대납대출이나 미등기건물 담보대출 등은 쳐다보지도 않았습니다. 그러나 요즘은 부동산 담보물건이 없으니 전주들의 자금을 놀릴 수 없어서 대출사무실에서 개발해낸 상품이 바로 경매대금 대납대출입니다.

좀더 정확히 표현하자면 경매에 부쳐진 채권자의 채권액을 변제해서 경매를 취소시키는 대신 그 물건을 새로이 담보설정하여 채권을 확보하는 방법입니다. 이것도 이젠 사채업의 한 분야로 확실히 자리를 잡았습니다. 결국 경매

대금 대납대출은 기존의 대출금을 갚고 새롭게 대출받는
방법이라고 할 수 있지요.

　　경매에 대한 관심은 사채시장뿐 아니라 부동산 쪽에서
도 비상한 호기심으로 접근하고 있으며, 방송이나 신문에
서도 부동산을 싸게 구입하는 재테크의 한 방법으로 다루
고 있을 만큼 점점 커지고 있습니다.

경매대금 대납대출은 어떻게 하는가

**인천의 20평짜리 아파트를 담보로 3,000만원을 사채사무
실에서 대출받은 강사장.**

　　시세는 1억을 호가하지만 주택은행 장기융자로 1순위에
1,000만원이 근저당 설정되어 있습니다. 사채사무실에서
2순위로 담보설정을 하고 사업자금에 쓰느라 3,000만원을
대출받은 강사장은 거래처의 연이은 부도로 그 역시 부도
를 내고 말았습니다. 그래서 최초 상환기일인 6개월이 지
나고 또 6개월이 지나 1년이 넘도록 원금은 커녕 이자 한
푼도 갚지 못하여 결국 아파트가 경매에 부쳐지게 되었습
니다.

　　회사는 부도나고 아파트도 경매되면 당장 길거리로 나
앉게 생겼지요. 한가지 기대라면 거래처인 대기업이 화의
신청으로 다시 가동하는 것입니다. 그러면 강사장도 일부
결제대금을 받을 수 있기 때문에 그동안 받아둔 어음을 소
중히 간직하고 있지요.

　이러한 기대로 아파트 경매만은 막아보려고 백방으로 알아보던 중 법원 앞에서 뿌리는 광고전단을 보게 되었습니다. 거기에는 구세주처럼 경매대금을 대납해준다는 내용이 적혀 있지 않겠습니까. 다급한 강사장은 곧장 전화한 후 사무실로 찾아가 상담에 들어갔습니다.

경매대금을 대납하고도 담보여력이 남을 때 대출이 가능하다

우선 현재 처해 있는 상황과 채무금액 등을 자세히 설명하고 대납 가능여부를 물어보았겠지요. 다행히 강사장의 아파트는 경매대금(대출금)을 대납해주어도 담보여력이 있기 때문에 가능하다고 합니다.

　그들의 설명인 즉, I 순위인 주택은행 장기융자는 강사장이 이미 다 갚았기 때문에 아파트 감정가를 대략 8,000만원 정도로 볼 수 있다는 것입니다. 감정가의 60%를 대출한다고 할 경우

　8,000만원 × 60 % = 4,800만원

이므로 4,800만원에서 경매대금 3,000만원을 빼면 I,800만원이 남기 때문에 대납이 가능하다고 합니다.

　즉 대출이 가능한 물건은 경매대금을 대납하고도 담보여력이 충분히 남아 있는 물건인 것입니다. 사채업자는 경매대금을 대납해서 경매를 취소시킨 뒤 I 순위로 담보설정함으로써 안전하게 채권을 확보하겠다는 의도인 것이지요.

수수료는 조금 비싸다

이자와 수수료는 부동산 담보대출과 같은 수준으로 이자 3%, 수수료 8%라고 합니다만 실상 의뢰하여 보면 경매라는 긴급상황에서 처리되는 긴급자금이라 하여 수수료를 더 받는 편입니다. 대략 10% 정도.

게다가 경매를 취소해야 하는 비용 등을 합치면 실제 부대비용이 20% 정도로 담보대출의 수수료보다 5% 정도 더 비싼 편입니다.

10. 경매낙찰금 대납대출

고도의 전문성이 필요하다

형식적으로는 경매대금 대납대출과 같지만 경매낙찰금을 대납한다는 내용면에서는 조금 다른 경우입니다.

앞에서 설명한 경매대금 대납대출은 경매신청을 하되 낙찰되기 전에 경매대금(채무금)을 변제함으로써 경매를 취소시킵니다. 그후 새롭게 담보설정을 하고 대출해주는 방법이지요.

그러나 이번 경우는 경매를 진행시켜 낙찰시킨 후(채무자는 경매에 응찰할 수 없으므로 이 경우 낙찰자는 채무자가 잘 아는 제3자로 한다), 새롭게 담보설정을 하고 대출해주는 방법입니다.

이럴 때 채무자측이 낙찰받기 위해서는 경매낙찰 예상 가를 정확히 산출하여 입찰해야 하는 만큼 고도의 전문성을 필요로 합니다. 그래서 각 담보대출 사무실에는 법원에만 항상 나가 있는 경매 전문가들이 있지요.

이율과 수수료는 경매대금 대납대출과 비슷하다

이자와 수수료는 경매대금 대납대출과 비슷합니다.

이를 진행하는 방법은 경매물건만 전문으로 취급하는 업자들의 오랜 경험에서 나온 것인 만큼 그 노하우를 다 설명할 수는 없겠지요. 제가 직접 체험했던 일로 부족한 설명을 대신하겠습니다.

에피소드

저는 몇년 전 마사장이란 사람에게 2,000만원을 당좌수표와 약속어음을 담보로 빌려준 적이 있었습니다. 수차례 원만히 거래를 했었으나 경기위축으로 결국 그도 부도가 나 채권회수가 힘들게 됐습니다.

그간의 정리로 마사장은 저에게 매우 미안하게 생각한다며 어떻게 하든 돈을 변제하겠노라고 했지요.

이미 금융권에 근저당 설정된 그의 아파트는 오랫동안의 연체로 인하여 경매에 부쳐지게 되었습니다. 어쩔 수 없게 된 마사장이 나에게 제의를 해왔습니다.

나보고 이 아파트를 낙찰받으라는 것이었지요. 남양주

시에 위치한 이 아파트는 15평으로 시가는 6,000만원 정도이고 법원 감정가(경매 개시가격)는 5,500만원인데 약 4,500만원에 낙찰받아 동네 복덕방에 급매물로 내놓으면 5,500만원 정도에 매매될 수 있답니다.

그렇게 되면 그가 1,000만원의 빚을 갚은 것으로 인정해 달라는 것입니다. 대신 아파트가 경락되면 그는 두말없이 이 집을 비워 주겠다고 합니다.

이 경우 세입자나 집주인이 집을 비우지 않으면 경락받은 사람이 골치가 아프겠지요. 대개는 얼마의 이사비용을 주고 집을 비우는 쪽으로 절충을 합니다.

물론 법에 의해 집달관을 시켜 강제퇴거시킬 수도 있지만 그러자면 시간이 걸리는 등 복잡하므로 대부분 절충을 하기 마련입니다.

얘기를 듣고 보니 그럴 듯도 해 마사장의 뜻에 응하기로 하였지요. 기실은 저도 그 당시에는 경매물건에 어두운 터였습니다.

마사장은 이미 법원 주변에서 만난 다른 대출사무실 소속의 경매전문가와 상의를 해두고 있었습니다. 저는 이들과 함께 낙찰금(경매입찰금)은 얼마로 할 것인가를 상의하였지요. 그 결과 2차 경매에 응찰하여 낙찰시키기로 합의했습니다.

입찰가격은 4,400만원 선으로 정했지요. 나중에 내게 될 취득세와 각종 세금을 100만원 정도로 계산하면 모두

4,500만원의 자금이 투입되는 셈입니다. 낙찰 후 5,500만원만 받고 팔아도 1,000만원이 남는 계산이었습니다.

2차 경매일에 우리는 4,400만원을 써넣어 이 아파트를 저의 이름으로 경락시켰습니다. 곧바로 등기수속 절차를 밟아 소유권 보존등기를 마친 후 인근 복덕방에 매물로 내놓았으나 매기가 없어 도무지 팔리지 않는 겁니다.

돈을 받으려다 오히려 돈이 잠겨 버린 결과였지요. 우여곡절 끝에 은행에서 대출을 받고 마사장 측근에게 다시 명의를 넘겨주는 대신 일부의 자금을 받아내는 등 경락대금 4,400만원만 간신히 회수했습니다. 남은 건 하나없이 몇달 동안 신경쓰고 고생만 한 거지요.

이것은 하나의 실패담에 불과하지만, 이처럼 경매입찰가를 잘못 산정하면 오히려 손해볼 수도 있으니 유의하기 바랍니다.

경매물건을 싼 값에 경락시키는 요령

경매전문가들 1차 경매는 유찰시키는 것이 보통이고 2차, 3차에서 낙찰시킵니다. 한차례 유찰될 때마다 경매가의 20%가 내려가므로 2차, 3차 시기가 되면 엄청나게 싼 값에 경매물건을 구입할 수 있습니다.

이것은 부동산전문가들이 잘 알 것입니다.

11. 주식 담보대출

이 대출은 보통 사람이 이용하는 경우는 거의 없고 주식투
자 전문가들이 주로 이용합니다. 주식투자를 해본 사람이
면 누구나 다 알겠지만 증권회사 지점마다 신용한도라는
게 있습니다. 즉 주식을 매입할 때 증권회사에서 돈을 빌
려주는 한도를 말하는 것이지요. 신용한도는 고객예탁금의
250%이지만 주식시장이 한창 활황일 때는 신용한도가 소
진되어 더이상 신용으로 주식을 매입할 수 없습니다. 이때
주식투자에 자신이 있는 주식투자 전문가들이 이용하는 대
출이 바로 주식 담보대출입니다.

대출은 어떻게 받을까

이것은 주식을 담보로 하여 대출하는 것입니다. 주식을 사
고 파는 것은 대출자 마음대로 하지만 주식 소유자는 돈을
대출해준 사람의 명의로 되어야 하기 때문에 증권회사 직
원과 사전 합의가 있어야 가능합니다. 주식을 담보로 하기
때문에 채권자 입장에서는 안전할 것 같지만 그렇지가 않
습니다.

　과거 1일 가격 제한폭이 8%일 때는 덜 위험했지만 근
래에 12%로 바뀌었기 때문에 하한가 행진이 4~5일만
계속되어도 곧바로 깡통계좌가 돼버리는 불행한 사태가 발
생합니다. 그러므로 여간 조심해야 하지 않습니다. 요즘은

증권회사의 신용매입도 섣불리 하지 않는다고 합니다. 주식의 등락폭이 커진 만큼 깡통계좌의 위험이 높아졌기 때문이지요.

누가 주로 이용하나

전문성을 요하는 만큼 일반인은 거의 없고 주식투자 전문가들이 이용합니다. 그러나 전문가라고 누구나 이용할 수 있는 것은 아닙니다. 대개 증권회사 지점장 내지는 대리급 직원이 자신이 속해 있는 점포의 단골고객으로 어느 정도 신용이 인정되는 투자 전문가에 한해서 이용하도록 허락합니다.

그러므로 이 대출은 증권사 직원의 협조없이는 이루어질 수 없습니다. 또 아무 때나 이용하는 게 아니라 주식시황이 좋을 때 단기간으로 쓰는 대출이지요.

한창 시황이 좋을 때는 잘 아는 증권사 직원들로부터 전주를 연결해 달라는 연락이 오기도 했지만 근래는 주식담보대출을 이용하는 고객이 별로 없습니다.

이자와 수수료는 싼 편이다

예전에 가격 제한폭이 적었을 때는 어느 정도 안전성이 보장되어 이율도 싼 편으로 2% 정도 했었으나, 요즘은 A급 어음금리도 2%를 상회하는 만큼 2%에는 힘듭니다. 대개 그때그때 조율하여 2~2.5% 선에서 정하지요.

대출금액은 보유주식 수에 따라 달라지므로 더러는 억 대를 상회하는 수도 있습니다.

대출기간은 1개월로 짧습니다. 이유는 주식시세가 수시로 변동하기 때문이겠지요. 그러나 상황에 따라 대출기간을 연장해주기도 합니다.

12. 골프회원권 담보대출

한때 잘 나가던 D건설의 홍이사.

연이은 건설회사의 부도로 D건설도 흔들리자 일찌감치 명예퇴직하여 지금은 개인사업을 벌이고 있습니다. 평소 골프를 좋아하여 골프실력이 싱글에 가까운 그는 D건설에 재직할 때 이미 골프회원권을 확보해둔 터입니다.

골프를 좋아하고 골프에 관심이 많다보니 그가 차린 개인사업은 다름아닌 골프숍입니다. 의욕적으로 사업을 시작했으나 금방 경제상황이 좋지 않은 시기가 닥쳐 골프장이 한가한 데 골프숍이 잘될 리 없습니다.

점포의 기본유지비는 들어가야 하고 여기저기 거래처 결제도 해야 하는데 매출은 없고 잔고도 없습니다. 퇴직하며 받은 퇴직금과 그동안 저축해둔 돈을 몽땅 투입하여 사업을 벌인 만큼 여유자금이 하나도 없는 거지요.

당장 필요한 금액이 3,000만원 정도인데 이 돈을 마련

1993년경에 처음 등장한 골프회원권 담보대출은 그리 흔한 대출방법은 아닙니다. 지금도 가끔씩 경제신문의 금융광고란에 광고가 나오기는 합니다. 이율과 수수료는 다른 대출에 비하여 싼 편입니다.

하자고 3억원이나 하는 집을 담보로 하려니 이것 참 내키지 않습니다. 퇴직금 받은 것 중 3,000만원을 친척에게 월 2%로 6개월간 빌려준 게 있어 앞으로 3개월 후면 000만원이 들어오겠지만 지금 당장이 문제인 거죠.

그렇다고 기한도 되지 않은 돈을 당장 내놓으라고 할 수도 없는 노릇이라 답답하던 터에 가게문에 꽂혀 있는 「골프회원권 대출」이란 광고전단을 발견하였습니다. 워낙 돈이 급한 판국이라 창피를 무릅쓰고 전화하여 보았습니다.

대출은 어떻게 하나

골프회원권을 담보로 하기 때문에 회원권 외에 간단한 서류만 준비하면 된답니다. 골프회원권(대·소) 원본, 인감증명서, 인감도장, 주민등록등본, 명의변경서 등을 준비해 오면 약속어음 공증과 대출금을 상환치 못할 경우 회원권을 양도한다는 양도각서 및 공증을 하고 회원권에 가압류를 한 후 대출해준다고 합니다.

　반대로 대출인이 골프회원권의 강제양도 등이 염려된다면 사채업자에게 각서를 써달라고 할 수도 있습니다.

대출자격, 대출금액, 대출기간, 이자, 수수료는?
대출자격은 골프회원권을 소지한 사람이면 누구나 가능합니다.

　대출금액은 회원권 시세에 따라 다르나 시세의 60～70％까지 대출해줍니다.

　이자는 대개 6％이고, 수수료는 과거 4～5％로 다른 대출에 비하여 싼 편이었나 지금은 5～6％로 올랐다고 합니다.

　대출기간은 4～5개월까지 가능합니다.

　그래서 홍이사는 시세 5,000만원 하는 골프회원권을 담보로 3,000만원을 대출받아 급한 대로 사업자금에 활용할 수 있었습니다.

2 할인업 쪽에서 돈 빌리는 법

사채시장의 원조격인 어음할인을 비롯하여 당좌수표·가계
수표 할인, 채권할인, CD할인, 신용카드할인 등이 있는
할인업 쪽은 일반 시민보다는 중소기업인이나 자영업자가
많이 이용하는 편입니다. 하나하나 사례를 들어가며 과연
사업하는 사람은 무엇을 어떻게 할인하여 자금을 조달하는
지 알아보도록 하지요.

1. 어음할인

사채시장에서 가장 큰 비중을 차지하는 부문이며, 중소기
업, 때론 대기업에 이르기까지 자금조달을 할 수 있는 방
법이 바로 어음할인입니다. 과거의 사채시장은 어음할인이
주종을 이루었고 적게는 수십만원에서 많게는 수백억원까

지 자금동원이 가능한 곳 또한 어음할인 시장입니다.

그러면 어음 소지자들이 어음할인을 하려면 어디로 찾아가서 어떤 방법과 조건으로 할인할 수 있는지, 할인금리는 얼마나 되는지 알아보겠습니다.

할인대상 어음의 조건

S그룹 산하의 상장업체 미라노패션의 하청업체인 동한상사의 강사장.

한달에 한번씩 있는 대금결제는 으레 약속어음으로 받습니다. 거래은행에는 적격업체로 지정되어 어음할인 계정이 개설되어 있지만 이미 할인한도가 다 차버려 어쩔 수 없이 사채시장에 나와 할인하곤 합니다.

자금 여유가 없는 하청업체로선 지급일이 3~4개월씩 하는 약속어음을 그때까지 금고 속에 보관할 여유가 없습니다. 어음을 받자 마자 곧바로 할인하여 현금화해야만 직원급료와 각종 경비를 지출할 수 있기 때문입니다.

그나마 요즘은 IMF 한파로 의류산업의 경기가 침체되어 하청물량까지 줄어 들었습니다. 기존의 매출액을 유지하려고 강사장은 거래가 전혀 없던 업체를 손수 찾아다니며 수주활동을 벌인 끝에 한주물산과 하청계약을 맺게 되었습니다.

여기저기서 자금을 끌어들이고 기존 거래처에서 자재를 외상으로 공급받아 열심히 옷을 만들어 납품했습니다.

한주물산 역시 결제는 어음이었지요. 강사장은 결제대금으로 받은 어음을 들고 곧바로 명동으로 나와 기존의 사채사무실에 할인을 의뢰하였으나, 한주물산 어음은 할인이 불가능하다는 것입니다.

당황하는 강사장에게 사채업자는 이렇게 설명하였습니다. S그룹 산하인 미라노패션은 A급 상장회사이기 때문에 어음할인이 가능하지만 한주물산은 비상장회사이므로 어음할인이 안된다는 것입니다.

좀더 자세히 설명하자면 사채시장에서 할인될 수 있는 어음은 다음과 같이 구분됩니다.

❶ 상장회사 어음

❷ 상장회사 가운데 재무구조가 양호한 회사 어음

❸ 비상장회사 가운데서 기업연감에 등재된 회사로 재무구조가 좋은 회사 어음

❹ 유명그룹 계열회사 어음

❺ 유명그룹에서 배서한 어음

등입니다. ❶ 상장회사 어음이라 해서 모두 할인되는 것은 아니며 ❷ 상장회사일지라도 재무구조가 부실하다거나 부도설이 나도는 회사 어음도 안됩니다. ❸ 비상장회사라도 재무구조가 단단하고 사채시장에서 평판이 좋은 회사는 할인이 가능합니다. 또한 ❹ 유명그룹 계열회사는 비록 상장은 되지 않았어도 배경으로 보아 부도날 염려가 적다고 판단되기 때문에 할인이 가능하다는 것입니다. 그리고

❺어음의 발행회사는 취약하더라도 배서한 회사가 확실하게 믿을 수 있는 회사라면 할인이 가능하다고 합니다.

여기서 분명하게 짚고 넘어가야 할 한가지는 사채시장에서 할인될 수 있는 어음은 앞에서 보았듯이 대략 다섯가지 요건에 해당되는 어음이란 것입니다. 중소기업에서 발행하는 어음은 사채시장에서 할인대상이 되지 않습니다.

아직도 이점을 모르는 일부 중소사업자들이 모모 거래처에서 받은 어음인데 할인해 달라고 떼를 쓰는 경우가 종종 있습니다. 그러나 일반어음은 사채시장에서 전혀 통하지 않음을 반드시 기억해주길 바랍니다.

할인은 누가 어떤 경우에 할까

그러면 어음할인은 어떠한 사람들이 할까요? 사채시장에서 어음을 할인하려는 사람은 대부분 중소기업인이나 자영업자들입니다. 그들 중에서 앞의 「할인대상 어음의 조건」에서 설명한 다섯가지 요건에 해당되는 어음을 가진 사람이 자금이 달릴 경우 할인하러 나옵니다.

그런데 이러한 어음을 가지고 있을지라도 모두 사채시장에서 할인하는 것은 아닙니다. 거래처로부터 결제대금으로 약속어음을 받으면

첫째, 자금 여유가 있다면 결제일까지 기다립니다.

둘째, 거래은행과 어음할인 계정이 개설되어 있을 경우에는 은행에서 할인합니다.

셋째, 위의 업체일지라도 은행 계정에 한도가 찼을 경우에 사채시장에서 할인합니다.

넷째, 자금 여유가 없고 은행의 할인계정도 없는 사업자일 경우는 사채시장을 찾습니다.

이렇게 정리해 볼 수 있는데, 이처럼 순차적으로 행동하는 이유는 어음할인할 때 공제되는 금액을 최소화하기 위한 것입니다.

금리지정은 어떻게 하는가

그러면 어음할인 금리는 어떻게 지정되는지 알아볼까요?
사채시장의 어음금리는

❶ 발행회사 지명도
❷ 발행회사 재무구조
❸ 발행 당시 사채시장의 상황
❹ 발행 당시 시중자금의 상황
❺ 발행 당시의 경제여건
❻ 발행 금액
❼ 지급일

등과 이외에도 많은 요건이 변수로 작용하여 어음금리를 정하게 됩니다. 회사 지명도에 따라서는 다음과 같이

❶ A급어음
❷ B급어음
❸ C급어음

의 세가지로 나누어집니다.

여기서 A급어음이라 함은 대개 국내 5대그룹회사의 어음을 말합니다. B급, C급은 각각 회사의 지명도, 신뢰도, 재무구조와 영업실적 등을 종합적으로 판단하여 구분하는 만큼 시장상황과 회사상황에 따라서 수시로 변경될 수밖에 없습니다.

한때 경기가 좋고 시중자금이 풍부하여 남아돌 때 A급어음 금리가 월 1.1% 정도로 은행금리보다도 싼 적이 있었습니다. 반면 IMF한파로 국내 경제상황이 최악에 달했던 1997년 말부터 1998년 초에는 5대그룹 어음 외에는 사채시장에서 아예 할인되지 않았으며, 이른바 A급이라고 불리는 5대그룹 어음조차도 월 2.5%까지 할인율이 폭등하는 등 어음할인시장이 생긴 이래 최고의 금리로 치솟았고, 반등폭을 예상할 수 없을 정도로 일정치 않습니다.

그러나 그동안의 어음할인 금리 추이를 살펴보면
❶ A급어음 : 1.1~1.8%로 2% 미만
❷ B급어음 : 2.1~2.5%로 2.5% 이하
❸ C급어음 : 3% 이상
로 형성되어 왔습니다.

하지만 요즘같이 경제상황이 어렵고 시중자금이 바닥났을 땐 B급, C급은 아예 할인할래야 할 수도 없습니다. 어쩌다가 B급어음이 할인된다 하더라도 금리가 월

4~5％까지 오른 높은 금리가 적용됩니다.

이렇듯 사채시장에서의 어음할인 금리는 A, B, C 등급으로 나뉘어 정해지며 경제상황이나 사채시장 상황, 그리고 시중자금 사정에 따라 수시로 달라집니다.

어음할인의 방법

이번에는 지정된 금리를 실제로 어떻게 적용하여 계산하는지, 어음할인하는 방법은 어떤지 알아보기로 하지요.

동한상사의 강사장이 거래처에서 어음을 받아 사채시장에서 할인하려면 우선 어음할인 사무실에 전화를 걸어 어음에 적힌 세가지 요소, 즉

❶ 발행회사

❷ 발행금액

❸ 지급일자

를 똑똑히 불러주어야 합니다.

그러면 사채업자는 금방 그날의 시세, 즉 어음할인 금리를 알려줍니다. 다시 말해 발행회사가 어딘가에 따라 A, B, C급의 금리가 적용되고 또 발행금액과 지급기일이 며칠 남았느냐에 따라 금리에 약간씩 차이를 줍니다.

이렇게 해서 금리를 알게 된 강사장은 발행금액과 지급기일을 산정하여 공제될 이자금액을 계산해 봅니다. 공제금액이 너무 많으면 자금사정이 어려워도 계속 어음을 보유하고, 이자금액(할인금액)을 부담해도 괜찮다 싶으

면 할인을 의뢰하는 것입니다.

예를 들어 설명하자면 다음과 같습니다.

♣ **발행금액 3,000만원, 기간 90일, 할인율 월 1.5 %** ♧
어음금액×할인율(월이율)× $\dfrac{\text{기간}}{30(1개월)}$ **=할인금액**이 할인공식입니다. 이 공식에 위의 경우를 대입하면 3,000만원×1.5 %× 90 /30 = 135만원입니다.

어음할인 후 수령액=어음금액−할인금액이므로 손에 쥐는 돈은 2,865만원이 됩니다.

이때 할인금액 135만원을 공제하고 2,865만원을 가지고도 자신이 필요한 자금수요를 충족시킬 수 있다면 대개 어음을 할인합니다. 그러나 135만원이란 금액(선이자)이 아깝다면 할인하지 않으면 됩니다. 그러므로 어음을 할인하느냐 마느냐는 당사자가 자신의 자금상황을 고려하여 신중하게 결정할 문제입니다. 물론 기간은 할인 당일부터 어음에 표시된 지급일까지를 말합니다.

이처럼 어음을 할인하려면 발행회사, 발행금액, 지급일자를 사채업자에게 전화로 불러주거나 어음을 팩스로 보냅니다. 그러면 사채업자는 그날그날 형성된 할인금리를 적용하여 앞의 예처럼 할인금액을 계산해서 할인해주지요. 이때 강사장이 어음을 가지고 어음할인 사무실로 찾아가면 사채업자는 발행회사로 전화하여 어음발행 여부를 조회하는 것은 기본입니다.

어음이라면 모두 할인되는가

사채시장에서 할인되는 어음은 주로 상장기업의 어음으로

   ❶ 진성어음

   ❷ 융통어음

두가지로 나눌 수 있습니다. 어음할인이 이제는 어느 정도 보편화되어서 대부분 잘 알지만 아직도 모르는 분을 위하여 자세한 설명을 해보도록 하지요.

진성어음이란 물품을 납품하고 거래처로부터 물품대금으로 받은 어음, 하청업체에서 받은 결제대금 등 실제로 거래를 한 대가로 받은 어음을 일컫습니다. 융통어음은 특정 거래와 아무런 상관없이 발행회사 자체에서 자금을 융통하기 위하여 사채시장에 들고 나오는 어음을 말합니다.

그러므로 진성어음은 중소기업인이나 자영업자들이 흔히 할인하여 쓰는 어음이지요. 융통어음은 A급 상장회사에서 큰 자금을 마련하기 위하여 할인하는 어음이므로 이 책을 읽는 독자들에게 직접적인 해당사항은 없지만, 여기서 우리는 융통어음에 대해서 몇가지 알고 넘어가야 할 것이 있습니다.

융통어음이란 무엇인가

과거 우리나라의 사채시장은 융통어음시장이라 할 만큼 사채시장에서의 비중이 80~90%에 달하였습니다. 그만큼 어음시장의 규모가 컸고 「큰손」 전주도 많았습니다. 그런데 앞에서 설명했듯이 1982년, 「장영자 사건」 이후 정부로부터 사채시장에 대한 강력한 규제조치가 가해지자 융통어음에 손대던 「큰손」들이 하나, 둘 자취를 감추고 사채시장은 전문화, 분업화라는 변화를 가져왔습니다.

이후 정부에서는 기업들이 사업자금을 확보할 수 있도록 하기 위해서 증권사나 은행을 통하여 회사채라든가 주식전환사채, 또는 사모사채 등을 발행할 수 있는 길을 확대해주었습니다.

그럼에도 불구하고 자금이 부족할 경우 대기업에서 들고 나오는 게 융통어음입니다. 장영자 사건으로 잘 알려진 공영토건, 일신제강 사건 등은 이미 흘러간 추억이고, 최근 들어 5조원대의 부도를 버티지 못하고 쓰러진 한보사태의 말기에도 융통어음이 난무하였습니다. 그리고 우리나라 대학사상 최초로 부도를 낸 단국대 역시 이미 1~2년 전부터 사채시장에서 융통어음이 나돌았던 것입니다.

이렇듯 융통어음은 사채시장에서 대기업이 자금을 조달할 수 있는 유일한 수단이며 한편으로는 큰손들의 재산을 불려주는 화수분이었던 것이지요.

어음부도가 나면 어떻게 되는가

어음할인은 개인 상대가 아니라 발행회사의 신용도를 보고 해주는 만큼 어음부도가 났을 경우 할인받은 사람에게 아무런 피해가 없습니다. 어음할인 업자는 대부분 할인해 준 어음을 곧바로 전주에게 넘기기 때문에 어음이 부도나 면 직접적인 피해를 입는 사람은 전주가 됩니다.

물론 경우에 따라서는 어음할인 업자도 일부 어음을 보관하고 있다가 부도를 맞아 직접 피해를 보기도 합니다. 그리고 B급이나 C급을 전주에게 자신있게 권했다가 만약 부도가 나면 이에 대한 책임을 지거나 또는 전주확 보의 차원에서 대신 변제해주는 수도 있습니다.

그러므로 어음할인은 부도가 나면 피해액수가 크기 때 문에 발행회사를 확인하고 부도날 염려는 없는지 신중히 고려한 후 할인해 줍니다. 특히 융통어음과 같이 액면금 액이 억대 이상인 어음이 부도나면 한꺼번에 수십억원씩 손해를 보는 경우도 간혹 있습니다.

금융실명제 이후 융통어음으로 인해 수십억원 부도를 맞고도 자신의 자금출처를 노출시키지 않으려고 벙어리 냉가슴 앓듯 아무런 말도 못하는 전주들의 이야기는 가끔 신문지상에도 보도되곤 합니다.

대출사무실의 위치

어음할인 시장의 원조는 역시 명동입니다. 명동을 중심으 로 해서 시청 앞, 강남의 신사동 사거리 주변과 강남 지 하철역 주변, 그리고 테헤란로 일대에 사무실들이 모여 있습니다. 특히 테헤란로 일대는 새로운 고층건물이 들어

서고 대규모 기업들이 입주하면서 새로운 어음 사무실들
도 속속 자리잡고 있습니다.

광고와 홍보방법

어음할인 사무실을 찾는 대부분의 중소기업인은 이미 전
부터 거래하던 할인업자와 지속적으로 거래합니다. 그러
나 처음으로 어음을 할인하려는 사람들은 보통 신문광고
를 보고 문의하거나 길에서 나눠주는 광고전단을 보고 전
화하게 됩니다.

　이외에도 할인업자들은 적극적인 영업활동을 벌이는데,
대기업에서 하청업체들에게 결제하는 날을 미리 알아낸
후 돈가방을 준비해 대기업 정문에서 기다립니다. 이유는
대기업에서 결제대금으로 받은 약속어음을 들고 나오는
중소하청업자들이 다른 사채사무실로 가기 전에 현장에서
바로 할인해주는 현장영업을 벌이기 위해서입니다.

　그밖에 1주일에 한번씩 경제신문에 게재되는 신설법인

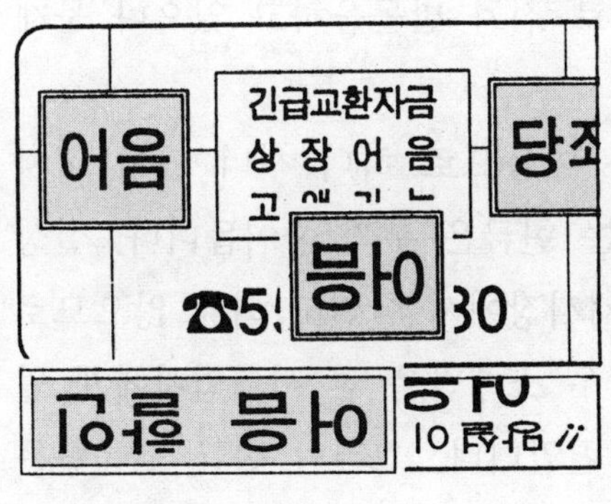

어음할인은 중소기업인이 가장 많이
활용하는 자금조달의 방법입니다.
어음이라고 모두 할인되는 것은
아니고, 상장회사 어음, 재무구조가
양호한 회사 어음, 유명그룹 계열회사
어음, 유명그룹에서 배서한 어음 등만
할인됩니다.

안내를 보고 DM 발송을 하여 사채사무실의 위치나 전화
번호 등을 알리기도 합니다.

2. 당좌수표 할인

어음할인 다음으로 중소기업인들이 많이 활용하는 자금조
달의 수단이지만 고금리와 위험성이 따르는 만큼 당좌수표
의 할인을 통하여 자금을 마련하고자 할 때는 여간 조심해
야 하지 않습니다. 이것은 중소기업인에겐 가장 중요한 부
문입니다. 그러므로 사채시장에서 당좌수표를 할인할 때
효과적으로 이용할 수 있도록 찬찬히 읽으시길 바랍니다.

할인은 어떻게 하는가

동한상사 강사장은 영업활동을 열심히 벌인 결과 미라노
패션, 한주물산 외에 미래물산으로부터도 하청을 받아냈
습니다. 유망한 하청업체로 점차 발돋움하고 있으나 문제
는 역시 자금부족입니다.

　3개 업체 모두 결제는 어음으로 하니 서너 달치 이자
를 제하고 나면 손에 쥐는 현금은 부쩍 줄어듭니다. 설상
가상으로 한주물산은 사채시장에서 할인도 되지 않으므로
친구의 친구를 통해서 겨우 소개받은 한 사채업자에게 월
3%에 할인하여 쓰는 형편입니다. 그러니 현금 보유량은

더욱 줄어들고 그나마 할인이 제때 되지 않을 땐 정말 답답합니다.

그래서 강사장은 거래은행에서 어음과 당좌를 개설했습니다. 원단 및 부자재 구입처에 일일이 현금을 줄 수가 없고 또 현금도 달리는 실정이라 물건값 결제를 어음으로 하거나 또는 처음 거래를 튼 경우라면 당좌수표로 결제했습니다.

경기가 나쁘니 재고는 쌓이고, 공급회사의 결제는 늦어지고, 자금은 없는데 어음, 수표 결제일은 돌아오고, 대부분의 중소기업들이 겪는 전형적인 자금부족 사태가 동한상사에도 닥친 것입니다.

동한상사 발행어음을 할인하려니 누구 하나 거들떠 보지 않습니다. 거래처에서나 어쩔 수 없이 받아줄 뿐 지명도가 없는 일반회사 어음을 어느 누가 할인해주겠습니까. 내일 당장 어음과 수표의 결제대금으로 1,000만원이 필요한데 하루 종일 이리저리 연락해봐도 자금 구할 길이 막막하기만 합니다.

하릴없이 신문의 금융광고란을 뒤적여 보았습니다. 당좌수표 할인이란 글자가 눈에 띄었지요. 곧바로 전화하여 당좌수표 할인에 대하여 물어보니 사채업자는 다음과 같이 설명하였습니다. 사채업자가 요구하는 소정의 서류와 당좌수표를 준비하여 오면 서류를 검토한 후 할인여부를 결정한다고 말입니다.

구비서류와 방법

급한 마음에 강사장은 구비서류가 무엇인지 물었습니다. 사업자등록증 사본, 재산세 과세증명서, 주민등록등본, 부동산이 있을 경우 등기부등본, 인감증명서, 사무실의 임대차계약서, 당좌수표의 결제계좌 통장 등이라고 대답하는군요. 이밖에 재무구조를 알아보기 위해 대차대조표를 요청하기도 한답니다.

다급해진 강사장은 앞뒤 가릴 것 없이 위의 서류를 부리나케 준비하여 사채사무실을 찾아갔습니다. 강사장을 맞이한 사채업자는 준비해 간 서류를 면밀히 검토하며 다음과 같이 말했습니다.

사채시장에서 대출형식으로 돈을 빌릴 경우, 부동산이나 자동차 등 담보가 필요하고 어음할인인 경우는 발행회사를 보고 해주지만, 당좌수표 할인은 여차하면 부도 맞기 십상이므로 자신들도 여간 신중하지 않을 수 없다는 것이지요. 위와 같은 서류를 보고

❶ 사업을 시작한 지 얼마나 됐는지,

❷ 당좌개설은 언제 했는지,

❸ 한달에 수표결제는 몇회나 하는지,

❹ 은행거래의 신용상태는 양호한지,

❺ 부동산 보유 및 재산상태는 어떠한지,

등을 파악한 후 부도의 염려가 없다고 판단되어야 당좌수표 할인을 해준다고 합니다.

강사장은 동한상사의 연혁과 현재의 사업실적 및 은행
거래관계 등을 설명하고 이런 곳을 찾기는 처음이라고 했
습니다. 그러자 사채업자는 저으기 마음이 놓이는 듯 할
인해주겠다고 합니다.

그런데 문제가 발생했습니다. 당좌수표를 할인하기 위
해서는 소정의 절차를 밟아야 합니다.

❶ 할인금액이 명시된 당좌수표
❷ 견질용 백지 당좌수표
❸ 견질용 타인 당좌수표 또는 어음
❹ 약속어음 공증
❺ 기타 약정서
❻ 부동산이 있을 때는 근저당설정

등을 내야 하는데 문제는 ❸번의 견질용 타인 수표나 어
음(일명 타수)입니다. 여기서 당좌수표 할인을 이용하려
는 분들이 꼭 알아두어야 할 것이 있습니다. 바로 타수입
니다.

타수란 무엇인가

글자 그대로 타인에게 받은 수표나 어음을 말합니다. 일반
적으로 사채시장에서 당좌수표를 할인하고자 할 경우 앞에
서 말한 대략 5가지의 요건이 충족되어야만 할인이 가능
한데 여기서 중요한 것이 견질용 타수입니다. 물론 5가지
의 요건 중 부동산이 있어 담보설정이 가능하다면 더이상

의 말이 필요 없지만 대부분 부동산 담보는 어려운 실정입니다.

이러한 상태에서 본인의 당좌수표를 수십장 갖고 있어도 별 의미가 없습니다. 한장만 부도 나면 나머지는 모두 쓸 수 없기 때문입니다. 물론 이를 활용하는 방법이 따로 있기는 합니다만 그것은 다음 기회에 설명하도록 하지요.

그래서 타인에게 받은 어음이나 수표를 견질로 제공하지 않으면 아무리 신용이 좋은 우량고객이라 하더라도 결코 할인해주지 않는 것입니다. 또한 타수 금액은 할인할 수표금액보다 커야 됩니다.

난감해진 강사장은 잠깐 머뭇거리다가 회사의 경리직원에게 전화하였습니다. 다행히 한주물산에서 받은 3,000만원짜리 약속어음을 그대로 보관하고 있는 것이 하나 있어서 그것을 이번에 이용하기로 했습니다.

수수료와 대출기간은 매우 세다

이렇게 해서 모든 자격요건을 갖춘 강사장은 수표 할인율을 물어보곤 깜짝 놀랐습니다.

❶ 수수료 1～3%

❷ 대출기간 3～10일

그 이상으로는 할인이 불가능하다고 합니다. 여기서 말하는 수수료 1～3%는 하루에 받는 수수료입니다. 또 대출기간은 10일 이상은 되질 않습니다.

1,000만원에 1%면 하루에 10만원이요, 1,000만원에 3%면 하루에 30만원입니다.

그래서 1,000만원에 이율 1%로 10일이면 100만원이요, 1,000만원에 3%로 10일이면 300만원입니다.

그저 깜짝 놀랄 정도가 아니라 실로 엄청난 이자이지요. 여기서 우리는 당좌수표 할인에 대하여 자세히 알고 넘어갈 필요가 있습니다.

사채시장에서 말하는 당좌수표 할인이란 어음할인처럼 월 2~3%의 할인금리가 적용되는 것이 아닌 하루에 1~3% 하는 이른바 「긴급교환자금」을 말하는 것입니다. 흔히 경제용어로 콜금리라고 하는데 제도금융권에서의 콜금리는 하루짜리 고금리를 지칭하지만, 사채시장에서는 이 용어를 인용해 콜금리 자금이라고 합니다.

긴급교환자금이란 이미 발행한 약속어음이나 당좌수표의 결제일이 도래했을 때, 사채업자가 대신 이 결제자금을 제때에 해당은행에 입금시키는 것을 말합니다. 이 자금을 당장 막지 못하면 부도가 나기 때문에 긴급교환자금이란 표현을 쓰는 것이지요. 바로 막지 못하면 부도가 나는 긴급한 상황에서 구하는 자금이기 때문에 부르는 게 값인 형편입니다. 그래서 하루에 1~3%까지 하는 것이지요.

반면에 부도율도 매우 높습니다. 그것이 수수료가 비싸게 된 이유 중의 하나입니다. 그래서 할인기간은 10일

이내로 제한한답니다. 처음 온 사람에겐 그나마 10일도 안해주지요. 보통은 3∼7일.

사채업자 입장에선 일주일도 깁니다. 하루에 1∼3% 하는 초고금리를 물어가며 긴급교환자금을 쓰는 사람이라면 자금사정이 얼마나 어렵겠습니까. 그래서 일주일 후에 과연 결제가 제대로 이루어질까 걱정하게 되는 것입니다. 몇년 전만 해도 1일 3% 이자는 거의 없었습니다. 허나 부도율이 워낙 높다보니 사채업자로서는 수수료를 더 올릴 수밖에 없었을 것입니다.

사채업자 입장에서 볼 때 부도가 났을 경우 1%나 3%나 모두 수수료로써 별 의미가 없습니다. 1,000만원짜리 수표가 부도났다고 가정해보면, 1%로 10일이면 900만원 떼인 것이고, 3%로 10일이면 700만원 떼인 것입니다.

결국 수수료가 높다는 것은 떼이는 금액을 줄이겠다는 의미입니다. 그래서 수수료가 자꾸만 올라가는 것이지요. 신문광고를 보면 "당좌수표 0.5%" 하는 것이 보이는데 0.5%는 기대하지 않는 게 좋습니다. 수수료는 최저 1% 이상이라는 것을 염두에 두면 정확합니다. 또 사무실에 따라서는 일주일간 이자 몇%, 수수료 몇% 운운하는데 이 또한 고객을 유인하기 위한 수단일 뿐 그 이상의 별 의미가 없습니다.

수수료 때문에 깜짝 놀란 강사장은 어떻게 되었을까

요? 다행히 사채업자가 잘 보았는지 수수료 I%에 기간
은 IO일로 해주었습니다.

　I,OOO만원 × I% × IO일 = IOO만원(수수료)

　I,OOO만원 − IOO만원 = 9OO만원(수령액)

IO일치 수수료로 IOO만원을 제하고 9OO만원을 수령한
강사장은 회사에 있는 돈을 합하여 I,OOO만원을 만들어
거래은행 당좌계좌에 입금시켰습니다.

당좌수표 할인은 누가 하나

당좌수표 할인은 강사장 같은 중소기업인이나 자영업자로
서 당좌수표를 개설한 사람들이 급히 자금이 필요할 때
이용합니다. 신문광고를 보면 "타수 환영"이라고 나오는
데 이것이 바로 거래처에서 받은 당좌수표를 할인해주겠
다는 뜻입니다.

　타수를 가지고 갈 경우 타수에 대한 견질수표를 가지
고 가야겠지요. 타수에 대한 견질수표는 곧 자기수표라야
하므로, 이는 곧 자기 당좌수표를 할인하는 결과가 됩니
다. 설령 또다른 견질용 타수가 있다 하더라도 이는 자칫
타수 주인에게 피해줄 염려가 있으므로 섣불리 행동해서
는 안될 것입니다.

당좌수표 부도의 경우 어떻게 되나

당좌수표가 부도났을 경우는 구속력이 있습니다. 당좌수

표가 부도 나면 거래은행에선 의무적으로 관할 경찰서에 고발조치하게 됩니다. 그래서 사채업자가 일반어음은 할인하지 않지만 당좌수표는 할인해주는 것입니다. 당좌수표의 법적 구속력이 곧 담보역할을 하는 것이지요.

사채업자들은 당좌수표의 부도를 대비하여 미리 철저하게 준비합니다.

❶ 할인금액이 명시된 당좌수표

❷ 견질용 백지 당좌수표

❸ 견질용 타인 당좌수표 또는 어음

❹ 약속어음 공증

❺ 기타 약정서

등을 받아 놓습니다. 그래서 수표가 부도 나면 먼저,

❶ 당좌수표를 입금시켜 부도방을 찍어 놓습니다. 일단 부도방이 찍힌 당좌수표는 추후라도 수표 발행인이 반드시 회수해 가야 하므로 꼭 부도방을 찍어 놓는 것이지요.

❷ 약속어음 공증한 것을 이용하여 수표 발행인의 재산에 압류를 가합니다.

❸ 견질용으로 받은 타수를 이용해 채권을 확보합니다.

❹ 백지수표를 이용하여 추후 조치합니다.

❹의 방법은 사채업자만의 노하우인데, 이 방법을 수표 발행인들이 알면 오히려 악용할 우려가 있으므로 더이상의 설명은 하지 않겠습니다.

이 경우 서로 필요충분조건에 의해서 고리의 사채를 쓰는 만큼 누구를 일방적으로 탓할 수 없는 노릇입니다. 서로 신용을 지켜 원만한 거래가 이루어지길 바랄 뿐이지요.

당좌수표를 부도 내면 반드시 구속되는가

문민정부 이후 중소기업을 육성하고 보호하기 위하여 부정수표 단속법이 많이 완화되었습니다. 국민정부가 들어서면서 IMF 한파로 기업의 부도사태가 줄을 잇자 흑자부도 기업을 방지하기 위하여 수표법을 개정한다는 기사를 최근에 본 적이 있습니다. 그래서 당좌수표를 부도 내도 이제는 무조건 구속시키지 않는다는 내용입니다.

사채업자의 입장에서는 결과적으로 담보력이 약해진다는 것을 의미하지만 중소기업인의 입장에선 여간 반가운 소식이 아닐 수 없습니다.

고의부도 후 잠적하는 사기꾼 때문에 수수료가 올라간다

앞에서 살펴본 바와 같이 사채업자는 당좌수표 할인을 하기까지 신중에 신중을 기합니다. 그럼에도 불구하고 사채업자를 골탕 먹이는 사기꾼들이 있어서 사채업자는 더욱 신경을 곤두세우고, 당좌수표 할인시장은 이런 위험부담까지 일반 이용자에게 부담지우는 초고금리의 살벌한 시장이 되었습니다.

사기꾼들은 애초부터 할인한 후 부도낼 작정으로 당좌수표를 개설합니다. 이런 사람들은 처음 한두번은 신용을 잘 지키다가 두세번째에는 할인금액을 더 늘리고, 또 동시에 여러 사무실에서 할인한 후 잠적합니다.

한 군데에서 1,000만원씩 열 군데면 1억원이고, 한 군데에서 3,000만원씩 열 군데면 3억원이 되는 것입니다. 결코 적은 금액이 아니지요.

고의부도를 내고 잠적하는 사기꾼에 대하여는 이 책의 뒷부분인 「평잔」과 「당좌수표 발급알선」 편에서 다시 설명하겠습니다.

광 고

경제신문의 금융광고란 중에서 가장 많은 비중을 차지하는 것이 당좌수표 할인입니다. 그만큼 이용자가 많다는 뜻이고 따라서 사채업자의 숫자도 결코 적지 않으리라고 충분히 짐작할 수 있습니다.

눈여겨 보면 일간지의 금융광고에도 꽤 많은 면을 차지하고 있음을 알 수 있습니다. 이외에도 많은 중소기업인들은 길에서 뿌리는 광고전단과 DM 발송된 광고를 보고 당좌수표 할인 사무실을 찾습니다.

1년 365일 꾸준히 신문에 광고가 게재되는 것을 보면 긴급교환자금을 필요로 하는 사람이 얼마나 많은지 미루어 짐작할 수 있을 것입니다. 요즘 들어 광고가 점점 눈에 띄게 많아지고 대형화되는 추세인데, 이는 그만큼 수요가 적다는 것을 의미합니다. 경험으로 볼 때 찾는 손님이 없을

경제신문의 금융광고란에서 가장 큰 비중을 차지하는 당좌수표 할인은 중소기업인들이 어음할인 다음으로 많이 이용하는 분야입니다. 부도율이 높고 또 긴급교환자금이기 때문에 수수료가 세고, 대출기간은 매우 짧습니다.

수록 광고는 더하기 마련입니다.

대출사무실의 위치

당좌수표 할인(긴급교환자금) 사무실은 을지로 2~3가에 많이 모여 있으며 연륜도 오래 쌓였습니다. 명동과 시청 앞에도 일부 있으며 강남 신사동 사거리에는 신흥세력이 자리잡았습니다.

그런가 하면 역시 강남 지하철역 주변과 테헤란로 일대에 새롭게 둥지를 튼 일군의 무리도 있습니다. 한때는 명동에도 긴급교환자금 사무실이 꽤 있었으나 지금은 많이 줄어든 편입니다.

흔히 사채업자들 사이에서 이런 말을 합니다. "교환자금 해서 돈 번 사람 있어요?" 그만큼 긴급교환자금은 위험하고 어렵다는 이야기이지요. 사무실마다 부도수표를 한다발씩 안고 있답니다.

3. 가계수표 할인

가계수표는 당좌수표와 같이 법의 적용을 받기 때문에 모든 면에서 당좌수표와 유사합니다. 단지 당좌수표는 1장당 발행한도 금액이 없는 반면 가계수표는 장당 발행한도 금액이 명시되어 있다는 점이 다를 뿐입니다. 발행한도 금액이 정해져 있기 때문에 당좌수표에 비하여 위험부담이 적어서 사채업자가 선호하는 편입니다.

　가계수표를 할인하는 방법도 당좌수표와 대체로 비슷하지만 어떤 차이가 있을까요? 그리고 가계수표를 사용하는 사업자들이 가계수표를 할인하여 어떻게 자금조달을 하는지 하나하나 알아보기로 하겠습니다.

가계수표의 종류

가계수표는

❶ 사업자 가계수표

❷ 직장인 가계수표

두 종류가 있습니다. 사업자 가계수표는 장당 발행한도가 100만원, 300만원, 500만원으로 사업자등록증이 있는 사람만 개설할 수 있습니다. 직장인 가계수표는 장당 발행한도가 100만원으로 공무원, 은행이나 상장회사의 직원, 금융기관이 선정한 적격업체 직원, 국영기업체 직원, 그리고 거래은행에 예금실적이 좋고 앞으로 기여도가 인

정된다고 지점장이 특별히 추천한 직장인 등의 요건에 해
당되는 직장인에게 발급해 주는 수표입니다.

　사업자 가계수표는 사업실적, 사업년수, 나이, 재산세
납부실적 등 은행의 신용등급 기준에 따라 점수를 매겨
장당 100만원, 300만원, 500만원 등 세가지로 구분하여
발급하여 줍니다. 이상을 종합해 볼 때 가계수표는 금액
별로

❶ 100만원

❷ 300만원

❸ 500만원

의 세가지로 분류할 수 있습니다.

♣ 사업자 가계수표 ♣

사업자 가계수표는 모든 면에서 당좌수표와 비슷합니다.
단지 장당 발행한도가 100만원, 300만원, 500만원으로
금액이 적기 때문에 당좌수표 할인보다는 덜 까다로운 편
이지요. 하지만 소정의 서류를 준비하여 검토하는 과정은
당좌수표 할인 때와 똑같습니다.

구비서류와 할인방법

구비서류는 대개 다음과 같습니다.

❶ 사업자등록증 사본

❷ 주민등록등본

❸ 인감증명서

❹ 임대차계약서(사무실 또는 매장)

❺ 부동산 등기부등본

❻ 가계수표 결제계좌 통장

❼ 백지 가계수표

❽ 신분증

등을 준비하여야 합니다.

사채업자들은 아래의 상태도 파악하여 할인 여부를 결정짓습니다.

❶ 사업을 시작한 연륜

❷ 가계수표를 개설한 지 얼마나 됐는지

❸ 한달 동안 수표의 결제총액은 얼마나 되는지

❹ 임대보증금은 얼마나 되는지

❺ 재산상태는 어떠한지

이때 당좌수표 할인과 다른 점은 견질용 수표가 없다는 것입니다.

당좌수표 할인 때에는 견질용 타수를 받는데 가계수표 할인 때에는 타수 견질이 없는 대신 백지 가계수표를 3~4장 견질로 더 받아둡니다. 이 견질수표는 할인금액에 따라 다소 차이가 있습니다. 예를 들어 볼까요?

❶ 할인금액이 500만원일 경우

가계수표 2장에 나누어 장당 250만원씩 발행금액을 기재하여 받아둡니다.

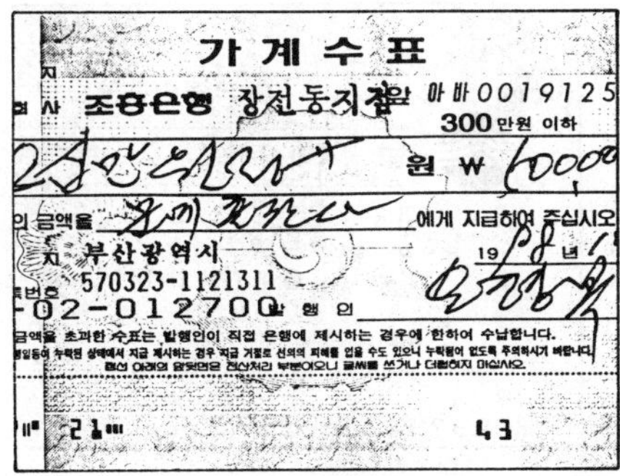

모든 면에서 당좌수표와 유사한 가계수표는 사업자가계수표와 직장인가계수표 두 종류가 있습니다. 당좌수표와 가계수표는 약속어음과 달라서 지급기일이 따로 없습니다. 「 년 월 일」난에 날짜를 적어넣으면 그것이 바로 결제일이 됩니다.

❷ 할인금액이 1,000만원일 경우

금액이 많으므로 가계수표 4장에 나누어 장당 250만 원씩 기재하여 받아두기도 합니다.

이때 수표마다 지급기일을 다르게 적어 발행인이 결제할 때 부담이 덜 되도록 하지만, 당좌수표나 가계수표는 지급기일이 없기 때문에 별 의미는 없습니다. 단지 쌍방간에 약속한 날짜일 뿐이지요.

여기서 당좌수표나 가계수표를 사용하는 분이라면 꼭 알아두어야 할 것이 있습니다.

지급기일 명시는 단지 약속일 뿐이다

당좌수표나 가계수표는 약속어음과 달리 발행일이나 지급기일이 따로 없습니다.

약속어음은 전면 하단에 발행일과 지급기일이 명시되어 있지만 당좌수표와 가계수표는 「 년 월 일」만 있을 뿐 발행일이나 지급기일이 적혀져 있지 않습니다. 「 년 월

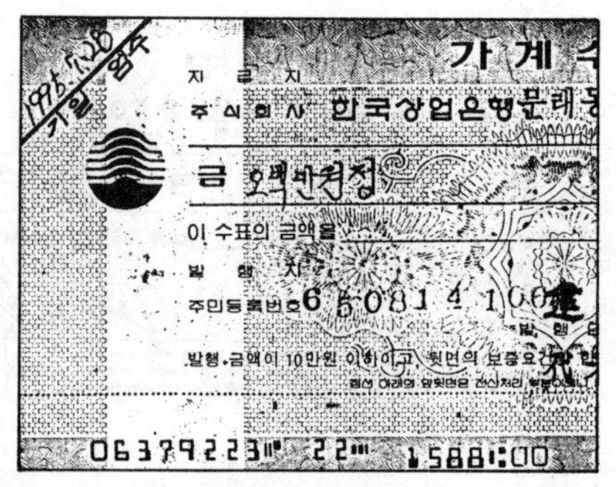

가끔 가계수표 좌측 상단 모서리에 두 줄을 긋고 「기일엄수」라고 써놓은 것이 있는데, 이것은 아무 의미가 없습니다. 즉, 수표를 받는 사람에게 수표입금의 날짜를 지켜달라고 당부하는 뜻 이상은 되지 못하는 것이지요.

일」난에 날짜를 기입하면 그것이 곧 결제일이 되는 것입니다. 그러니 당좌수표나 가계수표에 날짜를 기재하는 것은 수표를 받는 상대방에게 그 날짜에 입금시켜 달라고 부탁하는 쌍방간의 약속임을 잘 알고 있어야 합니다.

예를 들어 1998년 7월 30일로 날짜를 적었어도 1998년 7월 28일에 수표를 입금하면 다음날인 1998년 7월 29일에 결제를 해야 되는 것입니다.

간혹 가계수표 좌측 상단 모서리에 두 줄로 횡선을 긋고 「기일엄수」라고 써놓는 분이 있는데 이 또한 아무 의미가 없습니다. 이것 역시 수표를 받은 사람으로 하여금 수표입금 날짜를 반드시 지켜줄 것을 당부하는 것일 뿐 아무런 법적 효력이 없는 것입니다.

수표를 받은 사람이 약속한 날짜 이전에 수표를 은행에 입금시키게 되면 아무런 자금준비가 없는 수표발행자들은 어떻게 될까요? 급히 교환자금을 막기 위해서 사채시장을 찾게 되고, 만약 이를 준비하지 못하면 급기야 부도를 내

 2. 사채시장에서 여러가지 돈 빌리기

고 말겠지요.

약속일 전 입금은 어떤 경우에 하는가

이렇게 가계수표에 적힌 날짜 이전에 은행에 입금시키는 경우는 대략 다음과 같은 이유 때문입니다.

❶ 사채업자의 사전 부도예방책
❷ 사채업자의 자금회전율 극대화
❸ 수표를 받은 사람의 자금난

❶의 경우는 가계수표 할인 전문업자들이 수표발행자의 여러가지 정황으로 보아 낌새가 불안하다고 느껴지면 다른 사람보다 먼저 수표를 입금시켜 결제토록 함으로써 할인업자가 맞게 될 부도를 방지하는 예방책입니다.

❷의 경우는 주로 시장에서 일수를 하는 사채업자들이 수금한 가계수표를 제3자에게 일수를 줄 때 포함시키면 이 수표가 두서너 사람을 거치다보면 기재일자를 의식하지 않고 은행에 입금하여 발생하는 사례입니다.

❸의 경우는 ❷와 약간 비슷합니다. 사업자가 거래처로부터 받은 수표를 약속기일까지 보관하지 못하고 다른 거래처에 결제대금으로 지불하면, 이 업자는 또다른 업자에게 돌리는 등 2~3차례 거치다보면 기재일자를 보지 않고 은행에 입금하여 생긴 경우이지요.

이러한 문제가 발생했을 때 수표발행자는 갑자기 교환자금을 마련하느라 동분서주하는 수가 종종 있으므로 수표를 발행할 때 미리 대비해야 할 것입니다.

수수료와 대출기간은 당좌수표보다 양호하다

가계수표의 수수료와 대출기간은 당좌수표와 비슷한 선이나 금액이 적기 때문에 당좌수표보다는 융통성이 있습니다.

❶ 수수료 1%

❷ 기간은 7∼15일

이것은 통상적인 예를 든 것이고 사채사무실마다 조금씩 차이가 있습니다.

❶ 사업 연륜

❷ 개설기간

❸ 임대 보증금

❹ 부동산 등 재산상태

❺ 월 결제금액

등을 보아 상태가 좋다고 판정되면 기간을 1개월가량 연장해주는 곳도 있습니다. 수수료도 사채사무실마다 조금씩 차이가 있어 1%가 고정불변인 것은 아닙니다.

가계수표 할인은 누가 하나

가계수표를 소지한 영세사업자로서 자금이 넉넉치 못한 사람들이 주로 이용합니다. 흔히 가계수표 할인시장을 잘 모르는 사람들이 사채사무실에 전화하여 자신의 가계수표를 할인하고자 문의하는데 이는 천만의 말씀입니다.

이곳에서 할인하는 자금은 100% 긴급교환자금입니다. 2~3일 후에 자금이 필요하여서 미리 준비하고자 상의하려면 아예 2~3일 후 교환자금이 돌아오는 날 오라고 합니다. 사채업자들은 은행으로 전화하여 당일 돌아온 교환자금이 얼마인지 확인한 후 그 금액에 맞게 할인해 줍니다. 때문에 긴급교환자금이 아닌 것은 아예 상대하지 않습니다.

이러한 방법도 부도를 많이 맞다보니 고안해 낸 하나의 예방책입니다. 「당좌수표 할인」편에서 고의부도를 내는 사기꾼 이야기를 했는데, 이것은 그런 고의부도를 막기 위한 한가지 수단인 것입니다.

에피소드

경험담 하나를 잠깐 소개하겠습니다. 수년 전 제가 교환자금을 한 적이 있었습니다. 신문광고를 보고 한 부부가 찾아왔지요. 자그마하고 착실해 보이는 30대 중반의 부부였는데 부인은 출판사를 운영하고 남편은 모 회사의 부장이었습니다.

필요한 자금이 1,000만원인데 가계수표는 500만원짜리 달랑 2장만 있다고 했습니다. 대신 거래처 서점에서 받은 약속어음이 1,500만원 정도 있다고 했지요.

약속어음을 확인해보니 장당 100~200만원짜리가 7~8매로 서울과 지방 몇몇 서점에서 결제대금으로 받은 것이라 어느 정도 신뢰할 수 있는 어음으로 충분히 견질이 될 만했습니다. 남편 회사에도 전화해보니 부장으로 재직하고 있는 것이 사실이었습니다.

그러나 그날 따라 저에게 자금이 없었습니다. 수수료에 대한 욕심보다는 오히려 착실해 보이는 부부가 자금을 마련치 못해 쩔쩔매는 게 안타까웠습니다.

궁리 끝에 잘 아는 D라는 업자를 소개하였습니다. 기실 이 업계는 서로 소개도 잘하지 않는 것이 상례입니다. 자칫 부도라도 맞으면 원망만 받게 되기 때문이지요.

D는 남편의 회사에 전화해 보고 몇몇 서점에도 확인하고 1,000만원을 1주일간 할인해주었습니다.

1주일 후 D에게 연락이 왔습니다. 그 부부의 가계수표가 부도났다는 것입니다. 그 사이 출판사는 이미 문닫고 없었졌으며 남편도 다녀간 지 이틀 후에 회사를 그만두었다고 하더군요.

모든 게 계획적이었던 것입니다. 부부가 함께 와서 남편 직장의 명함을 내밀며 신뢰를 얻은 뒤 가계수표를 할인하려 했던 것이지요. 회사를 그만두기 이틀 전에 말입니다.

긴급교환자금시장의 실태가 이렇습니다. 이처럼 부도사고가 매우 잦기 때문에 긴급교환자금시장의 수수료가 무척 높고 여간해서는 할인해주지도 않는 것입니다. 그래서 사채업자는 서류검토를 면밀히 한 다음 할인여부를 신중히 결정하고 있습니다.

♣ 직장인 가계수표 ♣

직장인 가계수표는 장당 발행한도가 100만원이라 금액도 적을 뿐더러 믿을 수 있는 직장에 근무하는 사람들을 상대로 하는 만큼 사업자 가계수표보다는 조건이 덜 까다롭고 사고가능성도 적다고 할 수 있습니다. 그러므로 이율도 싸고 대출기간도 깁니다.

원래 가계수표는 현금을 대신하여 상거래의 대금결제를 원활히 하기 위하여 만들어진 것인데, 언제부턴가 자금조달의 도구로 변모되었습니다. 직장인들이 가계수표를 이용하여 자금을 융통하려 할 때 어떻게 해야 하는지 그 메커니즘을 알아볼까요?

할인은 어떻게 하는가

S은행 강남지점에 근무하는 임대리.

집이 분당이라 출퇴근 길이면 버스를 타고 다시 전철을 갈아타는 등 불편함이 말이 아니었습니다. 평소에 중고차라도 한 대 있었으면 하는 바람이었으나 아파트를 장만하느라 그동안 모아둔 돈을 모두 투입하였습니다. 그러니 자동차를 구입할 여력이 아직은 없습니다.

어느날 사업을 하는 친구 P로부터 연락이 왔습니다. 자신의 사업이 부도위기에 몰려 있어 타고 다니던 승용차를 헐값에라도 팔아 당장 결제자금에 보태야 한다는 것이었습니다. P의 제의는 승용차를 싸게 살 수 있는 기회이긴 했지만 자금여유가 전혀 없었습니다.

그러나 조건은 아주 좋아서 탐이 났습니다. 탄 지 얼마 되지 않은 새차로 중고차시장에서는 500만원을 호가하지만 300만원만 내라는 것입니다. 그것도 당장 200만원이 필요하니 200만원만 주고 100만원은 천천히 달라며 어차피 헐값에 파는 것이니 친구인 임대리더러 사라고 권하는 것입니다.

임대리는 집에 돌아와 부인과 상의하였습니다. 그녀도 좋은 기회라며 구입을 찬성합니다. 마침 자동차 구입비로 적금 들어둔 것을 두달 후면 찾게 되니 어디서 두달 동안 200만원만 빌리면 될 것 같아 주변에 알아보았습니다. 그러나 워낙 시중자금이 어려운 시기라 여의치 않습니다.

은행도 여신여력이 없어 제 아무리 은행대리라 해도 신용대출이 어렵기는 마찬가지입니다. 신문광고를 뒤적이던 임대리는 금융광고란에서 직장인 신용대출과 직장인 가계수표 할인을 보고 곧바로 전화하였지요.

직장인 신용대출은 이자가 너무 비싸고 직장인 가계수표 할인은 이자가 4~5%로 괜찮을 것 같았습니다. 마침 가계수표를 개설하여 가지고 있던 터라 가계수표 할인 사무실을 찾아가 보기로 하였습니다. 임대리는 몇군데 전화를 걸어 구비서류와 절차에 관해 물어보았습니다. 소정의 서류와 어느 직장에 근무하는지 전화하여 확인할 수 있으면 가능하다고 합니다.

구비서류는 간단하다

우선 구비서류부터 무엇인지 알아보았겠지요.

❶ 의료보험증

❷ 주민등록등본

❸ 주민등록증

❹ 인감증명서

❺ 인감도장

❻ 가계수표 결제계좌 통장

등을 가져 오라고 합니다.

　의료보험증은 직장확인용이고 주민등록등본과 주민등록증은 본인확인용이며 인감증명서와 인감도장은 공증을 하기 위한 것이고 가계수표 결제계좌 통장은 수표를 얼마나 사용하는지 등을 알아보기 위해서라고 합니다.

　다음날 서류를 준비하여 직장 근처 강남의 사채사무실로 찾아가서 서류를 보이고 200만원 할인해줄 것을 요청하였지요. 사채업자는 서류를 검토한 후 은행으로 전화하여 임대리가 현재 근무하고 있는지 넌지시 확인한 후 할인해주겠다고 합니다.

이율과 대출기간은 비교적 양호하다

임대리는 마지막으로 이율과 수수료, 그리고 대출기간은 얼마나 되는지 물어보았습니다. 그러나 처음 전화했을 때와는 달리 이자율을 꽤 높여 부르는군요.

❶ 이자 월 7~8%

❷ 수수료 5%

❸ 기간 1개월

보통은 위와 같지만 조금씩 유동적이라고 합니다. 사채업자의 설명은 1~2년 전만 해도 이자가 월 4~5% 정도 했지만 요즘은 워낙 부도율이 높아 이율이 많이 올랐다고 했습니다.

여기서 임대리는 잠시 생각해 보았습니다. 이 힘든 시기에 굳이 사채이자를 써가며 자동차를 구입해야 하느냐 하고 말입니다. 비록 차를 싸게 구입할 수 있는 기회이긴 하지만 국가경제가 어려운 시기에 사채를 써가며 자동차를 구입하는 일이 사회정서에도 역행하는 것 같습니다. 그래서 가계수표 할인을 취소하고 자동차 구입도 포기하고 말았습니다.

직장인 가계수표는 금액이 적고 어느 정도 안정성이 있어 사업자 가계수표와는 달리 하루에 1~3% 하는 고금리가 아닙니다. 기간도 보통 1개월이라고 하지만 2~3개월까지 연장해주기도 합니다.

하지만 한달에 7~8%라면 결코 싼 이자가 아니며 사무실에 따라 이자율도 달라서 5~6% 하는 곳이 있는가 하면 10% 하는 곳도 있습니다. 그 기준은 사채업자가 판단하는 고객의 신용도에 따라 달라집니다.

할인은 누가 하는가

가계수표를 개설한 직장인으로서 갑자기 돈이 필요한 사람들이 주로 찾습니다. 결코 싼 이자가 아니므로 될 수 있으면 찾지 않도록 해야 합니다. 전화하여 문의하면 사채업자들도 미리 거절하는 투로 말할 겁니다.

"직장인이 이렇게 비싼 이자를 쓰겠느냐? 될 수 있으면 쓰지 말라"고 얘기하지요.

가계수표를 활용하여 자금을 마련하고자 할 때는 아주 급할 경우 단기간만 사용하고 가능한 한 자제하는 것이 좋습니다.

광고 및 대출사무실의 위치

가계수표 할인 광고는 거의 당좌수표 할인 광고와 함께 실립니다. 같은 업종이므로 한 사무실에서 두가지 모두 취급하고 있기 때문이지요. 신문광고란에 "당좌수표, 가계수표 할인" 하고 박스광고가 실리는 것을 볼 수 있을 것입니다.

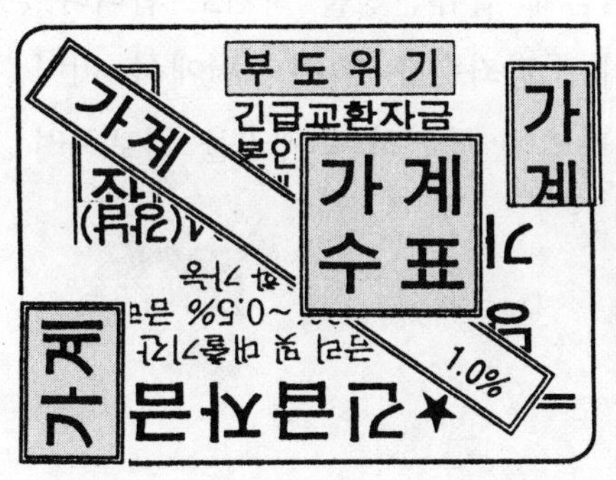

직장인가계수표는 금액이 적고 어느 정도 안정성이 있어서 이율과 대출기간이 비교적 양호한 편입니다. 이율도 개인의 신용도에 따라 많이 달라집니다. 하지만 이것 역시 필요할 때 단기간만 사용하고 가능한 한 빌리지 않는 것이 좋습니다.

그리고 한켠에 "직장인 가계수표" 광고도 함께 실려 있을 겁니다.

사무실 분포도 당연히 당좌수표와 비슷하겠지요. 을지로 2~3가, 명동, 시청 앞, 강남 신사동 사거리 일대, 강남 전철역 주변, 테헤란로 일대에 자리잡고 있습니다.

가계수표도 부도 내면 구속된다

가계수표도 부도 났을 경우에는 구속력이 있습니다. 은행에서 관할경찰서로 의무적으로 고발조치하는 것도 당좌수표와 같습니다. 사채업자들은 부도가 났을 때를 대비하여

첫째, 부도수표에 부도방을 찍고,

둘째, 약속어음 공증을 이용하여 채권을 확보하고,

셋째, 임대계약서에 대한 채권 양도·양수 공증을 했다면 이를 가지고 임대보증금에 대한 압류신청을 하고,

넷째, 발행자 구속에 따르는 적절한 조치를 할 것입니다.

다섯째, 직장인 가계수표일 경우 약속어음을 공증한 서류를 이용하여 월급이나 퇴직금에 압류신청을 하기도 합니다.

이처럼 사채업자는 앞의 「당좌수표 할인」 편에서 이미 설명한 것과 거의 비슷한 방법을 동원하여 채권을 확보하려 할 것입니다.

4. 신용카드 할인

신용카드 할인이란 신용카드를 이용하여 직접 물건을 구입하지 않으면서 물건을 구입한 것처럼 위장하여 일정의 수수료를 떼고 물품 대신 현금을 받는 방법입니다. 「신용카드업법」이라는 법규에 이처럼 가장하여 자금을 융통해줄 경우 불법이라 명시되어 있기 때문에, 이것을 책에 소개하기는 좀 문제가 있지만 어차피 사채시장에서 통용되는 대출이기에 빼놓지 않고 설명하고자 합니다.

신용카드 할인은 속칭 「카드깡」이라고 합니다. 이제는 널리 알려져 있어 웬만한 신용카드 소지자라면 할인해보지 않은 사람이 없을 정도입니다만 여기서 좀더 구체적으로 알아보기로 하겠습니다.

할인은 어떻게 하는가
삼삼물산에 근무하는 정대리.

경제한파로 구조조정이다, 감봉이다 하는 판국에 감원당하지 않고 계속 근무하는 것만으로도 다행이라 여기며 성실히 일하고 있습니다. 그러나 월급이 깎여서 생활이 여간 빠듯하질 않습니다. 부인이 하루에 만원씩 주는 용돈으로 점심값, 교통비, 담배값 등을 쓰고 조금 남길 정도로 절약에 절약을 거듭하며 생활하는 그에게 목돈이 필요하게 되었습니다.

시골에 계신 부모님께서 소를 사는데 돈이 부족하다며 70~80만원 정도 보내줄 것을 요청하는 것입니다. 큰돈은 아니지만 월급이 감봉되어 용돈도 절약하며 살아가는 형편에 70~80만원이라니 답답한 노릇입니다. I00~200만원도 아닌 어중간한 금액이라 친지에게 부탁하기도 쑥스럽고 해서, 어떻게 하나 궁리하다가 동료 가운데 누군가가 카드할인으로 돈을 빌렸던 것을 생각해 내었습니다.

출근길 지하철역 입구에서 뿌리는 광고전단을 받아 주머니에 넣었습니다. 점심시간에 아무도 없는 틈을 타서 전화해 문의해 보았지요. 신용카드 할인으로 자금을 융통하고 싶다고 말했더니 본인 신분증과 신용카드만 있으면 곧바로 해준다고 합니다.

대출자격과 방법

그외에 필요한 서류는 없는지 재차 물었습니다. 다른 대출이나 할인과 같은 구비서류는 필요없다고 하는군요.

할인방법은 정대리의 신용카드를 신용카드회사에 조회하여 사용가능 여부와 사용한도 금액을 확인한 후 위장가맹점을 통하여 정대리가 필요한 금액만큼 물품을 구입한 양전표를 끊습니다. 그후 카드사에서 승인이 떨어지면 소정의 수수료를 공제하고 현금으로 준다는 것입니다.

신용카드 할인은 본인임을 확인할 수 있는 신분증(주민등록증, 운전면허증)과 신용카드만 있으면 가능합니다. 그러나 경우에 따라서는 할인사무실에서 준비한 가맹점이 없으면 안될 수 있고, 또 카드대금이 연체되었을 때도 안된다고 합니다.

할인한도 금액은 얼마인가

이튿날 정대리는 점심시간을 이용하여 회사 근처 카드깡 사무실로 찾아갔습니다. 신분증과 신용카드를 내보이며 할인가능 여부와 할인한도 금액은 얼마인지 물어보았습니다. 사채업자는 카드사로 전화를 걸어 카드번호를 입력하였습니다. 그러자 ARS자동응답기가 사용한도 금액을 알려줍니다.

사채사무실에서 할인해줄 수 있는 금액은 카드사에서 확인해준 해당 카드의 사용한도 금액의 범위내에서 가능하다고 합니다.

예를 들어 BC골드카드로 일반구매 300만원, 할부구매 300만원, 합계 600만원까지 한도금액이 있다면 카드사로 문의하여 한도금액이 600만원임을 확인하고 사채업자는 600만원까지 할인해줄 수 있는 것이지요.

만일 한도금액 600만원 가운데 할부로 100만원을 사용했다면 나머지 한도금액은 500만원이 되는 것입니다. 이 때 사채업자는 500만원 범위내에서 할인해줍니다.

이 한도금액은 카드회사마다 다릅니다. 그리고

❶ 일반카드

❷ 실버카드

❸ 골드카드

❹ VIP 카드

등 카드종류에 의해서, 또 같은 카드라 해도 거래실적에 따라 카드회사에서 수시로 사용한도를 조절합니다.

정대리의 카드를 조회해본 결과 일반구매 한도 200만 원, 할부구매 한도 100만원이 남아 있어서 80만원을 빌리기에 충분하다고 합니다. 정대리는 80만원을 수령하기 위해서는 수수료가 얼마이며 대출기간은 얼마인지 또 물었습니다.

수수료와 대출기간은 어떤가

먼저 대출기간은 일반구매냐 할부구매냐에 따라 다른데 일반구매(또는 일시불)의 경우 최단 23일부터 최장 53일까지입니다. 여기서 말하는 대출기간은 카드사의 결제기간을 말하는데 카드사마다 결제일이 틀리고 회원에 따라 결제일이 틀리지만 기간은 항상 똑같습니다. 예를 들어 알아보도록 하지요.

♣ BC카드이고 결제일이 27일인 경우 ♧

사용기간 5월 5일~6월 4일까지 이용한 금액을 결제일 6월 27일에 결제해야 합니다. 그러므로 5월 5일에 사용했다면 5월 5일에서 6월 27일까지, 최장 53일이 되고 6

월 4일에 사용했다면 6월 4일부터 6월 27일까지, 최단 23일이 됩니다.

♣ VISA카드이고 결제일이 10일인 경우 ♧

사용기간 5월 18일~6월 19일까지 이용한 금액을 결제일 7월 10일에 결제해야 합니다. 5월 18일에 사용했다면 5월 18일부터 7월 10일까지, 최장 53일이 되며 6월 19일에 사용했다면 6월 19일부터 7월 10일까지, 최단 23일이 됩니다.

♣ 할부구매인 경우 ♧

과거에는 최장 36개월까지 했었으나 지금은 최장 24개월까지입니다. 일반구매(일시불)건 할부구매건 이 기간은 사채업자와는 아무 관련이 없습니다. 이들은 중간역할만 할 뿐 모든 대금결제는 카드사로 하기 때문에 여기서 말하는 대출기간은 카드사에 결제하는 기간을 말하는 것입니다.

수수료는 카드종류에 따라 다르다고 하는데 과거에는 카드사에서 가맹점에 결제해주는 기간에 따라 달랐습니다. 지금은 카드할인이 불법으로 단속대상이어서 가맹점 확보가 어려운 만큼 가맹점확보 여하에 따라 수수료가 달라진다고 합니다.

수수료는 주로 15~20% 선인데 위장가맹점의 개설이 어려운 상황이므로 수시로 변동된다고 합니다. 그나마 요즘은 가맹점이 없어 카드깡하기도 어렵고 안되는 경우가 매우 많습니다.

백화점 선불카드를 이용한 할인은 어떻게 하나

위장가맹점의 개설이 어려워지자 할인업자들이 고안해낸 편법이 백화점 선불카드(일명 PP카드) 할인입니다. 사채업자는 고객을 놓치지 않으려고 우선 이들에게 백화점의 PP카드를 사오라고 합니다. 해당 백화점은

❶ 신세계 백화점

❷ 롯데 백화점

❸ 미도파 백화점

❹ 현대 백화점

등인데 카드깡을 하러온 고객이 이들 백화점에서 신용카드로 PP카드를 사오면 일정 수수료를 공제한 후 할인해 주는 것입니다. PP카드 할인의 수수료 또한 일정치는 않고 백화점의 여건에 따라 달라지는데 대략 17~18% 선에서 오르락내리락 합니다.

신용카드로 백화점 PP카드를 구입하여 할인한다는 사실이 공공연하게 알려지자 백화점에서 이를 한동안 조심하였습니다. 신세계 백화점의 경우엔 아예 신용카드 판매를 중단했는가 하면 어떤 백화점에서는 일인당 판매한도를 정하기도 했습니다.

❶ 신세계 백화점 10장

❷ 롯데 백화점 10장

❸ 미도파 백화점 5장

❹ 현대 백화점 5장

또다른 변칙방법으론 한때 반짝했던 주유소 주유권 할인이 있었고, 최근에는 고객에게 순금을 판 후 그 순금을 다시 구입하는 방법도 등장했습니다. 신용카드 할인이 단속대상이 되자 지금은 대략 이러한 방법으로 카드할인을 해준다는 것입니다.

이러한 설명을 모두 들은 정대리는 가지고 있는 카드 중 가장 적은 수수료 대상인 ××카드에 할인율 15%를 적용하기로 하고 15개월 할부로 100만원을 할인하니 수령금액이 85만원이 되었습니다.

이자율은 얼마나 되는가

회사로 돌아온 정대리는 100만원을 할인한 이자로 15개월간 자신이 물어야 할 이율이 얼마나 될까 생각해보았습니다. 사채업자의 말로는 100만원에 대해서 15개월 할부로 15만원을 공제하였으므로 한달에 1만원으로 월 1% 이율밖에 안된다고 했습니다.

하지만 실수령액은 85만원이므로 85만원에 대하여 한달 1만원이라면 이자율은 월 1%가 넘으며 15개월치 선이자와 카드사에서 부과하는 이자와 수수료까지 합하면 이자율은 훨씬 높아지리라 봅니다.

그러나 정대리의 경우 할부구매로 처리했기 때문에 그리 큰 이자율이 아니지만 일반구매로 한다면 이자율은 엄청나게 높아질 것입니다.

앞에서 설명한 대로 일반구매의 경우 최장 53일에서 최단 23일까지입니다. 그러므로 53일에 15%라면

15/53×30(1개월)=8.49이므로 한달에 약 8.5%의 이율입니다. 또 23일에 15%라면 15/23×30(1개월)=19.56%, 즉 2할에 가까운 높은 고리이지요. 신용카드 할인도 결코 낮은 이율이 아님을 기억해야 할 것입니다.

결제대금이 연체되면 어떻게 되나

정대리는 사채사무실로 결제대금을 연체하면 어떻게 되는지 다시 문의하였습니다. 사채업자는 그 경우 자신과는 무관하고 모든 문제는 카드사에서 처리한다고 합니다.

일반적으로 알고 있듯이 결제일에 대금을 넣지 못하면 대금 완납 때까지 카드는 거래정지되고 그런 상태로 일정 기간이 지나면 황색 거래자로 등재됩니다. 다시 6개월이 되도록 연체되면 적색 거래자로 분류되어 모든 금융거래에서 제재를 받는 불이익을 당합니다.

최근 한 신문기사에서 "IMF관리체제에 들어선 지 6개월이 되는 오는 6월(1998년)에는 신용거래 불능자가 10만명이 넘게 발생하는 개인신용대란이 염려되고 있다"라고 보도했는데 이는 IMF이후 실직, 감봉 사태가 일어나

카드不渡 10만명

적색거래자 IMF이후 30%

연기흥·장광익 기자

신용카드 연체자가 계속 급증해 우리나라가 IMF 관리체제에 들어선 지 6개월이 되는 오는 6월에는 신용거래 불능자가 10만명이나 무더기로 발생하는 개인 신용대란이 염려되고 있다.

특히 기업의 구조조정에 따른 실직·감봉사태는 이제 본격적인 시작 단계에 불과해 개인파산으로 인한 사회 혼란상이 서서히 피부로 느껴진다는 게 최근 금융계 분위기이다.

은행들은 이 같은 6월 신용대란을 의식해 개인대출이나 카드 신규 발행을 극도로 자제하면서 가계대출금 회수에 총력을 기울이고 있다.

17일 금융계에 따르면 은행들이 발급한 신용카드 연체는 IMF체제가 시작된 지난해 12월부터 올 3월 말까지 지속적으로 증가해 이 기간에 연체증가율(매달 26일 기준)이 30%에 이르고 있다.

신용카드 연체가 6개월이 되면 거래자는 불능이면 오는 양산되 지난 빌려 6가 는 16만 ~8만명 용불능 신용카드 자가 10 추정이다

1998년 4월 18일, 『매일경제신문』에 실린 기사입니다. 신용카드 연체자가 계속 급증해 1998년 6월에는 신용거래불능자가 10만명에 달하여 개인신용대란이 염려된다는 내용입니다.

카드대금을 결제하지 못하는 회원이 크게 늘어날 것을 예고하는 기사입니다.

카드할인으로 돈을 빌린 사람은 결제금액 연체로 불이익을 받지 않도록 하십시오. 이러한 카드금액 연체를 빌미로 「연체대납」이라는 변형된 카드할인 방법이 있어서 이것도 설명하겠습니다.

연체대납이란 무엇인가

연체대납이란 글자 그대로 연체된 카드결제금액을 대납해 주는 것입니다. A라는 사람이 신용카드를 사용한 후 결제일에 대금결제를 하지 못하면 카드사로부터 제일 먼저 거래정지라는 제재를 받게 됩니다.

이후 연체가 지속되면 계속 황색, 적색 거래자로 분류되는데 이렇게 되면 개인신용이 추락하게 되므로 이때 찾는 것이 연체대납입니다. 기존 카드할인업자가 연체대납업도 겸하는 경우가 많은데, 이것은 위험부담이 크므로 아예 연

체대납업무는 취급하지 않는 할인업자도 있습니다.

연체대납은 어떻게 하는가

연체대납을 하기 위해서는 우선 신용카드를 카드깡업자에게 맡겨야 합니다. 카드깡업자는 연체카드 소지자가 찾아오면 해당 카드사로 전화하여 연체된 결제금액과 연체기간이 얼마나 되는지 조회해봅니다. 연체금액이 너무 많거나 연체기간이 너무 길면 잘 해주질 않습니다. 그 이유를 설명하자면 먼저 신용카드 사용법에 대한 설명이 있어야 할 것 같습니다.

앞에서 얘기했듯이 모든 신용카드는 사용한도라는 것이 있는데 카드사마다 조금씩 다르지만 대금결제일에 결제하면 한도가 다시 살아납니다. 그런데 이 한도란 카드사에서 개개인의 거래실적 즉, 대금결제 및 거래금액 등을 종합하여 수시로 변경할 수 있는 만큼 연체금액이 많거나 연체기간이 길면 대금결제 후 곧바로 한도를 줄여버립니다. 때문에 섣불리 연체대납을 하지 않으려는 것입니다.

예를 들어 한도금액이 일시불, 할부구매 포함하여 500만원인 B라는 사람이 500만원 모두를 사용하고 장기간 연체했다고 합시다. 이 경우 카드사에서는 B라는 사람을 악성 연체자로 구분해 놓습니다.

이런 상황에서 B의 연체대납 의뢰로 사채업자가 의뢰하여 연체금 500만원을 대납해주었다고 합시다. 이튿날 또는 몇일 후(카드사마다 거래정지를 풀어주는 기간이 다름) 카드를 사용하려면 한도금액이 500만원에서 300만원으로 줄어버리는 경우가 대부분입니다.

다시 설명하자면, 연체대납은 카드소지자가 연체대납을 의뢰하면서 카드깡업자에게 카드를 맡기면 깡업자는 이 카드를 보관하고 연체금을 대납해줍니다. 며칠 후 거래정지가 풀리고 한도가 살아나면 고객으로 하여금 다시 카드깡을 하도록 하여 연체대납금을 회수하지요. 위험부담이 따르고 돈을 미리 지급하기 때문에 수수료는 다른 대출보다 3~4% 더 올려받습니다.

그러나 위에서도 언급했듯이 연체된 대금을 결제하면 카드회사에서는 B를 악성 연체자로 보고 아예 거래정지시켜 버리거나 한도금액을 대폭 줄여버릴 가능성이 높습니다. 때문에 카드깡업자는 B로부터 연체대납금을 받지 못하는 경우가 가끔 있습니다.

3~4%의 수수료를 더 받으려다 당하는 변인데, 실제 카드깡업자 가운데 연체대납을 하다가 대납금을 회수하지 못하고 2,000~3,000만원씩 물려 있는 사람이 많습니다. 2~3년 전 카드사들은 카드대금 연체액수가 수천억원에 이르자 카드깡 집중단속과 악성 연체자 집중단속을 펴면서 많은 회원의 카드사용을 금지시켰습니다. 그래서 골탕먹은 연체대납업자들이 꽤 많은 것으로 알고 있습니다.

연체대납은 누가 하는가

가계수표, 당좌수표의 긴급교환자금은 한번 써본 사람들이
자꾸 쓰게 되는 것처럼 연체대납도 써본 사람이 자꾸 쓰게
됩니다. 또 신용카드를 2~3개씩 가지고 있는 사람들은
이 카드를 할인하여 저 카드 막고, 저 카드를 할인하여
또다른 카드 막고, 결국 카드깡한 대금 막느라 정신이 없
어집니다.

카드대금이 연체될 정도면 이미 다른 자금조달 수단은
거의 막힌 상태라 볼 수 있습니다. 당장 눈앞의 불을 끄기
에 급급하여 한달에 15~20%나 되는 이자를 물어가며
시일이 흐르다보면 쌓이는 건 눈덩이처럼 불어난 이자뿐입
니다. 결국 언론에 보도되는 것처럼 카드대금 천 몇백만원
때문에 자살하는 지경에 이르는 것이지요.

이제 곧 카드대금 연체로 인한 신용거래 불능자가 10만
여명에 달할 거라고 하는데 이 대열에 끼이지 않도록 각별
히 주의하도록 합시다.

신용카드 매출전표의 할인

이 책은 사채시장에서 돈을 빌리는 방법과 정보에 관해 쓴
것이므로 매출전표 할인에 대한 소개가 반드시 필요한 것
은 아니지만 이 역시 사채시장에서 이루어지는 거래 중의
하나이므로 독자들을 위하여 소개하고자 합니다.

신용카드 매출전표의 할인은 일반인에겐 해당사항이 없

습니다. 대부분 유흥업소 업주들이 이용하는데 거기엔 두 가지 이유가 있습니다. 하나는 과표 축소요, 또 하나는 자금회전입니다.

탈세하기 위한 과표축소의 방법으로 이용한다

알다시피 카드 가맹점을 맺은 사업자에게 카드로 계산한 금액은 100 % 세무자료로 입력되어 그대로 세무상 매출과표로 잡히게 됩니다. 이렇게 되면 세금을 많이 내야 하기 때문에 탈세하기 위하여 이용하는 방법이 카드 매출전표를 할인하는 것입니다.

이 매출전표를 거두어가는 깡업자가 따로 있는데, 그들은 위장 유흥업소 가맹점을 만들어놓고 실제로 영업하는 일반 유흥업소에서 매출전표를 걷어갑니다. 물론 일반 유흥업소에서 이들과 거래하기 위해서는 손님으로부터 전표에 금액과 사인만 받습니다. 나머지는 깡업자가 기재하지요.

경우에 따라 깡업자가 다른 가맹점 이지체크기(카드조회기)를 갖다주어서 일반 유흥업소에서 손님이 카드로 계산할 때 아예 타 가맹점 카드조회기를 통과시켜 승인받기도 합니다. 이때 매출전표를 걷어가는 수수료는 카드할인의 수수료처럼 카드에 따라 차등을 두는 게 아니라 어느 카드이건 동일한 수수료를 받습니다.

수수료는 15 % 정도이나 요즘은 위장가맹점의 개설이

어렵고 카드회사에서도 단속이 심하여 17~18%를 받고 있습니다. 아마 룸싸롱이나 단란주점을 다녀본 분들은 경험하셨겠지만 카드로 술값을 계산할 경우 술값 외에 10~15%의 수수료를 더 받습니다. 이것은 매출전표깡을 하기 위한 수수료로 결국 손님에게 부담시키는 것입니다.

유흥업소에서 자금회전의 방법으로 이용한다

매출전표를 은행에 입금시키고 카드사에서 결제받으려면 2~5일(카드사마다 결제일이 다름) 정도 걸립니다. 그러나 매출전표를 깡업자에게 줄 경우 곧바로 대금을 결제받기 때문에 영업자금이 부족한 유흥업소에서는 자금회전을 보다 빠르게 할 수 있습니다. 이점이 매출전표를 할인하는 또 하나의 이유가 됩니다. 카드매출이 많은 업소라면 적지 않은 금액을 5일간이나 기다려야 하기 때문에 때론 회전자금이 필요해서 매출전표를 할인하기도 하는 것입니다.

몇년 전만 해도 매출전표는 주로 주류를 납품하는 업자들이 주류대금 대신 수수료를 공제하고 걷어가곤 했는데 이제는 가맹점의 부족으로 그것도 쉽지 않은 일이 되어버렸습니다. 또한 과거와 달리 위장가맹점의 개설이 어려워 유흥업소 업주들은 매출전표를 할인하지 못해 쩔쩔매는 상황이 되었습니다.

대출사무실의 분포

1995년까지만 해도 신용카드 할인이 매우 성행하였으나 1996년 이후 정부의 집중적인 단속과 카드사들이 첨단장비로 위장가맹점들을 속속 적발해내고 해지하는 바람에 점차 카드깡이 어려워졌고 신용카드 할인시장도 많이 위축되었습니다. 초창기 명동과 강남 일부지역에서 시작한 매출전표의 할인은 호황기 때는 서울시내 역세권이나 부도심이면 어김없이 카드깡 사무실이 늘어서 있는 정도였으나 지금은 거의 없어지고 하나, 둘 명맥만 유지하고 있는 실정입니다.

그래도 명동, 시청 앞, 종로, 신설동, 청량리, 신촌, 영등포, 강남 신사동, 강남 전철역, 양재동, 불광동 등 유흥업소 밀집지역이면 으레 한두 사무실은 자리잡고 있지요. 그외에도 안양, 성남 등에 산재해 있습니다.

광　고

호황기 때는 신문광고는 물론 지하철 입구나 직장인이 많이 다니는 길목이면 으레 아주머니들이 명함크기의 전단을 뿌리곤 했습니다. 아주머니들의 일당이 2만~2만5천원이던 것이 요즘은 하루 4만~4만5천원으로 올랐습니다. 그래서 웬만해선 일당비도 나오지 않아서 길에서 뿌리는 광고도 많이 없어졌습니다.

그러나 일간지에 꾸준히 광고하는 깡업자들은 확실한

속칭 「카드깡」으로 통하는 신용카드 할인은 「신용카드법」의 법규를 어기는 불법행위이므로 단속대상이 됩니다. 그러므로 전처럼 「카드할인」이라고 광고하지 못하고 모두 「싼 %」라고 광고하고 있습니다.

가맹점을 잡고 있어서 많은 수수료 차액을 남길 수 있는 업자일 겁니다. 보통 중간에서 넘기는 업자는 2~4%의 마진을 보고 넘기는데 하루에 100만원어치를 확보해야 수수료가 4만원이 됩니다. 그러나 요즘은 하루에 100만원 하기도 쉽지 않다고 합니다. 그래서 예전같이 광고를 활발하게 하지 못하는 것이겠지요.

그래도 제법 이용하는 매체로 생활정보지가 있습니다. 광고비도 쌀 뿐 아니라 카드할인을 하려는 사람들도 생활정보지를 찾아볼 만큼 많이 이용한다고 합니다.

그래서 사무실도 외곽지역 중심지이면 으레 자리잡고 있는 것입니다. 전에는 신문광고나 광고전단에 "카드할인"이라고 했었는데 이것이 불법이므로 단속대상이 되자 "싼 %"라는 광고를 대신 내고 있습니다. 광고에 "싼 %"하고 있으면 이는 신용카드 할인을 의미합니다.

5. 채권 할인

채권할인은 엄격히 말해서 일반 시민이나 중소사업자들이 돈을 빌리기 위한 수단은 아닙니다. 그러나 소지하고 있는 채권을 할인하여 현금화할 수 있기에 소개하는 바입니다. 방법은 어음할인과 비슷하며 사채업자는 1~2%의 중간 수수료를 받고 전주에게 넘기는 형식을 취하고 있습니다.

채권은 장기적인 투자수단이기 때문에 시중에서 그리 요란하지 않고 사채시장에서도 조용한 가운데 물밑거래로 이루어지고 있습니다. 하지만 채권이야말로 한번 움직이면 엄청나게 큰 자금이 동원되는 사채의 한 분야인 것입니다. 그 자금규모는 100억, 1,000억원대를 넘는 것도 있는데, 그 이유는 큰손들이 가장 선호하는 무기명이라는 매력 때문입니다. 그렇다고 해서 모든 채권이 다 무기명인 것은 아닙니다. 무기명 채권에 한해서 그렇다는 것이지요. 이렇게 큰 자금이 오고가기도 하는 채권할인은 어떻게 이루어지는지 살펴보겠습니다.

할인은 어떻게 하는가

채권할인은 다른 사채에 비해 매우 간단합니다. 특별한 방법이나 구비서류가 필요없고 자신을 증명할 수 있는 신분증과 할인하고자 하는 채권만 있으면 됩니다. 일반인들이 채권을 대할 수 있는 기회는

❶ 주택 매매

❷ 아파트 당첨

❸ 자동차 매매

❹ 부동산 근저당 설정

등을 할 경우 국민주택 채권이나 지하철 채권을 의무적으로 살 때입니다. 이때 일반 시민들은 의무적으로 구입하는 채권을 보관하지 않고 대부분 할인하여 현금화하려 합니다.

주택 매매와 부동산 근저당 설정을 할 때는 소유권 이전 서류 및 설정서류를 꾸며야 하므로 법무사 사무실에서 할인을 하고, 자동차 매매를 할 때는 구청 자동차등록 창구 근처에서 채권할인업자들이 대기하고 있다가 할인해주며, 채권입찰제 아파트에 당첨되어 분양계약을 하러 은행에 가면 채권할인업자들이 돈가방을 준비하여 기다리고 있습니다.

채권의 종류

❶ 국채 : 국민주택 채권

❷ 공채 : 지하철 채권

❸ 금융채 : 산업금융 채권

❹ 회사채 : 상장회사에서 발행한 채권

❺ 기타 : 장기공사채, 특별공사채, 근로자공사채, 통화채, 토지개발채

등이 있습니다. 이는 대부분 주식투자처럼 투자수단으로

이용되는 채권이고 일반인이 주로 대할 수 있는 채권은

  ❶ 국민주택 채권 : 1종 만기 5년
                   2종 만기 20년

  ❷ 지하철 채권 : 만기 10년

의 두가지입니다. 앞에서도 설명했지만 국민주택 채권은
채권입찰제 아파트 분양, 또는 주택소유권 이전등기시 매
입해야 하는 채권이고 지하철 채권은 자동차 매매시 매입
해야 하는 채권입니다.

앞으로 아파트 채권입찰제가 없어지면 국민주택 채권 1
종이 없어질 것이며 따라서 지방채도 없어지고 증서도 줄
어든다고 합니다.

할인율은 어떻게 정해지는가

채권할인율은 어음할인이나 당좌수표 할인처럼 일정율이
아니라 만기가 언제인가에 따라 할인율이 정해집니다. 채
권의 만기는 짧게는 1년에서부터 길게는 20년까지이므로
만기기간에 따라 할인율 차이가 많이 납니다.

몇가지 예를 들어보겠습니다(발행월 기준).

  ❶ 국민주택 채권 : 1종 만기 5년 —— 60%
                   2종 만기 20년 —— 20%

  ❷ 지하철 채권 : 만기 10년 —— 50%

대략 이러하지만 할인율도 시장상황에 따라 수시로 변동되
고 만기가 몇년 남았느냐에 따라 또 달라지기 때문에 일정

치 않다고 할 수 있습니다.

할인은 어디서 하는가

채권할인은 대부분 현장에서 이루어지는 것이 통상적인 관례입니다. 법무사 사무실, 구청 자동차등록 창구, 아파트 분양계약 은행창구 등에서 하는데 사실 일반 시민들이 채권에 대해서 잘 모르기 때문에 대부분 현장에서 곧바로 할인합니다.

하지만 조금만 눈을 돌려 찾아보면 훨씬 적은 수수료를 받고 할인해주는 곳이 많이 있습니다. 가령 「파이낸스」란 간판을 걸고 채권만 전문으로 할인하는 곳이 있는데 이곳을 찾아가면 더 많은 돈을 받을 수 있지요.

채권시장은 큰손들의 자금도피처로 많이 활용된다

흔히 사채시장에서 자금규모가 가장 큰 업종을 들라면 어음할인시장을 지목합니다. 한때 부동산 담보대출이 호황이던 시절에는 담보대출을 꼽기도 했지만, 사실 보이지 않게 큰 대형자금이 움직이는 곳이 바로 채권시장입니다.

큰손들이 큰 자금을 소리없이 숨겨둘 수 있는 곳이 무기명 채권이기 때문입니다. 일반인들이 하나, 둘 할인하는 채권금액이야 그리 크지 않지만 이를 하나, 둘 모으면 엄청나게 큰 금액이 되는 것입니다. 어음은 융통어음으로 10억, 100억원짜리가 있지만 지급기일이 짧기 때문에(기껏

해야 몇개월) 오랫동안 자금을 잠겨둘 수 없거니와 회사를 상대로 하는 투자이므로 부도의 염려가 있습니다.

하지만 채권은 기간이 IO년, 20년의 장기간이고 국가 및 공공기관에서 발행하는 것인 만큼 부도의 염려가 전혀 없습니다. 그러므로 큰손들의 자금도피처로 안성맞춤이지요. 그래서 채권시장의 규모는 가늠하기조차 어려울 만큼 엄청난 크기라는 것입니다.

오래된 이야기입니다만 인천 선인학원의 불법적 재산증식에 관한 기사가 언론에 보도된 적이 있었습니다. 그들의 재산증식 방법 중 하나가 꽤 높은 할인율로 산업금융 채권을 사모으는 것이었습니다. 해가 거듭될수록 이것이 엄청난 재산으로 늘어났다는 내용의 기사였지요.

또 지난 I994년 I월 장영자씨의 제2차 어음부도사건 당시에 모 사채업자로 하여금 30억원을 서울은행 압구정동지점에 예치토록 한 이유도 채권을 매입하기 위해서였다고 합니다. 이것 또한 채권시장이 얼마나 큰 규모인지 깨닫게 하는 일화입니다.

채권을 구입하기 위해서 조(兆) 단위의 자금이 대기하고 있다면 독자께서는 믿으실런지요? 제가 직접 실체를 확인한 바는 없지만 사채시장에서는 이런 풍문이 나돌고 있습니다. 다소 과장이 있겠지만 전혀 근거 없는 루머만은 아닐 것입니다. 최근 국민정부에서도 무기명 장기채권(고용안정채권)을 I조원가량 발행할 계획이라고 발표했잖습

채권할인은 부도의 염려가 없고,
장기간 자금을 잠겨둘 수 있고, 또
무기명이라는 매력 때문에 「큰손」들의
대형자금 도피처로 가장 사랑받는
분야입니다. 일반 시민이 채권을
할인할 때는 「파이낸스」사로 찾아가면
더 높은 금리로 할인받을 수 있습니다.

니까. 이러한 소문이 거짓이 아니라는 반증이라고 생각합
니다.

광 고

신문의 금융광고란 한켠에 꾸준하게 "채권할인"이라는 광
고가 나옵니다. 다른 사채와 달리 시중에 널리 통용되는 것
이 아니기 때문에 광고전단을 뿌리는 예는 거의 없습니다.

그러나 구청의 자동차등록 창구에 가면 채권사무실에서
나온 사람들이 친절하게 자동차등록업무를 대행해주며 사
무실을 선전합니다. 자동차를 가진 사람이라면 대부분 자
동차등록증을 넣어두는 비닐봉투 안에서 채권할인 사무실
의 홍보물을 보았을 것입니다.

대출사무실의 위치

구청 앞에 가면 어김없이 한두 군데 채권할인 사무실이 있
는데 이는 분점에 불과하고 이를 지휘하는 본점은 시내 중

심가에 위치하고 있습니다. 「파이낸스」란 간판을 걸고 명동에 일부 있으며 어음·카드할인 업체와 마찬가지로 시청 앞, 을지로 2~3가, 영등포, 테헤란로, 강남 전철역 주변 등에 자리하고 있습니다.

6. CD 할인

CD(양도성 정기예금증서)할인도 채권할인과 마찬가지로 사채시장에서 돈을 빌리기 위한 방법이 아니라 소지한 CD를 할인하여 현금화하는 수단입니다.

금융실명제 실시 이전엔 무기명이고 수익성, 환금성, 안전성이 좋아서 큰손들이 가장 선호하는 금융상품이었으나 지금은 인기가 많이 떨어졌습니다.

CD할인은 기업이 은행에서 대출받고자 할 경우 꺾기의 일환인 자금조성(「일일자금」 편에서 설명)을 할 때 많이 이용하나 요즘은 은행대출이 힘들어지자 은행의 CD발행이 줄어 사채시장에 나오는 CD물량도 별로 없는 형편입니다.

CD를 대량으로 매입하여 할인하는 과정은 「일일자금」 편에서 설명하기로 하고, 여기서는 일반 시민이 CD를 할인할 때 어떻게 하는지 알아보기로 하지요.

CD를 어떻게 현금화하는가

CD는 양도성 정기예금증서라는 우리말 이름처럼 한장 한 장에 금액과 만기일이 표시되어 있는 증서로서 과거에는 최저액면가가 5,000만원이었으나 지금은 1,000만원입니다. 만기일은 30~270일로 본인이 원하는 기간만큼 은행에서 증서를 끊어줍니다. CD를 산 일반인들이 갑자기 돈이 필요하여 이것을 현금화해야 할 경우 어떻게 할인하는지 설명해볼까요?

CD는 정기예금과 같이 하나의 정기예금성 상품이지만 중도해약이라는 게 없습니다. 할인식 정기예금증서이기 때문에 최초 발행시 일정 기간을 정하면 그 만기일까지 발행금리를 적용하여 계산된 금리를 공제한 후 나머지 금액을 지불하고 사는 증서인 만큼 중도해약이 불가능합니다. 결국 채권과 비슷하게 생각하면 됩니다.

그러므로 할인방법도 채권과 거의 같습니다. 일단 발행한 CD는 발행기관인 은행에서 재매입하지 않습니다. 그래서 사채시장을 찾게 되는 것입니다. 이때 준비할 서류는 따로 없으며 신분증과 CD만 있으면 됩니다.

CD의 종류

CD는 특별한 종류가 없습니다. 단지 기간에 따라 전에는

❶ 91일물

❷ 181일물

❸ 270일물

의 세가지로 분류했었으나 지금은 30일에서 270일까지 고객이 원하는 만큼 필요한 기간을 정하여 발행됩니다.

발행금액도 과거에는 최저 액면가가 5,000만원이었으나 지금은 최저 1,000만원으로 인하되어 일반 시민이 많이 소지하고 있습니다.

할인율은 발행 당시의 은행의 금리에 따라 다르다

CD의 할인율은 발행 당시 그 은행의 금리에 따라 다르기 때문에 어느 은행에서 언제 발행했느냐에 따라 다르며, 채권처럼 만기가 몇일 남았는가에 따라서도 달라집니다. 할인율을 계산하는 공식도 복잡합니다.

발행금리(표면금리)와 만기까지의 기간 그리고 유통수익율 등을 따져 계산해야 하기 때문에 독자 여러분께 설명하기는 어려우나 CD할인의 특성상 크게 위험하거나 조건이 까다롭지 않기 때문에 사채업자들이 계산하여 할인 해주는 금액을 그대로 믿어도 될 것입니다.

결국 최초 발행시 공제한 금리와 할인당일부터 만기일까지의 금리를 뺀 후 차익을 남기고 할인해주는 만큼 이것을 잘 비교해보면 할인 수수료가 얼마인지 알 수 있을 것입니다.

할인은 주로 사채사무실에서 이루어진다

또 한번 말하지만 일단 CD를 발급받으면 발행한 은행에서는 다시 매입해주지 않습니다. 단, 발행은행에 CD를 담보로 제공하고 발행금액 범위내에서 대출받는 방법이 있긴 하나 이는 번거로워 피하기 십상인 대출입니다.

일반 증권회사에서 CD를 매입하기는 하나 금액이 적은 CD 하나, 둘은 매입하려 하지 않습니다. 이들이 취급하는 것은 장당 발행금액이 억대 이상이든가 아니면 여러 장의 총금액이 억대 이상되는 물건입니다. 그래서 CD소지자들이 급하게 처분하려 할 때 찾는 곳이 사채사무실인 것입니다.

광 고

신문의 금융광고를 보면 "CD 자금조성……" 하는 것이 있는데 CD광고를 냈다고 해서 모두 CD를 매입하는 것은 아닙니다. 이들이 취급하는 CD란 자금조성을 할 경우

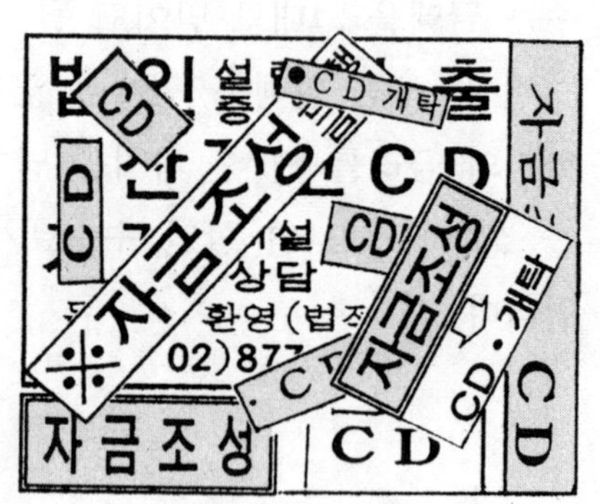

CD 할인은 금융실명제 실시 이전에는 무기명이고 수익성, 환금성, 안정성이 좋아서 「큰손」들이 가장 선호하는 금융상품이었습니다. CD 광고를 낸다고 해서 모두 CD를 매입하는 것은 아닙니다. 하지만 여러 군데 문의해보면 CD를 한두장 매입하는 곳도 있습니다.

  2. 사채시장에서 여러가지 돈 빌리기

CD를 대행해서 매입해주는 것을 말합니다. 이들은 CD의 금액과 수량이 많은 것을 취급합니다.

　하지만 몇 군데 문의해보면 CD 한두장도 매입하는 곳이 있을 것입니다. 이 사무실은 대부분 자금조성을 위주로 하는 곳으로서 명동을 중심으로 을지로 2～3가, 시청 앞, 강남 신사동, 강남 전철역, 테헤란로 등에 자리잡고 있습니다.

③ 일일자금업 쪽에서 돈 빌리는 법

일명 자금조성업이라 불리는 일일자금업은 일반인이나 중소기업인이 대출업이나 할인업에서처럼 돈을 빌려서 자신이 필요한 자금으로 쓸 수 있는 것이 아닙니다. 일일자금을 긴급자금으로 잘못 알고 혼동하는 분이 있는데 이는 잘못된 인식입니다.

긴급자금은 「당좌수표 할인」편에서 설명한 긴급교환자금을 말하는 것이고 일일자금은 말 그대로 단 하루만 필요하여 빌리는 자금입니다.

긴급교환자금은 빌리는 기간이 2~10일로 단기간이지만 일단 본인이 돈을 수령하여 필요한 곳에 쓰고 난 다음 약속한 기간내에 변제하면 되는 것입니다.

그러나 일일자금은 돈을 빌려서 본인이 마음대로 쓸 수 있는 것이 아니라 본인이 지정한 곳에 사채업자가 돈을 빌려주고 하루 만에 회수해 가는 것입니다. 즉 사채업자에게 일정액의 수수료를 주고 필요한 금액을 부탁하면 사채업자는 의뢰인이 지정한 통장에 돈을 입금시킨 뒤 하루 만에 찾아가는 것입니다.

그래서 하루만 빌리는 자금이라 해서 하루자금 또는 일일자금이라고 하며 이러한 자금을 조성하여 준다는 뜻에서 자금조성이라고도 하는 것이지요. 사채업자는 자금을 최대한 이용하기 위하여 일일자금을 오전자금과 오후자금으로 나누어 활용하기도 합니다.

대부분의 사채업자는 자금조성업이 합법적인 것으로 알고 있으나 실은 위법입니다.

일일자금은 중소기업인뿐만 아니라 대기업에서도 어음할인이나 당좌수표 할인에 못지 않게 많이 그리고 자주 이용하는 분야입니다.

물론 일일자금을 이용함으로써 기업이나 일반인의 신용도를 조작한 결과를 초래하여 신용질서를 문란케 하는 주범이 되기도 합니다. 하지만 일일이 많은 금융비용을 충당할 수 없는 중소기업이나 일반인들로선 급할 때 이용할 수 있는 또 하나의 자금활용 방법인 것입니다.

그러면 일일자금업 시장을 중소사업가나 일반 시민이 필요로 할 때 어떻게 문을 두드리고 어떻게 접근해야 효과적일지 하나하나 알아보기로 할까요?

1. 잔액증명

흔히 신문에 "잔고"라는 광고를 하며 잔고증명이라고도
합니다. 잔액증명서는 은행통장에 잔액이 얼마나 있는지를
증명하는 서류이지요. 통장에 잔액이 없는 일반인이나 중
소사업자가 잔액증명서가 필요할 경우 사채업자에게 의뢰
하고 사전에 일정액의 수수료를 지불하면, 사채업자는 의
뢰인의 통장에 필요한 금액을 입금시키고 이튿날 되찾아가
는 방법입니다.

잔액증명은 왜 필요한가
올 봄 대학을 졸업하고 유학을 준비중인 이만구씨.

비자발급을 위하여 미국대사관에 가서 필요한 서류를
알아보니 이것저것 다 준비할 수 있는데 한가지 걸리는 게
있습니다. 통장에 잔액이 얼마나 있는지 잔액증명서를 떼
어 오라는 것입니다. 여행사 직원에게 물어보니 잔액이 최
소한 3,000만원 이상은 되어야 한답니다. 대학졸업 후 유
학비 마련하느라 임시직장에서 일년간 근무하며 푼푼이 저
축한 돈은 겨우 300여만원뿐입니다.

일단 미국에 가기만 하면 대학원에 다니며 아르바이트
할 수 있는 직장을 이미 이야기해둔 바 있어 비행기 삯과
약간의 생활비만 있으면 되려니 하고 알뜰살뜰 자취하며
300여만원을 모았던 것입니다. 서울에서 혼자 자취하고

있는 그가 아무리 주변을 둘러봐도 3,000만원을 융통할
만한 사람이 없습니다.

지푸라기라도 잡는 심정으로 여행사 직원에게 무슨 방
법이 없겠느냐고 물었습니다. 그는 빙그레 웃으며 전혀 어
려울 것이 없다는 듯 신문을 들어보이며 금융광고를 가리
켰습니다. 그중 "잔고"라고 쓴 광고를 보여주며 이곳에
전화하여 알아보면 간단히 해결해줄 것이라고 합니다.

이만구씨는 광고를 보고 전화한 후 사채사무실로 곧바
로 찾아갔습니다. 그간의 사정을 이야기하고 어떻게 하면
되겠느냐고 물었지요. 신분증과 도장 그리고 수수료만 주
면 내일 오전 중에 처리해주겠다고 합니다.

잔액증명은 어떻게 하는가

다급한 이만구씨는 신분증과 도장 그리고 3,000만원에 대
한 수수료를 주고 돌아왔습니다. 다음날 오전 사무실을 찾
아가니 그들은 이미 이만구씨 이름으로 3,000만원짜리 잔
액증명서를 준비해 놓고 있는 것입니다. 이용하는 사람은
신분증과 도장을 맡기는 만큼 혹시 어떤 위험한 일을 당하
지 않을까 염려할지 모르지만 잔액증명을 의뢰할 경우 큰
위험의 소지는 없습니다.

사채업자들이 해주는 방법이란 다음과 같습니다. 금융실
명제 이전에는 아무나 은행에 가서 의뢰인의 인적사항만
대고 도장만 주면 신규통장을 개설할 수 있었으나 실명제

이후는 통장개설시 필히 신분증이 있어야 합니다. 사채업자들은 이만구씨의 신분증과 도장으로 신규통장을 개설한 후 이 통장에 3,000만원을 입금하고 다음날 아침 은행문을 열자마자 잔액증명서를 신청하여 서류를 뗀 다음 곧바로 3,000만원을 인출하는 것입니다.

이때 사채업자들은 당사자(의뢰인)가 예금을 인출해 가는 사고를 예방하기 위하여 의뢰인이 전혀 모르도록 타은행에서 통장을 개설합니다. 잔액증명서는 입금한 당일에 바로 뗄 수는 없고 은행에서 하루 잠긴 후 이튿날이라야 가능하기 때문에 오늘 입금하면 내일이 돼야 잔액증명서를 뗄 수 있는 것입니다. 이렇듯 하루만 빌려주고 되찾는 자금이라해서 일일자금이라고 합니다.

잔액증명이 필요한 사람은 누구인가

잔액증명서를 필요로 하는 경우는
　❶ 해외 비자발급 신청을 할 때
　❷ 건설업체에서 공사입찰을 할 때
등 몇가지 경우가 있는데 비자발급 신청에는 재산 정도를 알아보기 위한 것이므로 그리 큰 금액이 필요하지는 않습니다 하지만 건설회사에서 규모가 큰 공사를 입찰할 때는 그 회사의 자금여력이 얼마나 되는가를 가늠하는 척도이므로 수십억원의 잔액증명이 필요하기도 합니다.

구비서류는 간단하다

잔액증명은 과정자체가 단순하므로 구비서류라 할 게 없고 신분증과 도장만 있으면 됩니다. 법인이 의뢰할 경우는 법인 사업자등록증 원본과 대표자 주민등록증 그리고 대표자 인감이 있어야 합니다. 이 경우 법인대표자 이름으로 통장을 개설해야 되기 때문입니다.

단지 만에 하나 의뢰인이 통장과 도장 분실신고를 하고 예금을 인출해 갈 때를 대비하여 이를 방지하는 각서를 받습니다. 그러나 실상 의뢰인은 사채업자가 어느 은행에 통장을 개설하여 입금했는지조차 모르기 때문에 각서가 별 의미는 없습니다.

수수료는 얼마인가

하루 예치금에 대하여 0.1~0.2% 정도 됩니다. 의뢰금액이 1억원이라 할 경우 10~20만원 정도이지요. 하지만 금액이 2,000~3,000만원 정도일 경우 0.1~0.2%의 수수료는 불과 얼마 되지 않으므로 적은 금액은 잘 하려 들지 않습니다.

그러므로 금액이 적을수록 수수료는 더 올라가게 되고 금액이 수십억원일 경우는 0.1% 이하까지 내려가기도 합니다. 이외에 사채시장의 자금사정 여하에 따라 수시로 변동되기도 하지요.

잔액증명서는 외국에 비자발급 신청을
할 때, 건설업체에서 공사입찰을 할 때
필요한 서류입니다. 신문에 「잔고」라고
광고하는 일일자금 대출사무실에
전화하면 신분증과 도장만으로 쉽게
해결할 수 있습니다.

광고 및 대출사무실의 위치

잔액증명은 평잔, 법인설립, 조성 등 일일자금업과 관계된
분야와 함께 신문광고를 주로 이용합니다. 잔액증명서를
필요로 하는 분은 신문광고를 보고 문의하면 쉽게 이용할
수 있습니다. 사무실은 명동을 중심으로 시청 앞과 강남
중심지에 주로 위치하고 있습니다.

2. 평 잔

은행 거래실적을 평가하는 거래통장의 평균잔액을 뜻하는
말입니다. 중소사업자가 거래처와의 대금결제를 현금 대신
하기 위한 수단으로 약속어음과 당좌수표 또는 가계수표를
개설하려고 한다면 거래은행에 일정금액 이상의 거래실적
이 있어야 합니다. 이 기준에 맞는 거래실적을 평균잔액,

줄여서 평잔이라 하는데 평잔이 부족할 경우 사채시장에 의뢰하여 거래은행에서 요구하는 예금실적을 쌓는 것입니다.

평잔을 쌓아주는 과정에는 사채업자가 조심해야 할 위험요소가 많으며 「당좌수표 할인」 편에서 잠시 언급한 것처럼 이와 관련된 여러가지 문제점들이 좀 있습니다. 독자 여러분은 사채시장의 맹점을 악용하지 말고 부디 필요할 때 효과적으로 활용하여 사업활동에 촉진제가 되길 바랄 뿐입니다.

이렇듯 기업과 사채시장은 끊을 수 없는 고리로 연결되어 있어 평잔 역시 자금이 부족한 중소사업자로서는 찾지 않을 수 없는 사채의 한 분야이지요. 그러면 어떠한 경우 이곳을 찾게 되고 어떻게 이용해야 하는지 자세히 알아보기로 하겠습니다.

평잔은 왜 할까

「당좌수표 할인」 편에 나왔던 동한상사 강사장의 경우를 알아보겠습니다. 강사장은 하청받는 모회사(母會社)의 숫자가 늘어나고 하청물량도 많아지자 원자재를 구입하는 거래처가 당연히 늘어나서 이들에게 원자재 구입대금을 결제하자니 도저히 현금만으론 어려워 약속어음과 당좌수표의 개설을 고려하게 되었습니다.

주거래은행인 S 은행 퇴계로지점의 가계·당좌 담당을 찾아가서 당좌수표 개설을 상담해보니 거래실적이 일정액

이상 있어야 하는데 예금실적이 턱없이 모자라는 것입니다. 그럴 수밖에 없는 것이 통장에 몇푼 들어올 새 없이 지출하기 바쁘니 평잔이 나오질 않습니다. 은행 담당자의 말에 의하면

❶ I개월 평잔 9억원

즉 9억÷30일＝3,000만원이므로 하루 평균 3,000만원씩 한달간 예치한 실적이 있어야 당좌수표 개설자격이 됩니다. 아니면,

❷ 3개월 평잔 5억4천만원

즉 5억4천÷90일＝600만원이므로 하루 평균 600만원씩 석달간 예치한 실적이 있어야 당좌수표 개설자격이 된다고 합니다.

그렇다고 해서 꼭 하루에 3,000만원씩 30일, 600만원씩 90일 동안 쌓아야 하는 것은 아닙니다.

♣ 9억원 평잔일 경우 ♧

하루에 I억원씩 9일 동안 예치해두면 I억×9일＝9억원이 되므로 9억원 평잔이 됩니다.

♣ 5억4천만원 평잔일 경우 ♧

하루에 6,000만원씩 9일 동안 예치해두면 6,000만원×9일＝5억4천만원이 되므로 5억4천만원 평잔이 됩니다.

이와 같이 그 기간내에 필요한 금액만큼 자금을 예치해두면 평잔 즉 예금실적이 쌓이게 되는 것입니다. 이러한

설명을 모두 들은 강사장은 평소 어음할인을 하던 사무실의 소개로 자금조성을 해주는 곳을 소개받아 평잔을 의뢰하게 되었습니다.

구비서류와 방법은 좀 복잡하다

자금조성 전문사무실을 찾아간 강사장은 평잔을 의뢰하려면 어떻게 해야 하느냐고 물었습니다. 자금조성 전문업자는 몇 가지 서류를 구비한 뒤 수수료를 먼저 내면 곧바로 평잔을 해준다고 합니다. 준비해야 할 구비서류는 일반사업자와 법인일 경우 다소의 차이가 있는 것이 꽤 까다로워 보입니다.

♣ 일반사업자의 구비서류 ♣

❶ 사업자등록증 사본

❷ 주민등록등본

❸ 인감증명서

❹ 인감도장

❺ 통장개설용 도장

❻ 주민등록증

♣ 법인사업자의 구비서류 ♣

❶ 법인 사업자등록증 원본

❷ 법인 인감증명서

❸ 법인 인감도장

❹ 법인 거래통장

❺법인대표자 주민등록등본
❻법인대표자 주민등록증
❼법인대표자 인감증명서
❽법인대표자 인감도장
❾등기부등본

대략 이와 같은 서류를 준비해오면 사채업자가 면밀히 검토하고 의뢰인과 상담한 후 약속어음 공증에 필요한 서류를 작성하고 예치금을 인출해가지 않겠다는 내용의 각서를 쓰면 평잔실적을 쌓아준다고 합니다.

일반사업자인 강사장은 이튿날 일반사업자용 서류를 구비하여 사채사무실로 찾아갔습니다. 모든 서류를 검토한 그들은 평잔실적을 쌓아주겠다고 하며 필요금액을 물었습니다. 현재 은행의 거래실적이 평잔 3억 정도가 되니 6억 정도의 예금실적을 더 쌓아야 하며 기간은 15~30일 정도를 원한다고 했지요. 그들은 6억원에 대한 수수료를 먼저 지불할 것을 요구하면서 구비서류는 모두 두고 가야 한다고 말했습니다.

강사장이 그 이유를 물어보니 그들의 설명은 이러합니다. 평잔은 잔액증명과 달리 의뢰인이 거래하는 은행에 가서 통장을 개설하여 돈을 입금시키는 만큼 만에 하나 의뢰인이 못된 마음을 품고 장난을 칠 우려가 있다고 합니다. 이러한 불상사를 대비하여 모든 서류를 맡겨둘 것과 그러

한 행동을 예방하기 위한 각서를 추가로 받는다고 하는군
요. 경우에 따라 의뢰인의 신뢰도가 낮다고 판단되면 보증
인을 요구하기도 합니다.

　잔액증명의 경우 의뢰인은 사채업자가 어느 은행에 가
서 통장을 개설하는지 전혀 알 수 없기 때문에 사채업자
입장에서 보면 이는 100 % 안전한 업종이라 할 수 있습니
다. 그러나 평잔은 의뢰인이 거래하던 은행의 기존 통장을
사용하거나 아니면 사채업자가 새로이 개설한 통장이라 할
지라도 의뢰인이 통장개설 은행을 알고 있기 때문에 그가
못된 장난을 칠 소지가 있습니다.

　그래서 사채업자들은 평잔을 의뢰받으면 여간 신중하게
다루지 않습니다. 자칫하면 한번에 뭉칫돈을 잃는 경우를
당하기 때문입니다.

유령회사의 사기수법

평잔의 사고는 가끔 사채시장에서 회자되곤 합니다. 여기
서 「당좌수표 할인」 편에서도 잠깐 이야기한 바 있는 한
가지 에피소드를 들어보겠습니다.

　유령회사의 사기수법에 관한 애기입니다. 그들은 사채시
장에 의뢰하여 법인을 설립한 후 위장거래처와 거래가 있
었던 것처럼 거래실적을 쌓는 한편 은행과도 새롭게 거래
하며 통장실적을 쌓습니다. 돈이 없는 이들이 큰 거래실적
을 쌓을 수 없음은 뻔하므로 법인설립 후 어느 정도 시일

이 지나면 사채시장을 찾아옵니다. 그들은 당좌수표를 개설하려고 하니 평잔을 쌓아달라고 부탁하지요.

이때 유령회사 사기꾼들은 두가지 유형이 있습니다. 하나는 평잔을 의뢰한 후 예금통장에 입금된 돈을 찾아 도주하는 유형이고 또 하나는 평잔을 의뢰하여 예금실적을 쌓은 후 당좌수표를 개설하고 사채시장에 나와 여기저기서 당좌수표를 할인하여 현금을 확보한 후 도주하는 유형입니다.

전자는 자금조성업자가 의뢰인을 정확히 판단하지 못하고 예금실적을 쌓아주다 큰 피해를 입습니다. 후자는 당좌수표 할인업자가 할인고객을 잘못 판단하여 할인해주다가 큰 손해를 보게 되는 것입니다. 이렇듯 당좌수표 할인뿐 아니라 평잔을 쌓아줄 때도 많은 위험이 따르는 것입니다. 저도 이러한 피해를 입은 사채업자를 가끔 보았습니다.

이런 위험이 따르기 때문에 평잔은 구비서류가 까다롭고 사채업자들은 나름대로 새로운 예방책을 강구하여 대처하고 있습니다. 여러분 가운데 평잔이 필요하여 사채사무실을 찾아가면 앞에서 설명한 서류 이외의 것을 요구하는 수가 더러 있을 것입니다. 법인사업자의 경우 구비서류가 몇가지 더 있을 수 있지만 기본적인 방법은 일반사업자와 마찬가지입니다.

단지 개인사업자일 경우 개인통장으로 입금하지만 법인사업자일 경우 법인통장을 개설하여 입금하는 것이 다를 뿐입니다.

안전도가 떨어지므로 수수료는 다소 높다

잔액증명에 비하여 안전도가 떨어지기 때문에 수수료가 더 높은 편입니다. 보통은 총 금액의 0.2~0.3%. 과거에는 0.3~0.4%였으나 요즘은 이 방법이 널리 알려져 있고 전주들도 많아 경쟁적으로 수수료를 낮추었다고 할 수 있겠습니다. 평잔을 쌓을 때 기간은 수수료와 관계가 없습니다. 며칠이 걸리든 평잔을 쌓은 총 금액에 대하여서만 수수료를 내는 것입니다.

예를 들어 5억원 평잔에 0.3%라고 하면, 5억원×0.3% = 150만원이므로 수수료는 150만원입니다.

수수료를 더 받는 경우도 있습니다. 대부분 평잔의뢰를 하면 사채업자들은 의뢰인이 모르도록 하기 위하여 비록 의뢰인의 거래은행이라 할지라도 통장을 신규로 개설하여 통장 및 통장인감을 자신들이 보관하려고 합니다. 비록 다른 통장을 개설하여 예금실적을 쌓는다 해도 거래은행에서는 의뢰인의 기존 통장과 합산하여 거래실적을 계산하기 때문입니다.

그러나 은행에 따라서는 의뢰인의 기존 통장에 계속하여 예금실적을 쌓도록 요구하는 수도 있습니다. 이러한 경우 사채업자들은 더 많은 수수료를 요구하게 됩니다.

타인의 통장에 하루 수천만원 또는 수억원을 입금시킨다고 하면 불안해 하지 않을 사람이 어디 있겠습니까? 자칫 잘못하여 의뢰인의 대출금이 연체되기라도 하면 그의 통장에서 예금이 자동으로 빠져 나갈 수도 있습니다. 물론 사전에 사채업자들이 면밀히 검토한 후 평잔실적을 쌓아주기는 하지만 그만큼 위험부담이 따르기 때문에 수수료가 비싸지는 것입니다. 이런 때는 대략 0.1% 정도의 수수료를 더 올려 받습니다.

이상의 설명을 들은 동한상사 강사장은 6억원에 대한 0.25%인 150만원을 수수료로 주고 모든 서류를 맡겼습니다. 그후 보름 동안 예금실적을 쌓은 통장으로 거래은행에서 당좌개설을 하게 되었습니다.

예금실적이 필요한 사람이 주로 이용한다

대부분의 평잔 의뢰자는 강사장과 같은 중소기업인들로 당좌수표를 개설하기 위하여 예금실적이 필요한 사람이나 일반사업자들로 가계수표를 개설하고자 하는 사람들입니다.

가계수표 개설요건은 당좌수표보다 예금실적 면에서 액수가 적은 편이긴 하나 은행의 기준요건에 부합되어야 가능한 것으로 알고 있습니다.

그리고 평잔을 의뢰하는 사람이 또 하나 있는데 사채업자들이 가장 조심해야 할 바로 사기꾼들입니다.

광고 및 대출사무실의 위치

잔고증명과 마찬가지로 신문광고란에 보면 "평잔", "잔고", "법인" 등 일일자금 광고가 눈에 띄일 것입니다. 평잔 역시 이러한 광고를 보고 문의해보면 자세히 설명해줄 것입니다. 사무실의 분포는 잔고증명과 마찬가지로 명동을 중심으로 하여 시청 앞, 강남 등지입니다.

3. 법인설립

법인을 설립할 때는 최저 5,000만원의 자본금이 있어야 합니다. 법인설립이란 바로 이 5,000만원의 자본금을 하루 동안 빌려주는 대가로 수수료를 받고 법인설립 등기를 대행해 주는 것입니다. 법인을 설립할 때 필요한 자본금을 주금(株金)이라고 하는데 주금을 대납해준다고 해서 일명 주금납입이라고도 하지요.

주금납입은 위법이므로 한때 단속대상이 되기도 했습니다. 그러한 이유로 어느 때는 신문광고에서 법인설립, 주금납입이란 광고가 자취를 감추기도 했었으나 요즈음은 다시 버젓이 광고를 내고 있습니다.

건전한 영세사업자가 자금부족으로 어쩔 수 없이 사채시장에 의뢰하여 법인설립을 하는가 하면 처음부터 사기를 목적으로 한 유령회사를 차릴려고 법인설립을 꾀하는 사기집단도 있습니다. 이럴 때마다 사채시장이 언론의 도마 위에 오르곤 하는데 이는 사채시장의 부정적인 측면만을 보도하기 때문이지요. 그렇지만 때론 긍정적인 측면도 보도되어 사채시장이 건전하게 육성되길 바라는 마음입니다.

　이렇게 부정과 긍정 사이의 양면을 오가는 사채시장에서 법인설립이란 어떤 형태로 이루어지는지 알아보기로 하겠습니다.

사채시장을 통한 법인설립은 어떻게 하는가
대학시절부터 컴퓨터광이었던 김기소씨.

　졸업하자마자 뜻이 맞는 몇몇 친구들과 함께 의기투합하여 컴퓨터 칩 개발회사를 차리기로 하였습니다. 이른바 벤처기업의 창업을 시도한 것입니다. 나름대로 비전을 갖고 시작하는 만큼 꿈에 부풀어 있었지요.

　친구들과 상의한 끝에 개인사업체보다는 후에 성장했을 때를 생각하여 법인회사로 설립하자고 의견일치를 보았습니다. 법인설립을 하기 위하여 법무사 사무실에 가서 구비해야 할 서류와 절차를 문의해보니 최저자본금 5,000만원이 필요하다고 합니다. 자금 때문에 끙끙 앓던 중 한 친구가 신문광고에서 "법인설립 상담"이란 광고를 보았노라고 해서 이곳으로 전화걸어 상담하기로 하였습니다.

　전화를 해보니 그곳은 다름아닌 사채사무실인데 소정의 서류와 수수료를 가지고 오면 처리해줄 수 있다고 합니다.

구비서류와 방법

김기소씨가 구비서류는 무엇이냐고 물으니 사채업자는 다음과 같이 설명하는군요.

❶ 정관
❷ 주주명부
❸ 주금납입 보관증명서
❹ 대표이사 도장
❺ 주금납입 의뢰서
❻ 창립총회 의사록

등을 준비하고 수수료를 지불하면 해줄 수 있으며 이러한 서류는 법무사 사무실에서 만들어준다고 합니다.

김기소씨는 이미 법무사 사무실에 들러 법인설립에 필요한 서류를 준비해둔 터라 다음날 구비서류를 가지고 사채사무실로 찾아갔습니다.

위의 구비서류 중 김기소씨가 준비하지 못한 것이 「주금납입 보관증명서」인데 사채업자들이 대신 처리해주는 부분이 바로 이것입니다. 사채업자들은 주금(자본금) 5,000만원을 은행에 납입한 후 주금납입 보관증명서를 발급받아 위의 모든 서류와 함께 법무사 사무실에 맡깁니다. 법무사가 이를 법원에 제출하면 특별한 이유가 없는 한 이틀날 법인등기가 나옵니다.

법인등기가 나오면 등기부등본과 주금납입 보관증명서를 가지고 은행에 가서 전날 맡겨둔 주금(자본금) 5,000만원을 찾고 법인설립 서류도 되돌려 받습니다.

이렇게 하여 김기소씨는 소정의 수수료를 주고 사채업
자에게 의뢰하여 법인설립을 마친 것입니다. 이때 의뢰인
들이 주금을 찾아가는 것을 방지하기 위해 사채업자는 아
예 자신이 단골로 거래하는 법무사에게 맡기도록 권유하기
도 합니다.

이것은 이처럼 하루만 자금을 빌려주고 이튿날 찾을 수
있으므로 일일자금업의 한 종류에 포함됩니다. 그러나 서
류에 하자가 있다든가 구비서류가 완벽하지 않으면 법원에
서 2~3일씩 지연되는 경우도 가끔 있습니다.

수수료는 다소 높은 편이다

같은 일일자금이라 해도 주금납입은 수수료가 조금 비싼
편입니다. 보통 하루 동안의 의뢰금액을 기준으로 하여
0.3~0.4%. 한창 비쌀 때는 0.5% 이상을 받기도 했습니
다. 최저자본금 5,000만원일 때가 위의 수준이고 주금 액
수가 많아지면 조금 내리기도 합니다. 반면 법인설립에 대
한 단속이 있을 때는 주금납입을 하지도 않으려니와 수수
료는 천정부지로 오르지요.

또 설립회사가 지방일 경우는 하루가 더 지연되기 때문
에 하루분의 수수료와 출장비까지 포함하여 받으며 서류불
비로 법원에서 2~3일 늦어질 때는 늦는 날짜만큼의 수수
료를 추가하여 받습니다.

자본금이 없는 법인설립자가 주로 의뢰한다

주금납입을 의뢰하는 사람은 짐작하는 대로 법인설립을 하는데 자본금이 없는 사람들입니다. 꼭 자본금 전액이 없어서 의뢰한다기보다 사채업자들에게 수수료를 주고 맡기는 것이 편하기 때문에 이들에게 맡기는 수도 허다합니다.

이들 외에 또 하나 빼놓을 수 없는 사람들이 유령회사를 차려 사기를 치려는 사기꾼입니다.

독자들은 간혹 신문지상이나 방송을 통하여 유령회사 사기집단에 대한 보도를 보고 들은 적이 있을 것입니다. 이 사기꾼들은 사무실을 얻어 놓은 뒤 사채업자에게 의뢰하여 몇푼 들이지 않고 법인을 설립한 다음 같은 방법으로 또 하나의 유령회사를 설립합니다. 이들은 서로 어떤 거래가 있었던 것처럼 위장거래 서류를 꾸민 후 지정은행을 개설하고 당좌개설 작업을 벌입니다.

당좌개설에 필요한 예금실적 또한 사채업자에게 수수료를 주고 의뢰하여 예금실적을 쌓은 후 은행직원에게 로비하여 당좌개설을 합니다. 이렇게 하여 이들 손에 약속어음 용지와 당좌수표 용지가 들어오면 이를 이용하여 여기저기서 할인하고 현금을 확보하던가 또는 어음이나 수표로 물품을 구입한 후 잠적하는 것입니다.

가끔 「대규모 어음사기단 적발」이라는 기사를 접한 적이 있을 겁니다. 이것은 바로 이러한 사기단의 행각을 말하는 것입니다.

법인을 설립할 때는 최저 5,000 만원의
자본금이 있어야 합니다. 그리고
법인회사의 규모가 커지게 되면
자본금을 증자해야 하는데, 이때
필요한 금액을 빌려줍니다. 「법인설립」
「주금납입」「법인증자」라고 광고하는
곳인데, 가끔 유령회사를 차려
사기치려는 집단 때문에 수수료는 다소
비싸게 받는 편입니다.

광고 및 대출사무실의 위치

잔액증명, 평잔과 마찬가지로 신문광고에 "법인설립" 또는
"주금납입"이라고 광고합니다. 간혹 광고문구 중에 "회사
설립에 관하여 상담해줍니다"라고 실리는데 이는 주금납
입 고객을 확보하기 위한 광고인 것입니다.

사무실은 잔액증명, 평잔과 함께 취급하는 경우가 많고
명동, 시청 앞, 강남 중심지 등에 자리하고 있습니다.

4. 법인증자

법인증자는 법인설립에서 파생된 상품으로 법인설립 때와
크게 다를 것이 없습니다. 일단 법인을 설립하여 회사를
운영하다가 몇년이 지나 회사 규모가 커지게 되면 자본금
을 증자해야 하는데 이 증자해야 할 자본금을 법인증자라

고 하는 것입니다.

이때 증자해야 할 자본금이 부족하여 사채시장에 의뢰하면 이를 대납해주고 일정 수수료를 받는데 이것 또한 일일자금의 한 방법입니다.

법인설립 때는 최저자본금 5,000만원이지만 법인증자는 자본금 규모가 커지는 만큼 법인설립에 비하여 자금의 크기가 큰 것이 다르다고 하겠습니다. 법인증자는 사채시장에서 어떻게 하는지 알아볼까요.

사채시장을 통한 법인증자는 어떻게 하는가

벤처기업 창립 1년 만에 급성장하여 매출신장율이 100%가 된 김기소씨는 자본금 규모를 1억원으로 증자해야 할 입장입니다. 그러나 막상 1억원이라는 현금이 없습니다.

회사설립 당시 주금납입을 의뢰했던 사채사무실로 전화해보니 다행히 아직도 그 자리에서 영업을 계속하고 있었습니다. 법인증자를 해야 할 이유를 설명하고 이를 부탁하니 흔쾌히 수락하며 다음의 서류를 준비하라고 합니다.

구비서류와 절차

법인증자할 때의 구비서류는 법인설립 때와 별로 다르지 않아서 다음과 같습니다.

❶ 정관
❷ 주주명부

❸주금납입 보관증명서

❹대표이사 도장

❺주금납입 의뢰서

❻이사회 의사록

❼법인 사업자등록증 사본

등이 필요한데 이 역시 법무사 사무실에 가면 모두 준비해
줍니다.

단지 사채사무실에서는 법인설립 때처럼 은행에 가서 1
억원의 주금납입을 하고 주금납입 보관증명서를 받은 다음
위의 서류와 함께 법무사에게 맡깁니다.

이튿날 등기가 떨어지면 등기부등본과 주금납입 보관증
명서를 가지고 은행에 가서 주금(증자금) 1억원을 찾은
후 모든 서류를 되돌려 받습니다.

이렇게 해서 김기소씨는 소정의 수수료를 내고 법인증
자를 마치게 되었습니다.

수수료는 법인설립과 같은 수준이다

주금납입과 같은 맥락에서 이루어지므로 수수료도 주금납
입과 같이 의뢰금액의 0.3~0.4%. 이 또한 서류준비의
미비로 인해 등기가 늦어질 때에는 늦은 날짜만큼 하루에
0.3~0.4%의 수수료를 더 받게 됩니다.

5. 선말소

낱말을 그대로 풀이해보면 먼저 말소를 한다는 뜻입니다. 말소란 용어는 부동산을 담보로 근저당 설정을 하고 대출 받은 후 대출금을 모두 변제하고 근저당 설정한 것을 지우는 것을 말소라고 합니다. 일반적으로 잘 이용하지 않기 때문에 생소하겠지만 한번 알아보도록 하겠습니다.

수년 전 담보대출이 성행하고 은행에서도 대출이 활발하던 시절에는 이 방법을 많이 이용하였으나 요즘 제도권 대출도 어렵고 사채 담보대출도 별로 없어 선말소를 찾는 경우가 뜸하지만 간혹 업자들간에 선말소를 찾는 전화가 오가곤 합니다. 이 역시 하루 만에 자금을 회수하는 방법이기에 일일자금업의 한 종류에 속합니다.

등기부등본상의 근저당 설정을 말소할 때 이용한다
건축업자 김사장.

연립주택 1동 6가구를 지었으나 분양은 빨리 안되고 은행대출도 늦어지는 바람에 자금이 급하여 사채업자에게 1억원을 대출하였습니다. 그후 계속 은행을 찾아다니며 사정한 지 한달 만에 은행에서 대출을 해주겠다고 합니다.

대출 신청금액은 2억원으로 이를 대출받으면 사채 1억원을 우선 갚고 연립주택이 모두 분양될 때까지 요긴하게 경비로 쓸 수 있을 것 같습니다. 은행대출에 필요한 모든 서류는 이미 제출했는데 은행에서 연락이 왔습니다.

김사장이 은행의 융자담당을 찾아가니 문제가 있다는 것입니다. 깜짝 놀란 김사장에게 대출해주기 위해서는 사채업자에게 근저당 설정되어 있는 1억원을 말소하여 등기부등본상의 기록이 남아 있지 않아야 한다는 것입니다. 즉 어디서 빌리든 1억원의 사채를 갚고 등기부등본상에 근저당 설정된 것을 지우라는 것입니다.

1억원도 급하여 높은 이자와 수수료를 감수하며 사채를 얻었는데 어디서 또 1억원을 빌린단 말입니까. 답답한 김사장은 혹시나 하여 1억원을 빌렸던 사채사무실에 전화하여 전후 사정을 이야기하고 어떤 방법이 없겠느냐고 물었습니다. 사채업자가 간단히 해결할 수 있는 방법을 가르쳐 주는군요.

선말소는 어떻게 하는가

먼저 사채업자가 해당은행의 담당을 만나 김사장이 대출한 1억원에 대한 근저당 설정을 말소해주면 틀림없이 김사장에게 2억원의 대출이 가능한지를 확인해야 한다고 합니다.

만에 하나 1억원에 대한 근저당을 말소한 후 은행에서 대출해주지 않으면 그들은 다시 근저당 설정을 해야 하는 번거로움이 있으므로 은행 담당직원으로부터 책임있는 답변을 들어야만 해줄 수 있다는 것입니다.

그리고 이에 대한 수수료는 선불이라고 합니다.

이미 은행은 모든 절차가 다 이루어져 1억원을 말소만 하면 곧바로 기표를 하여 다음날 2억원을 대출받을 수 있게 해놓은 터라 김사장은 사채업자를 대동하고 은행 담당직원을 찾아갔습니다. 은행직원과 상담을 마친 사채업자는 이튿날 근저당 말소에 필요한 서류를 준비하여 은행으로 갔습니다.

김사장과 사채업자는 은행직원 앞에서 법무사 사무실 직원을 불러 1억원에 대한 근저당 설정을 말소한 후 은행 대출 서류에 기표하고 다음날 대출금이 나오면 그 자리에서 변제받을 것을 은행직원에게 다짐받고 돌아왔답니다.

이때 사채업자는 만일을 대비한 서류를 김사장으로부터 받았습니다. 물론 수수료도 선불로 받았지요. 이튿날 김사장과 사채업자는 은행에서 만나 김사장이 2억원을 대출받는 자리에서 1억원을 주고받았습니다.

이렇듯 선말소는 은행직원과 상담하여 사전협조가 이루어져야 가능한 분야입니다. 그러나 대부분 제도권 금융기관의 직원들은 만에 하나 일이 잘못될 경우 책임을 추궁당하는 일이 발생할까 염려되어 적극 협조하지 않는 편입니다.

또한 금융기관에서는 혼자가 아닌 여러 사람의 결재를 거쳐 이루어지는 만큼 간혹 2~3일씩 늦어지는 수도 있기 때문에 선말소를 할 때 사채업자들은 매우 신중하게 행동하고 이에 대한 대비책도 마련합니다.

구비서류

이미 설정된 것을 말소하는 만큼 만일 잘못되면 다시 설정해야 하므로 근저당 설정에 필요한 모든 서류까지 준비해야 합니다. 일이 잘 되어 해결되면 이 서류는 모두 찢어버리면 그만이기 때문입니다.

수수료는 보통 하루에 1%이다

처음에 수수료를 물어본 김사장은 깜짝 놀랐습니다. 빌리는 금액에 대하여 대개 하루에 I%라고 합니다. 그것도 오전과 오후로 나누어서 자금을 활용해야 하기 때문에 오후 4시 이후에 대출금을 받게 되면 하루치를 더 가산해야 합니다. I억원이면 수수료는 IOO만원입니다. 긴급교환자금과 같은 수준이지요. 사채업자의 말은 워낙 위험부담이 크기 때문에 그렇다고 합니다.

만일 2〜3일씩 지연될 경우 지연된 날짜만큼 하루에 I%씩 더 내야 합니다. 김사장은 담보대출 때의 안면을 내세우며 사정하여 0.8%인 80만원을 주고 선말소를 하였습니다. 다행히 이튿날 오후 2시경 자금이 나와서 모든 문제를 해결하였지요.

김사장의 금융비용을 보면 최초 사채업자에게 담보대출할 때 약 I5%인 I,500만원의 수수료를 물었고 이번엔 선말소하느라 수수료 80만원. 모두 사채로 인한 금융비용만 한달에 I,580만원이 든 셈입니다. 사채가 얼마나 무서

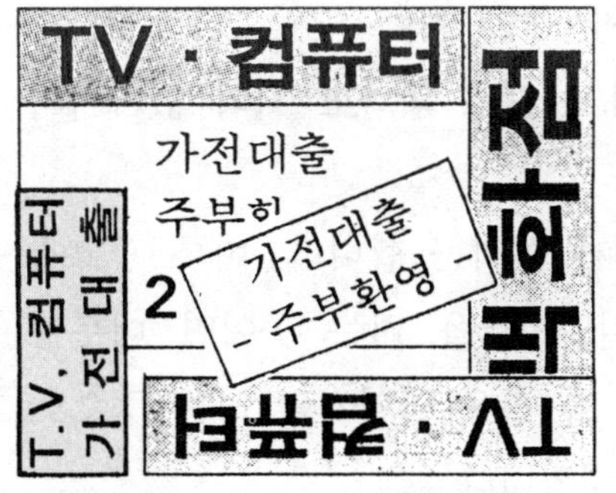

「가전대출」은 요즈음 새롭게 시작된
사채대출의 분야입니다. TV 나 컴퓨터
등을 월부로 구입하여 바로
사채사무실로 가면, 그 가전제품을
정가의 60 % 에 팔 수 있습니다.
자동차의 방법과 비슷한데, 액수가 적기
때문인지 주로 젊은이들이 이용한다고
합니다.

운지 새삼 느끼게 되었습니다.

근저당을 말소하고 신규대출 받으려는 사람이 이용한다

선말소를 의뢰하는 사람은 김사장과 같이 기존에 설정되어
있는 근저당 설정을 말소하고 새로이 대출을 받으려는 사
람들입니다. 금융기관끼리의 대출은 금융기관간에 전화통
화를 한다든가 사전협조 요청으로 굳이 선말소 비용을 부
담하지 않아도 처리되기도 합니다.

그러나 사채로 설정되어 있을 경우는 금융기관에서 사
전에 말소할 것을 요구합니다. 이럴 때 할 수 없이 찾는
곳이 사채사무실입니다. 그래서 사채는 필요악이라고 말들
을 하지요.

광고 및 대출사무실의 위치

1990년대 초 부동산 담보대출이 호황이던 시절에는 선말
소 의뢰가 꽤 많았습니다. 불과 2~3년 전만 해도 신문의

금융광고란에 선말소 광고가 제법 눈에 띄었으나 IMF로 금융권 대출이 힘들게 되자 선말소 의뢰도 거의 없다시피 되었습니다.

간혹 일일자금 광고에 함께 실리곤 합니다. 비록 광고에 실리지는 않는다 하여도 일일자금을 하는 곳이면 대부분 취급합니다. 선말소를 해야 할 경우 일일자금 하는 곳으로 문의하면 자세히 상담해줄 것입니다.

사무실의 위치는 잔고, 평잔, 법인설립과 같은 사무실에서 취급하므로 명동, 시청 앞, 강남 중심지 등에 자리하고 있습니다.

6. 당좌대월

한때는 일일자금업 중에서 비중이 꽤 큰 분야였습니다. 당좌수표를 사용하는 기업이면 거의 다 필수적으로 쓰다시피 하는 당좌대월이란 당좌수표를 개설한 기업이 거래은행에 일정한 담보를 제공하면 담보 범위내에서 약정금액을 대출해주는 제도입니다. 약정된 날짜에 약정된 금액을 모두 입금시키면 그 다음날부터 다시 대출을 일으켜 또다시 약정기일까지 자금을 활용할 수 있는 제도이지요.

이를 일컬어 「당좌대월을 막는다」라고 하며 반대개념으로는 「당좌대월을 일으킨다」라고 합니다.

좀더 쉽게 설명하자면 요즘 은행에서 많이 취급하는 마이너스 통장과 같은 것입니다. 마이너스 통장은 보통 기간이 I년이어서 만기일에 일단 대출금을 갚으면 다시 I년간 마이너스 통장을 쓸 수 있듯이 당좌대월 역시 약정일에 대월금을 변제하면 다음날부터 다시 다음 약정일까지 대월금을 쓸 수 있게 됩니다.

과거에는 모든 기업의 대월기간이 I개월이었으므로 한 달에 한번씩은 의레 사채시장에 의뢰하여 당좌대월을 막곤 했습니다. 그러던 것이 중소기업의 자금활용을 위하여 대기업은 대월기간 I개월, 중소기업은 3개월로 연장되어 중소사업자들의 숨통을 다소나마 트이게 하더니 지금은 중소기업의 대월 약정기간이 6개월로 연장되어 영세사업자들이 대월 공포에서 많이 벗어난 셈입니다.

반면 사채시장은 I개월에 한번씩 찾아오던 대월 손님이 3개월에 한번, 다시 6개월에 한번 찾아옴으로써 그만큼 고객이 줄어들었습니다. 그래도 자금사정이 어려운 중소기업에서 6개월에 한번씩 돌아오는 당좌대월을 급히 막아야 할 경우 사채시장에서 어떻게 자금을 구할 수 있는지 방법을 알아보도록 하지요.

당좌대월은 왜 쓰는가

동한상사 강사장은 거래처가 늘어나고 영업이 활발해졌지만 그래도 가장 절실한 것은 자금이었습니다. 어음과 당좌를 개설하여 거래처에 현금 대신 결제수단으로 활용하고 있지만 그래도 현금이 부족하여 거래은행과 협의한 끝에 당좌대월을 일으켰습니다.

그간의 거래실적과 영업실적을 참작하여 1억원이라는 대월을 일으킬 수 있었습니다. 될 수 있는 한 어음결제를 하며 지급일자를 길게 잡아 자금활용을 극대화하는 한편 절실하게 현금이 필요할 경우에만 대월을 이용하곤 했는데 6개월이 왜 그리 빠른지 내일이면 대월 약정일이랍니다.

현재 준비해 놓은 현금은 5,000만원뿐인데 내일까지 5,000만원을 더 준비할 일이 까마득합니다. 모기업에서 결제받을 날은 아직 멀었고 여기저기 알만한 곳에 전화해 봐도 자금 구하기란 하늘의 별따기입니다. 그렇다고 대월을 막기 위하여 긴급자금을 쓸 수도 없어서 마지막으로 찾은 곳이 사채사무실이었습니다.

강사장은 지난번 당좌수표의 개설을 위해 평잔을 부탁했던 사채사무실로 전화하여 당좌대월을 막아달라고 부탁하니 이젠 제법 단골손님 대접을 하며 흔쾌히 수락하였습니다. 사채업자는 강사장이 5,000만원이 필요하다고 하니 5,000만원짜리 당좌수표를 끊어서 오라고 합니다.

당좌대월은 어떻게 이용하는가

강사장은 5,000만원짜리 당좌수표를 가지고 사채사무실로 찾아갔습니다. 사채업자는 강사장의 당좌개설 은행인 S 은행 퇴계로지점으로 전화하여 대월담당에게 오늘 1억원을 입금시키면 내일 다시 1억원의 대월이 틀림없이 일어나는가를 확인한 후 대월을 막아주겠다고 합니다.

강사장이 보는 앞에서 은행으로 전화한 사채업자는 오늘 입금시키면 내일 틀림없이 대월이 일어난다는 사실을 확인한 후 당좌수표 5,000만원짜리와 수수료를 받고 5,000만원을 은행에 입금시켰습니다. 물론 강사장이 준비한 5,000만원도 함께 입금시켰습니다. 다음날 아침 사채업자는 5,000만원짜리 당좌수표를 은행의 창구에 제시하고 현금 5,000만원을 찾아왔습니다.

이렇게 당좌대월도 필요금액을 빌려주고 하루 만에 찾아오기 때문에 일일자금이라고 합니다. 당좌대월은 잔고, 평잔과 달리 다음날 통장에서 인출하는 게 아니라 당좌수표를 가지고 가서 현금으로 바꾸어 오는 만큼 위험도가 큽니다. 그래서 친분이 있는 기업체가 아니면 섣불리 해주지 않습니다.

수수료는 의뢰금에 따라 유동적이다

당좌대월 수수료는 대략 의뢰금액의 0.2~0.3%. 그러나 의뢰금액의 크기에 따라 다소 유동적입니다. 기업에 따라 적게는 1,000만원대부터 많게는 수십억원대까지 이르기 때문에 상황에 따라 달라집니다. 대기업은 한번에 몇십억원을 의뢰하는 경우도 있습니다.

큰 금액을 다루는 만큼 당좌대월 역시 자칫하면 사채업자가 큰 손해를 보는 수도 있기 때문에 항상 신중히 다루며 은행에 확인하는 과정을 철저히 거칩니다.

하루 동안의 대월을 막기 위해 의뢰한다

당좌대월을 개설한 기업인이면 거의 한번쯤 의뢰했을 것입니다. 대기업 같은 경우 대월한도가 수십억원이 되는 곳도 있는데 하루 대월을 막기 위한 수십억원을 준비하지 못하면 사채시장에 의뢰하게 마련입니다.

구비서류는 별로 없다

당좌대월은 구비서류라고 할 것이 없습니다. 의뢰금액과 같은 액수의 당좌수표를 끊어오면 됩니다. 사채업자가 모든 내용을 은행으로 확인한 후 하자가 없다고 판단되면 의뢰금액을 입금하고 이튿날 의뢰자에게 받은 당좌수표를 가지고 해당은행에 가서 현금으로 찾아오면 그만입니다.

광 고

잔고, 평잔, 법인 등과 함께 "대월"이라고 광고합니다. 일일자금을 취급하는 사무실이면 모두 함께 취급합니다. 과거 한달에 한번씩 대월을 막아야 했을 때는 대월 고객이 많았으므로 대월 광고도 많았으나 지금은 많이 줄어든 편입니다.

「마이너스 통장」과 같은 개념으로 당좌수표를 사용하는 기업에서 이용하는 것이 당좌대월입니다. 이것은 중소기업뿐 아니라 대기업에서도 많이 활용하는 분야이지요. 큰 금액을 다루는 업종이므로 사채업자는 해당은행에 반드시 확인하는 등 신중하게 처리하고 있습니다.

사무실의 위치는 잔고, 평잔 등과 마찬가지입니다.

7. 계수자금

금융기관이나 기업에서 월말, 연말 또는 특정일에 일정액의 자금을 맞추어야 할 경우, 또는 신임 은행지점장이 부임하면 일시적으로 수신고를 올려주기 위하여 하루 동안 입금시켜주는 자금을 말합니다. 이럴 때 필요자금을 사채시장에 의뢰하면 소정의 수수료를 받고 입금해줍니다.

비교적 안전성이 높기 때문에 사채업자들이 선호하는 일일자금 운용방법 중의 하나입니다. 연말 같은 때는 시중자금이 바닥 날 정도로 자금수요가 많아 미리 일주일 내지 열흘 전에 예약을 해야 할 정도이며 그나마 금리도 하늘 높은 줄 모르고 치솟습니다.

일선 은행지점장들이 가장 신경 쓰는 부분 중의 하나가 수신경쟁. 수신고가 부족할 때는 심지어 사채시장에 의뢰

해서라도 수신금액을 올리려 합니다. 이때 필요로 하는 것
이 바로 계수자금입니다. 계수자금이 필요할 때 사채시장
에서 어떻게 구하는지 알아보기로 하겠습니다.

계수자금은 대리예금이 필요할 때 이용한다

동한상사 강사장이 거래하던 S 은행 퇴계로지점의 홍지점
장이 이번에 명동지점장으로 전보발령을 받았습니다. 그동
안의 탁월한 영업능력을 인정받아 A급 점포라 불리는 명
동지점장으로 발령이 난 것입니다.

강사장에게는 개인적으로 당좌개설과 당좌대월 개설 그
리고 어음할인 계정까지 개설해주는 등 기업활동을 활발히
할 수 있도록 많은 도움을 준 사람입니다. 영전인사로 화
분을 보내는 것은 통상적인 것이고 무언가 인사치레를 해
야겠는데 A급 은행지점장에게 최고의 선물은 무엇보다 수
신고를 올려주는 것이란 생각이 들었습니다.

그렇다고 정기예금 하나 넉넉하게 들어줄 형편이 되지
않는 강사장은 하는 수 없이 사채사무실에 부탁할 수밖에
없었습니다. 이젠 단골이 된 사채사무실에 전화하여 상담
하니 예금을 하나 들어주라는 것입니다. 강사장은 그 말을
듣고 1억원 대리예금을 부탁하니 사채업자는 흔쾌히 수락
하고 다음과 같이 말하였습니다.

구비서류와 방법

이것은 잔고증명 서류만 떼지 않을 뿐 잔고증명과 똑같은 방법이므로 은행지점명, 인감증명서, 신분증, 도장을 맡기고 수수료만 선불해주면 된다고 합니다. 그리고 소정양식의 각서만 한장 써달라고 합니다. 신분증과 도장만 주면 그들이 해당지점에 가서 통장개설을 하여 1억원을 예치시킨 후 이튿날 곧바로 인출해 간다는 것입니다.

결국 신임지점장에 대한 인사치례성 예금이므로 입금 후 하루 만에 찾아가는 것이지요.

사실 명동, 소공동, 서소문 등 A급지점에 지점장이 새로 부임하면 인사성 예금으로 하루 만에 수신고가 평소의 10배 이상 달하는 경우가 있다고 합니다. 이는 수완 있는 은행지점장들이 자기의 능력을 과시하는 하나의 수단이기도 합니다.

강사장은 신분증과 도장을 맡기고 수수료를 낸 후 이튿날 신분증과 도장을 다시 찾아왔습니다.

법인기업체에서 세무관계상 장부의 금액을 맞추기 위하여 의뢰할 경우에도 방법은 위와 같지만 구비서류는 법인 사업자등록증과 대표이사 인감, 대표자 인감증명서 등을 필요로 합니다.

수수료는 얼마인가

계수자금은 잔고증명과 방법이 비슷하고 안전도도 높아 수

수료도 같은 수준입니다. 대개 0.1~0.2%. 그러나 의뢰금
액에 따라 유동적이며 연말 같은 경우는 1%까지 오르기
도 합니다.

인사성 예금의뢰나 장부상 계수 맞출 때 이용한다

계수자금을 이용하는 경우는 크게 나누어 두가지가 있습니
다. 첫째는 신임지점장에 대한 인사성 예금을 의뢰할 때이
고, 둘째는 기업에서 장부상 계수를 맞추어야 할 경우.

이러한 계수자금도 경기가 활발하고 은행거래가 원활할
때는 의뢰가 많으나 요즘같이 은행의 긴축운영으로 거래가
부진할 때는 의뢰도 별로 없는 편입니다.

광고 및 대출사무실의 위치

잔고, 평잔, 대월과 함께 일일자금 광고에 실리며 자금조
성을 하는 사무실에서 같이 취급합니다. 사무실의 위치 역
시 잔고, 평잔과 대동소이합니다.

8. 대리매입(조성)

위에 열거한 7가지 방법은 모두 일일자금을 이용하여 은행에 입금하고 하루 만에 사채업자에게 되돌려주는 방법이지만 은행에 입금하지 않고 하루 만에 처리하는 일일자금업의 분야가 있습니다. CD, 개발신탁, 표지어음 등을 대리매입 해주거나 정기예금을 대신 들어주는 것이 바로 그것입니다. 흔히 이렇게 대리매입 해주는 것을 일컬어 조성해준다고 합니다.

조성이란 결국 은행측에서 볼 때 꺾기성(구속성) 자금예치를 위한 것입니다. 은행에서 대출받고자 하는 일반인이나 기업인으로서는 대출받기 위하여 은행에서 요구하는 조건을 들어줄 수밖에 없을 것입니다. 이렇게 조성을 해주고라도 은행대출을 받지 않으면 안될 경우 어떻게 사채시장을 이용할 수 있을지 알아보도록 하지요.

꺾기성 자금예치가 필요할 때 이용한다
남편과 사별하고 두 자녀를 키우며 이삿짐센터를 운영하고 있는 현정희씨.

워낙 억척이라 장정 다섯 명의 직원을 거느리고 그 힘든 이삿짐센터를 운영하고 있습니다. 평소 성실하게 일을 한 덕분에 기업체 단골도 제법 생겨 비수기에도 다른 이삿짐센터와 달리 단골손님이 꽤 있는 편입니다.

그러다보니 운송차량도 대형화해야겠고 새로운 장비도 필요하여 I억원 정도의 자금을 투자해야 할 것 같습니다.

곰곰이 생각한 끝에 현정희씨는 거래은행을 찾아갔습니다. 사정을 이야기하고 집을 담보로 하여 I억원 대출을 요청하였습니다. 모든 것을 검토한 은행직원은 사정을 충분히 이해하겠고, 서류와 담보로 볼 때 충분한 대출대상이 되지만 문제는 지점 자체에 여신여력이 없다고 했습니다. 기존의 대출금을 오히려 회수해야 할 상황이므로 신규대출이 여간 어렵지 않다는 것입니다.

현정희씨는 그래도 어떻게 방법이 없을까 통사정을 하니 담당직원의 말이 정히 그렇다면 자금조성을 해달라고 합니다. 금시초문인 현정희씨는 그게 무슨 말이냐고 물었지요.

그는 자신이 근무하는 이 은행의 이 지점에 자금을 유치해 달라는 것입니다. 대출을 받으려는 사람에게 오히려 자금을 유치해 달라니 기가 막힌 현정희씨는 담당직원에게 다그쳐 물었습니다. 그는 빙그레 웃으며 CD를 I억원어치 사주든지 개발신탁을 사주든지 아니면 정기예금을 들어달라는 것입니다. 그리고 그 방법은 현정희씨가 알아서 처리하라고 했습니다.

조성에 대하여 전혀 문외한인 현정희씨는 친지에게 상담하였습니다. 사채시장에 의뢰하면 간단히 해결된다는 말을 듣고 신문광고에 난 사채사무실로 전화를 하였지요.

  2. 사채시장에서 여러가지 돈 빌리기

조성은 어떻게 하는가

현정희씨는 사채사무실로 전화하여 그간의 사정을 이야기하고 조성을 의뢰하니 사채업자는 어느 은행인지 지점명과 차금(수수료)만 가지고 오면 곧바로 해줄 수 있다고 합니다. 차금을 준비하여 금방 사채사무실을 찾아간 현정희씨는 사채업자에게 자세히 물어보았습니다.

그들의 대답은 간단했습니다. 자신들이 해당 은행에 가서 CD나 개발신탁을 매입하거나 정기예금을 들어주기만 하면 된다는 것입니다. 단, 담당직원에게 현정희씨의 의뢰로 매입한다는 것을 밝혀주어야겠지요. 얘기를 듣고보니 현정희씨는 별거 아니로구나라고 생각되며 저으기 안심되었습니다.

조성의 수수료는 차금이라고 한다

위에 열거한 일일자금업에선 모두 수수료라고 하지만 대리매입의 경우엔 차금(差金)이라고 합니다. 즉 차이나는 금액이라는 뜻이지요. 이 차금은 계산하는 공식이 어렵습니다. 그리고 CD나 개발신탁의 그때그때 발행금리와 유통수익율에 따라 달라지기 때문에 일정치가 않습니다.

차금을 계산할 때의 기준금리는 대개 A급 어음금리에 해당한다고 할 수 있기 때문입니다. 여기서 말하는 차금이란 금융기관에서 받는 금리와 사채시장에서 받을 수 있는 금리의 차이를 말하는 것입니다.

앞에 열거했듯이 사채시장에서 받을 수 있는 금리는 업종에 따라 2%, 3%, 4%…… 다양합니다. 사채시장에서 받을 수 있는 최저금리는 A급 어음할인 금리로서 금융기관에서 받는 금리와 A급 어음할인 금리의 차이를 차금으로 보충해 주어야만 CD건 개발신탁이건 정기예금이건 간에 조성을 해주는 것입니다.

현정희씨가 S 은행에서 1억원을 대출받으려 하는데 그 은행에서 3개월짜리 정기예금 1억원을 들어달라고 했다면 예를 들어볼까요. 요즘 은행수신 금리가 연 18%로 꽤 높은 편입니다. 월로 환산하면 월 1.5%가 됩니다. 시중 사채금리의 지표인 A급 어음할인 금리는 월 1.6%로 은행금리보다 0.1% 높습니다.

1억원으로 A급 어음 3개월짜리를 할인하면

1억원×1.6%×90일(3개월)/30일(1개월)=480만원

즉 3개월 동안 480만원의 이자수입을 올릴 수 있습니다.

그러나 1억원으로 정기예금 3개월짜리를 들면 1억원×1.5%×3개월=450만원이 되지만 소득세 22%를 공제하면 450만원-(450만원×22%)=351만원이 됩니다.

그러므로 사채시장에서 최저금리로 받을 수 있는 이자수입은 480만원인데 금융기관 정기예금으로 받을 수 있는 이자수입은 351만원이므로 차액은 480만원-351만원=129만원이 됩니다.

 2. 사채시장에서 여러가지 돈 빌리기

바로 이 금액이 차이나는 액수, 즉 차금이므로 이 금액
만큼 사채업자에게 지불하면 사채업자들은 지정하는 은행
에 가서 지정하는 상품을 들어주든가 아니면 CD나 개발
신탁 또는 표지어음 등을 대리매입 해주는 것입니다.

이러한 설명을 들은 현정희씨는 상품별 차금을 비교해
보았습니다. 정기예금은 차금이 많이 들고 개발신탁 역시
만기가 2~3년이라 차금이 비쌀 수밖에 없고 CD는 30~
270일로 단기상품이라 위의 두 상품보다 차금이 적게 들
었습니다. 그래서 그녀는 거래은행에서 90일짜리 CD를
매입해줄 것을 의뢰하였습니다.

조성의뢰는 누가 하는가

조성의뢰는 대부분 금융기관에서 대출받기 위한 사람들이
금융기관의 요청에 의해 사채시장에 부탁합니다. 간혹 가
계수표나 당좌수표를 개설할 때 예금실적이 모자라면 평잔
외에 정기예금 등으로 실적을 요구하기도 하는데 이때 정
기예금을 의뢰하는 경우도 있습니다.

위에서는 1억원을 예로 들었지만 실제로 조성을 의뢰할
때는 단위가 커져서 수십억원 이상 100억원대를 웃돌기도
합니다. 이때는 차금만 몇천만원 이상 1억원이 넘습니다.

1992년 상업은행 명동지점에서 발생했던 자금조성 사건
을 기억하는 분들은 100억원 이상의 CD를 매입했던 것
으로 보아 자금조성 규모가 얼마나 엄청난지 짐작할 수 있

을 것입니다.

때로는 CD를 매입할 때 발행금리보다 유통금리가 훨씬 높아 역마진이 생기는 경우가 발생합니다. 이럴 땐 차금없이 CD매입을 의뢰할 수 있습니다.

조성의 종류는 어떤 것이 있는가

조성을 의뢰할 때 이용되는 상품은 CD, 개발신탁, 표지어음, 정기예금, 가계금전신탁, 기업금전신탁 등이 있습니다. CD나 개발신탁, 표지어음은 증서로 되어 있어 금융기관에서 대리매입하고 당일에 다른 금융기관이나 사채시장에 되팔 수 있기 때문에 일일자금이라 해도 은행에 입금하지 않고 하루 만에 활용할 수 있는 자금입니다.

그러나 정기예금성 상품에 대리가입 해주는 것은 자금조성에 해당되지만 일일자금이라고 할 수는 없습니다.

4 중개업 쪽에서 돈 빌리는 법

중개업은 제도권 금융기관(은행, 금고, 보험회사)에 대출을 알선하고 그 대가로 수수료를 받는 것이므로 사채업은 아닙니다. 금융대출 중개업자들도 스스로 자신들은 사채업자가 아니라고 강조합니다. 광고에도 "절대 사채 아님"하고 그것을 부각시킵니다.

하지만 이들이 금융기관의 대출을 알선·성사시키기 위해서는 사채자금이 동원될 수밖에 없기 때문에 사채와 같은 맥락에서 다루고자 합니다. 금융대출을 소개해주는 중개업자들은 대략 세가지 유형으로 분류될 수 있습니다.

첫째 고위층을 통한 대출요청, 둘째 전직 금융기관 출신의 대출요청, 셋째 금융기관에 거액을 조성한 후 대출요청을 하는 등 방법이 조금씩 다른 것이지요.

첫째의 경우는 간혹 언론에 발표되는 문제의 사건으로, 대출금액이 수십억원 이상되는 거액이며 고위층과 대기업간의 로비에 의해서 이루어집니다.

둘째는 전직 금융기관 출신으로 은행의 지점장이나 신용금고 지점장을 지낸 사람들이 현직에 있는 인맥을 통하여 대출을 의뢰하는 경우이지요.

셋째는 평소 일선 금융기관과 빈번한 거래로 밀접한 유대를 맺고, 때론 거액의 자금을 조성해주기도 하면서 필요하면 대출을 의뢰하는 것입니다. 보통 신문에 "은행대출 안내" "사업자 대출" "사채 절대 아님" 등의 광고를 내면서 중개업을 하는 사람들은 위의 유형 중 세번째에 해당되는 업자라고 할 수 있습니다.

평상시에 이들은 특정한 은행지점 몇곳에 큰 자금을 예치하여 수신고를 높여줍니다. 대신 은행측에 일정자격을 갖춘 특정의 일반인이나 사업자에게 신용대출을 해주라고 청탁합니다. 이를 성사시킨 대가로 의뢰인으로부터 수수료를 받고 그 수수료 중 일부를 은행의 담당직원에게 건네줍니다. 어떻게 보면 합법적입니다.

법과 제도에 크게 어긋날 일은 없으나 사채와 달리 이런 신용대출은 원만히 회수되지 않으면 은행의 부실채권으로 남게 되는 것입니다. 사채가 잘못되면 개인재산에 손해를 입히지만 금융대출은 담당직원 개인의 손해가 아니라 금융기관 자체의 부실채권으로 처리되는 것이지요. 때문에 담당직원이 이들(중개업자)에게 동조하여 대출을 해주는 것입니다.

그렇다면 일반인이나 영세사업자도 은행에 가서 당연히 신용대출을 받을 수 있어야 하는데 현실은 그렇지가 않습니다. 여전히 은행 문턱은 높기만 한 것입니다. 그렇기 때문에 금융기관과 선이 닿지 않는 일반인이나 영세사업자들은 할 수 없이 높은 수수료를 부담해가며 중개업자를 찾을 수밖에 없는 실정이지요.

이렇게 어쩔 수 없이 중개업자를 찾아서 신용대출을 할 경우 어떻게 해야 하는지, 그리고 어떤 종류의 대출이 있는지 알아보도록 하겠습니다.

1. 은행, 금고의 대출알선

1990년대 초 금융기관 대출알선은 한창 기승을 부렸습니다. 수억원에서 수십억원 이상의 자금을 조성해주며 대출을 부탁하곤 하였지요. 또 일부 은행이나 신용금고에서는 여신여력이 있으면서도 없는 것마냥 가장하여 대출신청인에게 자금조성을 요구하여 조성비용을 받고 대출을 해주는 등 편법을 이용하였습니다. 이때 각 신문의 금융광고란에는 금융기관 대출알선 광고가 꽤 큰 비중을 차지하였습니다.

그러나 1990년대 중반에는 시중자금이 풍부하여 대기업에서도 자금이 남아돌자 금융기관에서 대출세일에 나서는 기현상이 일어났습니다. 이 기간 동안 "금융기관 대출알선"이란 문구는 금융광고란에서 사라졌지요.

그러나 상황은 다시 반전되어 1997년 12월부터는 IMF 구제금융시대로 접어들어 모든 금융기관의 대출이 어려워졌습니다. 이 틈을 노려 금융대출 중개업자들은 그들 특유의 노하우를 발휘하며 중개업을 다시 시작하였습니다. "사업자 신용대출" "무보증 무담보" 등으로 광고하는 사업자 대출과 상장회사 직원, 교사, 공무원 등 일반인에게 신용대출을 알선해주는 "은행, 금고, 대출알선"이란 무엇인지 알아보도록 하지요.

은행, 금고의 대출알선은 어떻게 이루어지는가
자동차 내부용 팬시상품을 전국에 공급하는 고사장.

자동차산업의 내수증가로 한때는 호황기를 맞아 짭짤한 재미를 보기도 했지만 IMF로 인해 중고차도 팔리지 않는 요즘 자동차 팬시상품의 경기는 바닥을 헤매고 있습니다. 가까스로 새로운 아이템을 찾았는데 공급에 따르는 필요자금은 5,000만원 정도이나 워낙 마진이 적어 사채를 빌려서는 이자충당 하기도 어렵고 어떻게든 제도금융권에서 융자를 받아야겠는데 담보로 제공할 만한 부동산이 없습니다.

금융기관과 특별한 유대가 없는 고사장이 은행에 가서 사업자 신용대출을 물어봤으나 그들은 코방귀도 안뀝니다. 축 처진 어깨로 돌아온 고사장은 혹시 무슨 방법이 없을까

하고 신문의 금융광고란을 찾아보았습니다. 그러자 금방 "사업자 은행대출"이란 광고가 눈에 띕니다. 바로 전화하여 물어보니 담보나 보증없이 사업체만 확실하면 가능하다고 합니다.

구비서류와 방법

그들은 고사장에게 몇가지를 물었습니다.

제조업체인지 도소매업체인지의 여부와 법인사업자, 일반사업자의 여부 그리고 지난해 매출실적 등을 물어본 후, 아래의 서류를 준비하여 오라고 합니다.

♣ 일반사업자 ♧

❶ 사업자등록증 사본
❷ 부가세 과세표준 증명원
❸ 재무제표 증명원
❹ 납세완납 증명원
❺ 인감증명서
❻ 주민등록등본

♣ 법인사업자 ♧

❶ 법인 등기부등본
❷ 법인 인감증명서
❸ 정관
❹ 이사회 의사록

❺ 주주명부

❻ 개시용 대차대조표

❼ 주식이동 상황명세서

등의 서류를 준비해오면 이를 검토한 후 거래은행에 의뢰하여 자금조성 등 일정 요건을 갖춘 후 대출받도록 해준다는 것입니다.

이때 중요한 것은 대출 신청인 당사자와 그의 아내가 은행 거래상 하자가 없어야 하는 것입니다. 한 사람이라도 신용불량으로 되어 있으면 결격사유가 되기 때문입니다.

또 한가지 중요한 것은 매출실적입니다. 대개 매출실적의 1/3 정도가 대출가능한 금액으로 보면 됩니다. 5,000만원을 대출받으려면 전년도 매출실적이 1억 5천만원 정도는 돼야 하는 것입니다.

대출이자는 저리이지만 수수료는 비싸다

이자는 금융기관 대출금리이므로 대출상품에 따라 다소 차이가 있지만 이들이 중개해주는 상품은 대략 연 14~18%까지이며 상환기간은 최장 5년까지 가능합니다. 금리만 보면 사채와 비교도 안될 만큼 저리입니다.

그러나 문제는 수수료입니다. 일반적으로 금융기관에서 담보대출을 받을 때 인사치레로 대출금의 2~3% 정도 커미션을 주는 게 상례입니다. 담보대출의 경우 중개인은 의뢰인으로부터 4~5% 정도를 받아 은행측에 인사하고

1~2% 정도의 수수료를 챙기는 것이지요.

그러나 신용대출은 일반인이나 일반사업자들이 여간해서 직접 대출받기 어렵기 때문에 그만큼 수수료가 높아집니다. 대개 25~30%를 부르는데 5,000만원을 대출받을 경우 최고 1,500만원을 수수료로 떼어줘야 합니다.

영세사업자로서는 여간 안타까운 일이 아닙니다. 25~30%를 받은 중개업자들은 다시 은행직원들에게 4~5% 정도의 인사치레를 합니다.

때로 실정을 잘 모르는 영세사업자에게 중간 브로커들은 30% 이상을 부르기도 합니다.

고사장은 어쩔 수 없는 입장이라 살을 에는 아픔을 감수하며 25%인 1,250만원을 주고 5,000만원을 신용대출 받았습니다.

IMF시대를 맞아 정부에서는 중소기업의 자금난을 해소하기 위하여 금융기관의 신용대출을 적극 권장하고 있습니다. 그러나 실상 신용대출은 극히 어렵고, 은행에서는 담보제공만 요구하고 있습니다.

이를 눈치챈 일부 중개업자들은 금융기관의 신용대출을 알선하며 사채보다 금리가 싸다는 이유로 30%에 달하는 높은 수수료를 받고 있는 것입니다.

대출의뢰는 누가 하는가

일반 신용대출 의뢰자는 주로 상장회사 직원, 공무원, 정

제도권금융의 대출이 어려운 요즈음
「사업자 신용대출」「무보증 무담보」
「절대 사채아님」「은행, 금고
대출알선」등의 광고를 하는
대출중개업의 활약이 눈부십니다.
대출이자가 저리인 대신에 수수료는
무척 비쌉니다. 사정을 잘 모르는
사람에게는 엄청난 수수료를 부르기도
하지요.

부투자기관 직원, 교사, 군인, 의사, 회계사, 건축사 등입
니다. 사업자 신용대출 의뢰는 정상적인 사업체를 운영하
는 사람으로 매출실적(세무신고 실적)이 최저 1억원 이
상인 제조업체 사업자 또는 도소매업자면 대출대상이 됩
니다.

대출금액의 크기와 대출기간은 다양하다

일반인은 몇백만원 단위부터이지만 사업자일 경우 매출실
적에 따라 다른데 3,000만∼3억원까지 가능하고 기간도
5년까지 가능합니다.

광고 및 대출사무실의 위치

한때 사라졌던 광고가 요즘 들어 "사업자 신용대출" 하면
서 제법 넓은 면적을 차지하고 있습니다. 사무실은 을지로
2가와 강남 등에 자리잡고 있습니다.

2. 보험회사 대출알선

보험회사 역시 금융기관이므로 은행, 금고의 대출알선과 크게 다를 것이 없습니다. 보험계약을 우선하는 회사이므로 은행, 금고보다는 조건이 조금 덜 까다로운 편입니다. 보험회사에서 취급하는 대출은 은행, 신용금고와 마찬가지로

  ❶ 부동산 담보대출
  ❷ 사업자 신용대출
  ❸ 일반인 신용대출

등이 있습니다.

위 세가지 경우 부동산 담보대출은 부동산을 담보로 하기 때문에 별문제가 없지만 사업자이든 일반인이든 신용대출이 문제입니다. 신용평가를 잘못하면 대출금 회수가 어렵기 때문입니다. 그래서 보험회사 역시 은행, 신용금고와 같이 자격요건을 까다롭게 하기는 마찬가지입니다.

이러한 보험회사 대출알선은 어떻게 하는지 알아보도록 할까요?

보험대출은 어떻게 이루어지는가

위에 말한 세가지 대출 가운데 부동산 담보대출은 여타 금융기관과 마찬가지로 별문제될 게 없으므로 생략하고 신용대출에 대하여 알아보겠습니다.

♣ 사업자 신용대출 ♧

은행 신용대출과 마찬가지로 일반 사업자로서 제조업자인
지 도소매업자인지의 여부와 매출실적이 어느 정도인지 먼
저 확인합니다. 대출대상이 되면 구비서류를 말해 줍니다.

♣ 일반인 신용대출 ♧

일반 직장인은 해당이 되지 않고, 공무원, 교사, 군인, 상장
회사 직원, 의사, 건축사 등 안정된 직장인이어야 합니다.

구비서류와 방법

앞에서 알아본 「은행, 금고의 대출알선」 편과 다를 바가
거의 없습니다. 제2금융권이라 금리에 다소 차이가 있을
뿐이지요.

♣ 일반사업자 신용대출 ♧

　❶ 사업자등록증 사본
　❷ 부과세 과세표준 증명원
　❸ 재무제표 증명원
　❹ 납세완납 증명원
　❺ 주민등록등본

♣ 법인사업자 신용대출 ♧

　❶ 법인 등기부등본
　❷ 법인 인감증명서

❸ 정관

❹ 이사회 의사록

❺ 주주명부

❻ 개시용 대차대조표

❼ 주식이동 상황명세서

등의 서류를 제출하면 보험회사에 의뢰하여 이것을 검토하고 자격요건이 갖추어졌다고 판단되면 대출해줍니다.

♣ 직장인 신용대출 ♣

❶ 재직증명서

❷ 의료보험카드

❸ 급여명세서

❹ 주민등록등본

❺ 주민등록증

등의 서류를 가지고 가면 직장을 확인하고 월급여가 얼마인지 등을 알아본 후 보험회사에 의뢰해 자격요건이 갖추어졌다고 판단되면 대출해줍니다. 보험대출은 보험계약자에 한해 대출해줄 수 있기 때문에 어떤 상품이건 보험계약을 해야 합니다. 이때의 보험액은 대출액의 1% 이상이어야 합니다.

은행보다 금리가 높으므로 수수료는 적게 받는다

보험회사의 대출금리는 연 18~20% 정도입니다. 대출기간은 최장 5년까지도 가능합니다. 은행의 신용대출과 달라 수수료를 많이 받지 않습니다. 또 은행은 금리가 싼 반면 보험회사는 은행에 비하여 금리가 높으므로 상대적으로 수수료를 적게 받는 점도 있습니다. 보통 5~8% 선입니다.

그러나 이것은 보험회사를 이용할 줄 모르는 사람들을 대상으로 하는 중개업입니다. 그리고 보험회사의 입장에서는 보험약정고를 올리기 위한 한 수단이므로 일반인이나 영세사업자들은 중개업자를 통하지 않고 직접 보험회사에 찾아가서 알아보는 것도 한 방법입니다. 보험회사 문턱은 은행보다 훨씬 낮기 때문입니다.

대출의뢰는 누가 하는가

은행의 신용대출 의뢰자와 거의 동일하나 다른 점은 보험회사를 이용할 줄 모르는 순진한 사람들이 의뢰합니다. 금융비용을 최소화하려는 의지가 있다면 직접 보험회사를 찾아보라고 권유합니다.

대출금액의 크기는 다양하다

대출금액의 규모 또한 은행권과 별다른 차이가 없습니다. 직장인 신용대출은 몇백만원부터이고 사업자 신용대출은 3,000만~3억원입니다.

광 고

신문의 금융광고란을 보면 간혹 한두 군데 광고가 보입니

다. 필요한 사람들은 전화하여 물어보면 상세히 설명해줄
것입니다.

3. 신용카드 발급알선

신용카드의 발급알선이나 가계수표, 당좌수표의 개설알선
은 사채시장에서 돈을 빌리기 위한 방법이 아니고, 자격이
없는자에게 편법을 사용하여 발급케 하는 위법행위이므로
굳이 이 책에서 다뤄야 할 필요는 없습니다. 그러나 이것
때문에 피해를 입는 사람이 가끔 있습니다.

　또 이렇게 발급받은 대다수의 사람은 임기응변으로 자
금을 융통하기 위한 수단으로 이용하고는 급기야 신용불량
자로 낙인 찍히거나 부도를 내어 부도사범으로 몰리기도
합니다. 이러한 예를 수차례 보아온 저로서는 더이상의 불
행이 일어나지 않도록 미연에 방지하는 예방적 차원에서
이것을 다루고 싶습니다.

　신용카드 발급은 한때 은행간에 회원확보가 경쟁적으로
이루어져 대학생을 비롯하여 웬만큼 은행거래를 하면 신용
카드 발급을 적극 권유할 정도로 성행했습니다. 그 결과
전국적인 신용카드 연체료가 수천억원에 이르고 말았습니
다. 이렇게 유행하다시피 하는 신용카드마저도 발급자격이
안되어 신청하지 못하는 사람들을 대상으로 "신용카드 발

급알선"이란 광고를 내며 고객을 찾는 알선업자들이 있습니다.

발급알선은 어떻게 이루어지는가
남대문시장 Y상가에서 수년째 숙녀복을 취급하는 미자엄마.

나름대로의 연륜을 토대로 이런저런 디자인의 숙녀복을 만들어 봤지만 제대로 히트 한번 치지 못하고 제자리 걸음만 계속하고 있습니다. 점원으로 있던 젊은 아가씨들이 하나둘 점포를 얻어 독립하며 신세대 감각의 옷을 만들어 내는데 비하여 미자엄마의 패션감각은 점차 뒤떨어져 가는 것 같습니다.

그러다보니 점포운영은 점점 어려워지고 처음 시작할 때의 자본금은 거의 다 바닥이 나고 여기저기 일수를 얻어 원단구입을 해야 하는 지경에 이르렀습니다. 옷을 만드는 하청공장에서 옷을 찾아오려면 현금없이는 되지 않으므로 하는 수 없이 급전이라고 하는 달러돈까지 내서 찾아오는 형편입니다.

형편이 이러하니 하루에 옷 몇벌 팔아봐야 일수 찍고 급전이자 주고 하면 남는 게 없습니다. 그나마 여기저기서 일수 얻고 급전 빌리고 하다보니 이젠 시장의 돈쟁이들마저 외면합니다. 더이상 돈을 융통할 곳이 없습니다. 단돈 일이백만원이라도 구해야 하는데 그 길마저 없습니다.

그래도 들은 풍월이 있어 신용카드가 있으면 카드깡을 해서 이삼백만원 정도는 조달할 수 있을 것 같습니다. 외상이면 소도 잡는다고 하는데 신용카드만 있으면 일단 쓰고 보겠단 심산입니다.

이미 이렇게 쓴 사람이 시장 안에 여러 명 있다는 말도 들었습니다. 다급해진 미자엄마도 신용카드를 만들려고 물어물어 알선업자를 찾았습니다. 사정 이야기를 하고 신용카드를 발급받을 수 있도록 주선해 달라고 부탁하였습니다.

단기간에 예금실적을 쌓아 발급받게 한다

우선 4~5년 전 신용카드 발급이 한창이던 시절의 발급요건을 보면 다음과 같습니다.

❶ 거래기간 3개월 이상, 예금평잔 20만원 이상된 자
❷ 거래기간 1개월 이상, 예금평잔 100만원 이상된 자
❸ 재산세를 납부하는 자
❹ 사업자등록증을 소지한 자
❺ 자동차를 소유한 자
❻ 공과금 자동이체를 하는 자
❼ 타사 카드를 소지한 자

이상과 같이 웬만큼만 은행거래를 하면 은행통장에 「BC카드 발급대상자」 하고 찍혀 나오며 카드발급을 권유하곤 했습니다. 그러니 이러한 요령을 잘 알고 있는 카드

발급 알선업자들은 몇몇 은행과 거래를 하며 자금조성을 해주는 등 수신고를 올려주며 의뢰인 이름으로 통장을 개설합니다. 단기간에 예금실적을 쌓아 자격요건을 갖춰서 1주일이면 신용카드를 발급받게 해주는 것입니다.

요즘도 길에서 보면 모 카드사에서 신용카드 발급신청을 하면 호출기까지 선물로 주면서까지 신용카드 신청을 권유하고 있습니다. 물론 지금은 과거와 달리 소득이 없는 사람에게는 발급을 해주지 않는 등 자격요건이 많이 달라졌습니다.

미자엄마는 주민등록증과 통장개설용 도장, 그리고 주민등록등본을 신용카드 알선업자에게 맡기고 소정의 수수료를 건넨 후 1주일 만에 신용카드를 발급받게 되었지요.

그러나 미자엄마의 현재 처지가 어떠합니까? 신용카드를 발급받자마자 카드깡 사무실을 찾아가 일반(일시불) 및 할부 사용한도를 몽땅 할인하여 300여만원의 자금을 만들었습니다. 모두 점포 운영자금으로 썼으나 밑빠진 독에 물붓기일 뿐 영업은 호전되지 않고 금융기관에서 카드대금 연체료를 독촉받는 대상이 되고 말았지요.

결국 일시적인 자금조달 수단으로 이용하고자 신용카드를 발급받은 사람들에게 발생하는 문제였던 거지요. 카드발급 수수료가 그리 많지는 않지만 웬만하면 발급받을 수 있는 신용카드를 수수료까지 물어가면서 발급받으려 할 때에는 의뢰인들에게 문제가 있지 않나 생각됩니다. 지금은

과거와 달리 카드발급 요건이 많이 까다로워졌고 카드발급
알선업자도 그리 흔치 않은 편입니다.

카드사의 매출신장과 거래의 편의를 위하여 만들어진
신용카드로 인하여 개인의 금융신용에 불명예스런 일을 당
하지 않아야겠습니다.

수수료는 40~50만원 정도이다

수수료는 대개 40~50만원 정도인데 카드사와 카드종류에
따라 달라집니다.

이러한 행위는 위법이므로 알선업자들은 수수료라고 하
지 않습니다. 그들은 건강식품 판매업체 또는 시계 판매업
체 등을 운운하며 신용카드를 발급받으면 그것으로 자신의
상품을 40~50만원어치 사달라고 합니다. 하지만 그 상품
은 2~3만원짜리에 불과합니다.

카드발급 자격미달자들이 주로 의뢰한다

카드발급 의뢰인은 앞의 요건에도 해당되지 않는 미자격자
들로 대부분 신용카드를 발급받으면 곧바로 카드깡을 하여
현금화하려는 사람들입니다. 개중에는 정상적으로 이용하
려는 사람들도 일부 있지만 제가 주변에서 본 사람들은 대
부분 카드를 발급받으면 곧바로 카드깡으로 현금을 만든
뒤 대금결제는 아예 생각지도 않는 악성 채무자들입니다.

앞에서 예를 든 남대문시장의 상인인 미자엄마는 제가

꾸며낸 이야기가 아니라 실제로 제가 남대문시장에서 사채업을 할 때 겪은 체험담을 소개한 것입니다.

4. 가계수표 발급알선

신용카드 발급알선과 거의 같은 맥락에서 이루어지지만 금액면이나 구비서류 등에서 다릅니다. 신용카드와는 금액면에서 큰 차이가 납니다. 직장인의 경우 장당 발행한도가 100만원이지만 발급매수 20장이면 2,000만원까지 자금활용이 가능하지요. 사업자의 경우, 장당 발행한도 500만원씩 발급해서 20장이면 1억원까지 자금활용이 가능하므로 결코 적은 액수가 아닙니다.

그래서 몇 백만원의 수수료를 내면서 가계수표 개설을 부탁하는 것이며, 이렇게 가계수표를 필요로 하는 사람들이 있을 것으로 예상하고 알선업자들은 고객에게 손짓하는 것입니다. 과연 가계수표 개설은 어떤 사람이 의뢰하며 방법은 어떤지 알아볼까요?

가계수표 발급알선은 어떻게 의뢰하는가

IMF 한파로 가라앉은 시중경기는 연일 기업의 부도를 터뜨리는 바람에 남대문시장과 동대문시장은 물론 명동 일대의 패션업계까지 침체의 늪에 빠져 있습니다. 이러한 불경기의 여파로 남대문시장 Y상가 미자엄마는 이제 빚더미에 앉게 되었습니다.

　한 TV프로그램에서는 시장에서 악명높은 악덕 사채업자의 횡포를 고발하는 내용의 방송을 하며 하루에 「투 달러(하루 이자가 2%)」 이상의 고리를 챙기며 돈을 주지 않을 경우 폭력배까지 동원한다고 했습니다.

　하지만 이제 빚더미에 올라앉은 미자엄마는 「투 달러」도 얻을 수 없는 형편입니다. 어디서 단돈 십원 한장 융통할 수 없는 입장이지요. 새벽 2～3시부터 시장바닥에 나와 오후 2～3시까지 버티며 보통사람과 뒤바뀐 생활을 한 지 수년이 지나도록 남은 건 빚뿐이라니 눈앞이 캄캄합니다.

　시장의 상인부부는 대부분 남자는 원단구입이나 하청공장에 다니는 일을 할 뿐, 장사는 여자가 새벽부터 설쳐대며 하는 게 보통입니다. 그렇다고 시장을 떠나면 어디 가서 무엇을 해야 할지 아무런 계획도 서 있지 않은 미자엄마는 최후의 자금마련 방법을 강구하기에 이르렀습니다.

　가계수표 개설을 의뢰하려는 것입니다. 시장에서 가계수표깡을 전문으로 하는 사채업자에게 물어보니 잘 아는 사람이 있다며 소개해주었습니다. 소개를 받은 미자엄마는 가계수표 개설요건에 관해 물어보았습니다.

구비서류와 방법

우선 몇가지의 구비서류를 준비하라고 합니다.

❶ 재산세 과세증명서

❷ 사업자등록증 사본

❸ 주민등록등본

❹ 주민등록증

❺ 도장(거래통장용)

❻ 거래통장

❼ 인감증명서

❽ 신용카드

등의 서류를 준비해야 하고 수수료를 먼저 내야 하는데 돈
이 없을 테니 100만원 정도만 먼저 준비하고 후에 가계수
표가 나오면 그때 가계수표로 내도 된다고 합니다. 지금
당장 100만원도 구할 수 없는 미자엄마는 가계수표가 나
오면 수수료를 더 주는 조건으로 선금없이 해달라고 부탁
하였습니다.

이를 받아들인 알선업자는 준비한 서류를 가지고 자신
의 지정 거래은행에 의뢰하여 가계수표 개설요건에 필요한
예금실적을 충분히 쌓았습니다. 약 2주일 만에 미자엄마
와 함께 거래은행에 가서 가계수표 책 1권(20장)을 받아
왔습니다.

이렇게 알선업자는 평소 지정 거래은행에 많은 자금을
예치해주며 수신고를 높여주는 대가로 가계수표 발급을 의
뢰하여 일을 성사시킨 후 소정의 수수료를 받는 것입니다.
물론 이때 은행의 담당직원들에게도 인사성 수수료를 건네

주는 것은 불문가지입니다.

또한 사업자등록을 한 지 6개월~1년밖에 안되는 업체
는 장당 발행한도가 100만원밖에 안되며 개설기간이 1년
이상 되어야만 300~500만원짜리 가계수표를 개설할 수
있습니다.

100만원짜리 가계수표는 빠르면 2~3일내에 가능하고,
300만원짜리 가계수표는 빠르면 10일 정도, 500만원짜리
가계수표는 빠르면 15~20일 정도 걸립니다.

수수료는 선불이다

가계수표 발급알선 수수료는 결코 적은 금액이 아닙니다.
통상 350~700만원 선입니다. 처음 의뢰할 때 100~300
만원 정도를 선금으로 주어야 일을 시작합니다. 나머지 수
수료는 가계수표를 발급받은 후 가계수표를 할인하여 주든
가 아니면 가계수표로 직접 수수료 대신 건네줍니다.

이때 기간은 7~10일짜리로 끊어주기도 합니다. 알선업
자는 이 가계수표를 다른 곳에서 할인하여 현금화하던가
아니면 다른 거래처에 활용하여 처리합니다. 대개 수수료
중 1/3은 현금으로 받고 나머지 2/3는 가계수표로 받는
데 업자에 따라 다릅니다.

수수료는 100만원짜리일 경우 350만원, 300만원짜리일
경우 500만원, 500만원짜리일 경우 700만원 정도의 수준
입니다.

가계수표 발급자격이 없는 사람의 자금융통수단이다

미자엄마와 같이 가계수표 발급자격이 없는 사람들이 더 이상 자금을 융통할 방법이 없을 때 최후의 수단으로 찾습니다. 영세사업자들이 자금결제 수단으로 가계수표를 주로 이용하지만 가계수표로 물건구입할 때만 생각하지 말고 결제일이 돌아와 결제대금 준비할 때의 숨막히는 순간을 반드시 기억하길 바랍니다. 결제대금 막느라 전화통을 붙잡고 여기저기 사정하고 이리저리 뛰어다니며 돈을 구하려는 모습을 저는 수없이 많이 보아왔습니다.

미자엄마의 뒷 이야기를 더 들어보도록 하지요. 7년 대한에 단비가 쏟아지듯, 용이 비를 만난 듯, 자금고갈로 허덕이던 미자엄마의 손에 가계수표가 들어오자 조자룡이 헌칼 쓰듯 마구 써댑니다.

처음 할인할 때는 시장에 있는 사채업자들이 싸게 할인해주었습니다. 가계수표를 받자마자 곧 부도를 내리라고는 생각지 않았기 때문입니다. 그래서 처음엔 월 4~5%에 할인을 주었습니다. 허나 문제는 시장경기였습니다. 시장경기가 좋고 한두가지 상품만 히트해도 시장 안에서 일어서는 건 잠깐인데 그렇지가 못한 거지요. 잠깐 사이 결제해야 할 가계수표가 한장, 두장 돌아왔습니다.

물건구입하느라 몇장 끊어주고 공장결제하느라 몇장 할인하여 현금화하다보니 남은 건 5~6장뿐. 수중에 현금은 하나도 없고 이제부턴 가계수표를 할인하여 가계수표 결제대금을 막아야 할 판입니다. 이렇게 해서 겨우 고비를 넘기고 다시 은행에 가서 가계수표를 타왔으나 들어오기 바쁘게 다시 나갑니다. 그러나 이런 낌새를 눈치챈 사채업자들은 서서히 미자엄마를 기피하기 시작합니다.

급하게 돈을 찾으면 이자가 올라가는 법. 4~5％이던 할인료가 한달 만에 IO％로 껑충 뜁니다. 그나마도 잘 해주려 하지 않습니다. 나중엔 가계수표를 맡기고도 하루에 원 달러(I％) 투 달러(2％)까지 올라갑니다. 지난번 어떤 TV에서 방영한 내용 그대로가 재연된 것이지요.

결국 미자엄마는 부도를 냈습니다. 수년 동안 생활터전으로 살아왔던 시장에 나타나지 못하고 한동안 피신하며 지냈습니다. 가계수표 소지자들과 원만한 합의가 이루어지지 못해 마지막에는 옥고를 치르고 나오는 굴욕을 당해야 했습니다.

이처럼 거래상의 편의를 위하여 만들어진 가계수표를 잘못 활용함으로써 한 사람이 파산으로 치닫는 결과를 초래하기도 합니다.

직장인 가계수표 발급알선

전체적인 방법은 앞서 설명한 사업자 가계수표 발급의 뢰 경우와 거의 같습니다. 단지 구비서류에서 차이가 있습니다.

❶ 소속 직장의 법인 사업자등록증 사본

❷재직증명서

❸주민등록등본

❹주민등록증

❺도장

등을 가지고 가면 알선업자들이 소정의 수수료를 받은 후 만들어줍니다. 방법은 사업자의 경우와 마찬가지로 의뢰인 이름으로 예금실적을 충분히 쌓는 등 발급자격요건을 갖춘 후 발급받도록 합니다.

이때 사업자와 달라서 직장인이라고 무조건 되지는 않습니다. 일정자격을 갖춘 직장인인데 한두가지 자격이 부족할 때만 해줄 수 있는 것입니다. 수수료는 직장인 가계수표의 경우 장당 발행한도가 100만원이므로 사업자 가계수표 발급알선 때와 차이가 있습니다. 수수료는 보통 300~350만원 정도입니다.

광 고

4~5년 전만 해도 "가계수표·당좌수표 발급알선" 광고는 꽤 있는 편이었으나 발급알선이 불법이므로 기관에서 단속을 하자 한동안 뜸했습니다. 그러나 여전히 한두군데 사무실에서 광고하며 고객을 기다리고 있습니다.

5. 당좌수표 발급알선

「가계수표, 당좌수표 할인」 편에서 설명한 것처럼 가계수표는 장당 발행한도가 정해져 있고 당좌수표는 장당 발행한도가 없을 뿐 모든 법규정을 똑같이 적용받고 있기 때문에 발급을 알선하는 과정도 거의 같습니다. 단지 차이가 있다면 수수료입니다.

이미 「가계수표 발급알선」 편에서 설명한 내용의 전부가 당좌수표에도 그대로 적용되므로 간략히 설명하겠습니다.

구비서류와 방법

당좌수표는 가계수표와 달리 어느 정도 규모가 되는 사업체를 대상으로 발행해주기 때문에 발급알선업자들도 자격요건을 얼마간 검토한 후 가부를 결정합니다. 구비서류는

❶ 사업자등록증 원본
❷ 재무제표
❸ 부가세 공급원
❹ 재산세 과세증명서
❺ 주민등록등본
❻ 거래통장
❼ 도장
❽ 주민등록증

등입니다. 알선업자들은 이 서류를 보고 어느 정도 발급자

격 요건이 될 수 있는가를 검토하고 아예 힘든 것은 거절하고 꽤 가능성이 있는 것만 골라 수락합니다.

기본요건만 갖추어져 있으면 은행에서 가장 필요로 하는 것은 예금실적이므로 알선업자들은 당좌개설에 필요한 평잔을 충분히 쌓은 뒤 당좌수표를 발급받도록 해줍니다. 그런데 문제는 수수료인 것입니다.

수수료와 광고

당좌수표 발급알선 수수료는 가계수표의 배가 넘습니다. 대개 1,200~2,000만원 정도까지 합니다. 가계수표야 발행금액이 정해져 있지만 당좌수표는 발행금액에 제한이 없으므로 당좌수표를 발급받기만 하면 얼마든지 자금을 활용할 수 있기 때문입니다.

이 역시 처음 의뢰할 때 400~500만원 정도의 착수금을 주어야 하고 모든 게 성사되면 나머지 금액을 주어야 하는데 대부분 현금이 없으므로 당좌수표로 대신하기도 합니다. 수수료가 최고 2,000만원까지라고 했는데 그 이유는 자격요건이 충분치 않을 경우 이에 소요되는 경비가 추가로 계산되기 때문에 최고 2,000만원까지 받기도 하는 것입니다.

광고는 "가계수표 발급알선"과 같이 신문광고를 주로 이용합니다.

사업자금 융통수단이다

영세사업자들로 당좌수표 발급 자격요건이 되지 않는 사람
들이 의뢰를 해옵니다. 은행에 별다른 거래실적도 없고 다
른 자격요건도 부족하여 은행에 찾아가봐야 거절당하는게
뻔한 사람들이지요.

　무엇보다 미자엄마와 같이 최후의 자금 융통수단으로
당좌수표 발급을 의뢰하는 사람들이 문제입니다. 가계수표
나 당좌수표를 발급받은 후 이를 남용하여 결국 불행한 사
태에 이르게 된 사람들을 많이 보아온 저로서는 저으기 염
려되지 않을 수 없습니다.

　가계수표나 당좌수표가 있으면 사업하는데 있어 매우
편리하게 사용할 수 있을 것 같지만 꼭 그렇지만도 않습니
다. 더욱이 IMF 이후 신문지상에 보도되는 것을 보면 날
마다 사상 최고의 부도율 기록경신을 한다는 기사뿐입니
다. 하루에 부도기업이 전국적으로 I00개가 넘는 날이 한
두번이 아닙니다. 이 부도기업 공시는 가계수표 당좌수표
부도를 모두 포함한 숫자로 얼마나 많은 기업들이 부도의
공포 속에서 마음 졸이고 있는지 상상하기 어렵지 않을 것
입니다.

5 기타, 또다른 돈 빌리는 법

지금까지 살펴본 대출방법은 저의 경험을 토대로 네가지로 분류한 사채업에 속한 것을 대상으로 하여 자금 활용방법을 설명한 것입니다. 이외에도 사채시장의 한 부분을 차지하고 있으며 자금활용할 수 있는 몇몇의 방법이 있기에 소개하고자 합니다.

1. 상품권

요즘 들어 상품권의 매입 매출이 매우 성행하고 있습니다. 한동안 규제해왔던 상품권 발행의 규제가 풀리자 고삐풀린 망아지처럼 백화점을 비롯하여 유명 토탈패션 브랜드, 구두점 등이 다투어 발행을 시작했습니다. 자사의 판촉과 매출신장을 위하여 발행된 상품권이 이제는 유가증권화되어 하청업체에 현금이나 어음을 대신하는 지불수단이 되었는가 하면 사채시장에서 할인하여 통용되는 사채상품이 되어버린 것입니다. 이 상품권이 사채시장에서 어떻게 활용되고 있는지 살펴보겠습니다.

상품권 할인은 어떻게 이루어지는가

사채시장에서 활용되는 상품권은 크게 두가지로 나누어 볼 수 있습니다.

❶ 유명업체에서 상품권을 발행하여 하청업체에 결제대금으로 주는 경우입니다.

❷ 백화점 상품권을 신용카드로 구입하고 이를 할인하여 현금화하는 경우가 있습니다.

첫째는 상품권 발행업체에서 하청업체를 상대로 편법 지불수단으로 상품권을 주면 하청업체들은 이를 현금화하기 위하여 사채시장에서 할인해 갑니다.

주로 설날, 추석, 크리스마스 등 상품권 이용이 활발한 명절 때 많이 나돌게 됩니다.

이때 할인금액은 상품권 액면금액의 20~25% 까지 하며 다시 중간상을 거치면 3~5% 정도의 마진이 붙어서 일반소비자들이 구입할 땐 15~20% 할인된 가격으로 구입할 수 있습니다. 상품권의 할인율은 발행회사에 따라 3~5% 정도 차이가 납니다.

둘째는 이미 「신용카드 할인」편에서 설명한 바 있습니

다. 신용카드 소지자들이 백화점에 가서 신용카드로 상품권(선불카드 : 일명 PP카드)을 사오면 카드할인 사무실에서 17~18%의 수수료를 제하고 상품권을 구입해 주는 것입니다.

결제대금과 자금조달 목적으로 상품권을 할인한다

토탈패션 등 유명업체에서 발행하는 상품권을 결제대금으로 받은 하청업자들이 그것을 사채시장으로 가지고 나와 할인해 갑니다. 또 일부는 발행회사 자체에서 자금조달을 목적으로 상품권을 발행하여 사채시장에서 할인한다고도 합니다.

이렇게 대량으로 할인하여 구입한 상품권은 중간업자를 통하여 다시 소매점으로 뿌려지게 되는데 이 소매점은 다름아닌 시내 요소요소에 있는 구두닦이 업소들입니다. 또 백화점에서 신용카드로 상품권을 구입한 사람들은 신용카드깡 사무실이나 구두닦이 업소에 의뢰하여 할인을 합니다.

2. 어음 · 당좌 빌려줌

요즘 들어 신문광고에 "어음 · 당좌 빌려줌"이란 광고가 부쩍 눈에 띄게 늘었습니다. 사채시장의 경기동향을 알아볼

수 있는 광고입니다. 그만큼 부도기업이 많고 시중 자금 구
하기가 얼마나 어려운가를 대변하는 광고라 하겠습니다.

거래처로부터 결제대금 독촉에 시달리는 업체들이 맨입
으로 날짜를 연기해 달라고 해야 막무가내입니다. 그런가
하면 당장 원자재를 구입해야 하는데 빈손을 내밀며 자재
를 달라고 할 수도 없는 입장입니다. 이럴 때 어느 누구에
게서 어음이라도 빌릴 수 있다면 하고 간절히 바라는 게
영세업자들의 심정입니다.

그들은 가계수표나 당좌수표를 개설할 자격요건이 되지
못하고 현금은 없고 모기업으로부터 받은 어음도 없습니
다. 당장 원자재 구입은 해야 하는데 손에 쥔 건 아무것도
없을 때 이들을 유혹하는 게 어음·당좌 빌려준다는 달콤
한 광고입니다. 그렇다면 이는 영세사업자를 위한 구제금
융인지 아니면 지옥금융인지 알아보도록 하지요.

어음·당좌를 빌리는 방법

어음이나 당좌를 빌리는 것은 결국 돈을 주고 사는 것입니
다. 수년 전 한동안 딱지어음이라는 게 유행병처럼 번진
적이 있었습니다. 이 역시 딱지어음과 비슷한 성질의 어음
이지만 딱지어음은 이미 부도난 회사의 어음을 매입하여
재사용하는 것이지만 요즘 광고에 나오는 어음은 아직은
부도가 나지 않은 어음이나 당좌입니다.

그러나 D데이가 정해져 있는 어음입니다. 약 3개월 후

면 부도가 나기로 되어 있는 것입니다.

그래서 이 어음을 빌리는 경우는 다음과 같습니다.

첫째는 이 어음을 이용하여 원자재를 구입한 후 상품을 완성하여 판매 혹은 모기업에 납품하고 D데이(부도일) 이전에 결제하려는 선의의 이용객입니다.

둘째는 결제대금을 촉구하는 거래처에 일단 입막음으로 어음을 주어 D데이(부도일)까지 날짜를 연장하려는 선의의 이용객입니다.

셋째는 이 어음이나 당좌를 할인하여 현금화하던가 아니면 물품구입 후 도주하려는 사기성 있는 이용객 등으로 구분할 수 있습니다.

이외에도 어음·당좌를 쓸 수 있는 용도는 얼마든지 다양하게 있지만 이는 결국 당사자가 쓰기 나름입니다. 어떻게 쓰는가에 따라 구제금융이 되기도 하고 지옥금융이 될 수도 있는 것입니다. 당장 자금이 급하다고 섣불리 어음·당좌를 빌리는 행위는 자제하라고 권하고 싶습니다.

대여료는 얼마인가

어음·당좌를 빌려준다고 하지만 실상은 판다고 해야 옳을 것입니다. 빌린다면 다시 돌려줘야 하는데 이 어음은 결국 어느 시점에서 부도가 나므로 돌려주고 말고 할 게 없습니다.

어음가격은 액면금액 4,000만원까지는 보통 180만원이

고, 액면금액이 1,000만원 오를 때마다 약 10만원씩 오릅
니다.

당좌가격은 액면금액 4,000만원까지 대개 200만원 정
도입니다.

그러나 업자에 따라 액면금액을 계시하지 않고 백지로
팔기도 합니다. 이러할 경우 그 가격은 유동적입니다.

찾는 사람은 누구인가

어음·당좌를 빌려가는 사람들은 앞에 설명한 세가지 유
형의 사람들 외에도 다양한 형태의 사람들이 있습니다. 어
느 용도에 쓰여지는지 일일이 다 알 수 없지만 올바르고
유용하게 활용하여 부디 건전한 상거래를 하는데 도움이
됐으면 하는 바램입니다.

뭔가 조금만 잘못되면 세인들은 사채시장을 비난하며
전체 사채시장을 부정적인 시각으로 보게 되기 때문에 선
의의 사채업자들이 피해를 입는 게 안타까울 뿐입니다.

3. 보증인

보증 사기단에 관한 뉴스도 종종 언론에 보도되곤 합니다.
그렇다고 여기서 설명하려는 보증인 대행업이 다 그렇다는
것은 아닙니다. 보증인 하나 세울 사람 없는 영세민에게는

보증대행은 구세주와도 같다고 할 수 있을 것입니다. 부모형제간에도 빚보증을 서지 않으려는 요즘 세태에 생면부지 초면인 사람이 보증을 서준다면 얼마나 고마운 일이겠습니까?

그러나 보증대행업도 그리 손쉽게 호락호락한 것은 아닙니다. 보증 서주는 대가가 엄청나게 높기 때문입니다. 최고 대출금의 25%까지 호가합니다. 단돈 십원이 아쉬운 영세민으로선 깜짝 놀랄 액수입니다.

1,000만원을 대출받는다면 250만원을 보증 수수료로 지출해야 하는 것입니다. 대출금의 1/4이지요.

이렇게 과다지출을 감수하면서도 어쩔 수 없이 보증인을 구해야만 하는 영세사업자들이 사채시장에서 보증인을 구해야 할 경우 필요한 정보를 알아보기로 하겠습니다.

보증을 전문으로 서주는 방법

보증을 전문으로 서주는 업자들은 이미 이름을 빌려주는 여러 명의 「바지」를 선정하여 그들의 이름으로 부동산(주택, 아파트)을 구입해 놓습니다. 이 부동산을 담보로 금융권에서 대출받을 만큼 받고 세(貰)는 놓을 만큼 놓은 뒤 빈 껍데기 집으로 남겨 놓습니다. 부동산에 대한 재산세는 어김없이 납부하여 재산세 과세증명서를 전혀 하자없이 뗄 수 있도록 해놓으면 이들의 준비는 끝납니다. 보증을 의뢰받으면 소정의 수수료를 받고 보증을 서주는 것입니다. 보증 서주는 것은 조회해봐도 은행간의 전산망에 나타나지 않습니다.

은행에서 신용대출을 요청할 때나 자동차 할부구입시 연대보증인을 세워야 하는데, 보증인이 구비해야 할 서류 가운데 재산세 과세증명서는 필수입니다. 이때 재산세 과세증명서는 부동산 유무와 재산세의 액수가 얼마인 부동산을 보유하고 있는지의 척도가 되는 자료로서 매우 중요한 역할을 합니다.

이때 보증인의 등기부등본도 요구합니다. 부동산을 매입한 지 얼마나 되었는가를 확인하는 수단이지요. 또한 근저당설정은 얼마나 되어 있으며 담보여력이 어느 정도 있는지 등을 알아보기 위해서이기도 합니다.

그러나 보증인의 경우 세입자까지 일일이 확인하지는 않기 때문에 업자들은 이미 거기까지 다 계산하여 적당한 금액만큼만 대출받고 어느 정도의 담보여력은 남겨둡니다. 남겨둔 담보여력은 결국 여기저기 보증을 서줌으로 해서 찾아 먹습니다.

수수료는 부동산의 매입기간에 따라 다르다

보증인 수수료는 부동산의 매입기간에 따라 다릅니다. 은행은 신용대출 신청시 보증인 부동산의 매입기간이 얼마나 되었는가를 요건으로 삼는 경우가 있습니다. 부동산을 매입한 지 1~2개월만 돼도 가능한 경우가 있고 부동산을

매입한 지 I년 이상 돼야만 가능한 경우가 있습니다. 이
는 보증사기가 많기 때문에 은행에서도 이를 방지하는 차
원에서 심사하는 것입니다.

이 매입기간의 여부에 따라 아래에서 보는 것처럼 수수
료의 차이가 많이 납니다.

❶ 부동산 매입 I~2개월 가능일 경우 I5 %
❷ 부동산 매입 I년 이상 가능일 경우 25 %

보증인 의뢰는 누가 하는가

보증인 하나 세울 수 없는 영세업자들이 은행대출을 하려
고 할 때, 새 직장에 취직할 때, 기업에서 신용보증이나
리스회사 보증에 보증인이 필요할 때, 그외 어음할인을 하
기 위해 보증인이 필요한 사람들이 찾고 있습니다.

광 고

신문의 금융광고를 보면 꾸준히 한켠에 자리잡고 있습니
다. 정부에서 단속을 할 때면 한동안 사라졌다가도 또다
시 광고를 내는 걸 보면 보증인을 찾는 사람들도 여전히
존재하는가 봅니다.

4. 계

계(契) 문제 역시 저의 전작에서 잠깐 다루었으므로 생략하려고 하였습니다. 그러나 최근 대형계 사기사건 등이 터지면서 TV에서 특집프로로 방영하는 등 세인의 관심을 집중시키는 사건으로 등장하였기에 새로 소개하고자 합니다. 저는 오랫동안 계를 조직한 경험이 있는 터라 이에 대하여 다시 한번 재조명함으로써 더이상 계로 인한 피해자가 없었으면 하는 바램입니다.

계는 사채의 모체이다

계가 무엇인지에 대한 설명은 굳이 제가 하지 않아도 일반 서민들이 너무 잘 알고 있으리라 믿습니다. 계는 우리 선조들이 옛날부터 시행하여온 협동기구이자 목돈마련을 위한 방법이었으며 돈을 빌려주는 사채의 모체이기도 한 것입니다. 전통적으로 이어져온 계는 문명과 경제가 발전한 오늘날에도 여전히 상가나 시장 그리고 동네에서 지속적으로 조직되어 활용되고 있습니다.

이러한 계를 악용하여 선량한 서민을 울리고 수십억에서 백억원대를 사취하여 잠적하는 악덕 계주들의 행태가 심심찮게 보도되곤 합니다. 지금도 곳곳에선 계모임이 진행되고 있을 겁니다. 계원간의 친목을 공고히 하는 곳이 있는가 하면 또 한편에선 목돈을 만들려 알탕갈탕 모은 돈을 송두리째 털어가려는 의도적인 계꾼도 있을 것입니다.

　우리의 실생활에 단비 같은 요소로 자리잡고 있는 계의
피해를 방지하기 위하여 계의 종류와 피해의 예방과 대책,
피해를 줄일 수 있는 방법은 무엇인지 저의 경험을 토대로
하나하나 알아보기로 합시다.

계의 종류

계는 대부분 한달에 한번씩 태워주는 것을 기본으로 하여
조직합니다. 계의 성격은 대체로 비슷하지만 종류는 크게
두가지로 대별할 수 있습니다.
　❶ 번호계
　❷ 낙찰계

♣ 번호계 ♧

번호계는 계원마다 계를 탈 번호를 정하여 진행하는 형태
로 곗돈을 수금하는 방식에 따라
　일수계
　월 계
로 나누어 볼 수 있으며 번호를 정하는 방법으로 보면
　제비뽑기계
라는 것이 있습니다.

일수계란 무엇인가

일수계는 주로 시장상인이나 장사하는 사람들을 대상으로 많이 하는 계로서 월계와 원리면에서 같습니다. 단지 한달에 한번씩 내는 불입금의 부담을 줄이기 위하여 한달불입금을 날마다 일수로 내는 계를 말합니다.

예를 들어 한달 불입금이 30만원이라면 계주는 하루 1만원씩 매일 수금해가는 것이지요. 계원은 목돈을 내는 부담이 없어서 좋고 계주는 매일 걷은 돈을 곗날까지 활용할 수 있어 좋은 유리한 점이 있습니다.

월계란 무엇인가

보통의 계로서 한달에 한번씩 모여 정해진 순서대로 곗돈을 태워주는 것을 말합니다.

제비뽑기계란 무엇인가

이 역시 월계의 한 형태로 계의 성격도 같습니다. 계주가 계를 조직하자면 항상 고민스러운 게 번호를 정하는 일입니다. 서로 자신이 원하는 번호를 요구하다보면 계원 상호간에 중복되는 경우가 많습니다.

이때 계주는 계를 조직하기가 매우 곤란해지는데 이럴 때 계주가 계원을 모아놓고 제비뽑기를 하여 번호를 정하는 것입니다. 제비뽑기계란 방법을 고안해 낸 것은 이런 이유 때문입니다.

♣ 낙찰계 ♣

계를 조직하여 의도적으로 사취할 요량이면 번호계나 낙찰계나 마찬가지로 위험합니다. 흔히 낙찰계는 매우 위험도가 높은 것으로 인식하고 있는데 꼭 그렇지만은 않습니다. 모든 것은 계주나 계원들이 얼마나 신용있고 든든한 사람들인가에 달려 있습니다.

근래 TV에 보도된 계의 피해사례를 보면 다음과 같습니다.

남양주 일대에서 월계를 조직한 후 소시민이나 소상인을 상대로 수억원을 챙기고 잠적한 사례와 강남 일대 대형 곗방에서는 피라미드식 낙찰계를 조직하여 수백명을 상대로 피해를 입힌 사례가 방송되었습니다. 수년 전 상암동에서도 백억원대가 넘는 계를 조직하여 계금을 사취한 후 계주는 잠적하는 사건이 있었습니다.

이렇게 계를 조직하여 사취하는 형태는 여러가지가 있는데 일반적으로 낙찰계에 대한 우려가 가장 크다고 볼 수 있겠지요. 또 낙찰계를 편법으로 이용하여 피해를 입히는 대형 곗방이 있는데 이곳은 어떤 방법으로 운용되고 있으며 그 피해사례와 예방대책은 무엇인지 자세히 살펴보도록 하겠습니다.

낙찰계란 무엇인가

낙찰계란 글자 그대로 계금을 낙찰한 사람에게 태워준다는 뜻입니다. 건설회사에서 공사수주를 위하여 입찰에 응한 뒤 가장 낮은 가격으로 입찰한 회사가 낙찰하여 공사를 수주하는 것과 마찬가지입니다. 또 반대로 경매시 최고가를 부른 자에게 경매물건이 경락되듯이 낙찰계는 계원 중 가장 많은 이자를 써 낸 사람이 그 달의 계를 타는 것입니다.

낙찰계를 하는 경우 두가지의 이점이 있는데 첫째는 돈이 급하면 낙찰금액(이자)을 많이 써넣어 자기가 필요할 때 탈 수 있다는 점입니다. 둘째는 이와 같이 낙찰금액(이자)을 많이 냄으로 해서 늦게 타는 사람은 더 많은 이자를 받을 수 있다는 점입니다. 그러므로 계주가 낙찰계를 짤 때는 먼저 타야 할 사람과 늦게 타야 할 사람을 적절히 구성하여 계를 조직하는 것입니다.

저도 낙찰계를 수차례 해보았지만 계원들만 구성이 잘 되면 별문제가 없습니다. 지금도 시장상인들간에는 낙찰계가 꾸준히 지속되고 있습니다.

낙찰계는 어떻게 하는 것인가

낙찰계는 어떻게 하는지 그 방법을 알아보겠습니다. 일반 월계는 보통 1부계, 2부계의 두가지로 진행됩니다. 1부계, 2부계란 계를 탄 후 내는 이자가 1부인가 2부인가를 의미하는 것입니다. 예를 들어 설명하자면 다음과 같습니다.

10개월 만기 1,000만원짜리 1부계라 하면

1,000만원 ÷ 10월 = 100만원

이므로 한달 불입금이 100만원이 됩니다. 그러므로 계를 타기 전에는 매달 100만원씩 불입하고 계를 탄 후에는

1,000만원의 1부(1%)는 10만원이므로

100만원(곗돈) + 10만원(이자) = 110만원(계 탄 후 불입금)을 매달 불입해야 하는 것입니다.

이때 계를 먼저 탄 사람이 내는 이자 10만원은 나중에 타는 사람이 받게 됩니다.

이와 같이 2부계 하면 1달 이자는 계를 탄 금액의 2부 (2%)이므로 매월 불입금에 2부의 이자를 가산하여 불입하는 것을 말합니다.

그런데 낙찰계는 위의 월계와 달리 매달 이자가 달라지는 것입니다.

10개월 만기 1,000만원짜리의 경우라면 다음과 같지요.

10개월이면 계원이 10명이므로 1인당 불입금은 한달에 100만원이 됩니다.

100만원 × 10명 = 1,000만원

낙찰계는 월계와 달리 번호가 정해진 게 아니므로 계원들이 모여 이자(낙찰금액)를 종이쪽지에 써서 계주에게 제출합니다. 계주는 10명의 계원이 써낸 이자(낙찰금액) 중 가장 높은 금액을 써낸 사람에게 그 달의 계를 태워줍니다. 이때 A라는 사람이 가장 높은 금액으로 200만원을

써냈다고 하면 A는 계금 1,000만원 중 200만원을 공제한 800만원만 수령하고 200만원은 나머지 9명에게 나누어주는 것입니다.

❶ 1,000만원(계금)－200만원(A가 써낸 이자)＝800만원(A가 수령할 금액)

❷ 200만원(A가 써낸 이자)÷9(A를 제외한 나머지 계원)＝222,000(계원 1명이 나누어 가질 이자)

❸ 100만원(1달 불입금)－222,000(나누어 가질 이자)＝778,000(이자 공제 후 불입금)

위의 계산식 ❶과 같이 200만원을 써내고 낙찰된 A는 이자 200만원을 공제하고 800만원을 수령하는 거지요. ❷는 A가 써낸 이자를 나머지 9명이 나누어 갖는 이자로 1인당 약 222,000원이 됩니다. 계산식 ❸은 1인당 배당된 이자 222,000원을 그 달의 불입금 100만원에서 공제하고 778,000원을 나머지 계원들이 불입하면 됩니다.

이와 같이 낙찰계는 일반 월계와 달리 매달 낙찰되는 낙찰금(이자)에 따라 계원들의 불입금이 달라지는 것입니다. 그래서 앞에 설명한 두가지 이점,

❶ 필요한 시기에 계를 탈 수 있다

❷ 나중에 탈 경우 이자가 많다

이 있는 것입니다.

낙찰계는 누가 드는가

낙찰계는 시장상인들이나 장사하는 사람들처럼 현금유통이 잦은 사람들이 주로 이용합니다. 급하게 계를 타려 할 경우 높은 이자를 물어야 하는 부담이 있긴 하지만 손쉽게 목돈을 마련할 수 있는 한 방법이기에 장사를 하는 사람이면 으레 하나쯤 들어둡니다. 시장상인들의 경우 은행에 적금을 들어 적금대출을 받을 수도 있지만 적금대출은 적금 액수의 범위내에서만 가능하므로 그들은 거의 필수적으로 낙찰계 하나쯤 들어두는 것입니다.

3 갚지 않으면 어떻게 되나

사채시장에서 돈을 빌린 후 갚지 못하면 어떻게 될까요?

간혹 언론에 보도되는 사채업자들의 폭력적인 방법을 보면서 사람들은 섬뜩해 할 것입니다. "사채가 저렇게 무섭구나" 하고 지레 겁부터 먹겠지요.

그러나 꼭 그렇지만은 않습니다. 극히 일부의 업자가 그러한 방법을 동원하기도 하지만 대부분의 업자는 법적 절차를 밟아 채권을 회수하려 합니다.

그럼 여기서 채무자가 약속한 날짜에 돈을 갚지 않을 경우 사채업자는 어떻게 그 돈을 받아내는지 과정을 살펴보겠습니다.

① 우선 법적 절차에 의해 처리된다

얼마 전 채권을 전문적으로 회수해주는 회사가 설립되어
화제입니다. 이미 지난해부터 채권전문회사가 곧 설립된다
고 신문지상에 발표되곤 했습니다.

이 회사의 캐치프레이즈는 「해결사 차원에서 탈피하여
합법적이고 체계적인 조사기법으로 채권추심 업무를 한
다」는 것입니다. 좋은 취지이고 훌륭한 발상이라고 하겠
습니다.

사실 채권추심 전문회사는 이미 오래 전부터 사채시장
에서 떠돌던 이야기입니다. 제도권 금융기관뿐 아니라 사
채업자 쪽에서도 이러한 회사의 설립을 손꼽아 기다리고
있었지요.

그런데 실은, 사채업자들이 채권추심 업무의 선두주자라
고 할 수 있습니다. 이들은 사채업을 운영하면서 채권추심
업무를 병행해 왔던 것입니다. 즉 채무 불이행시 모든 것

을 법적 절차에 의해 처리해온 것이지요.

방법은 금융기관에서 하는 것과 마찬가지입니다.

❶우선 언제까지 돈을 갚으라는 우편물을 내용증명으로 보냅니다.

❷이에 대한 답이 없으면 채권청구소송을 제기합니다.

❸약속어음 공증을 받았을 경우 이것은 판결문과 같은 효력이 있으므로 공증사무실에서 집행문을 발급받아서 집달관 사무실로 찾아가 채무자의 재산에 압류신청을 합니다.

❹압류신청 후 채무자의 동산을 압류하던가 또는 부동산에 가압류를 합니다.

❺이런 강경조치를 취해도 채무자가 갚을 의사를 보이지 않는다면 경매신청 등 최종적인 법적 절차를 밟습니다.

한편 채무자가 직장인일 경우에는 급여에 압류신청을 하여 매월 급여에서 얼마씩 회수해 갈 수 있습니다. 심지어 퇴직금에도 압류신청을 하여 퇴직금의 일부를 가져가기도 하지요.

이외에도 부동산 근저당 설정이 되어 있다면 대출금이 연체될 때 내용증명의 우편물을 보내고, 응답이 없으면 곧바로 부동산 경매신청을 하여 채권을 회수하려 합니다.

이처럼 사채업자도 제도권 금융기관과 마찬가지로 법적 절차에 의하여 채권을 회수합니다.

2 부실채권 전담직원도 있다

사채업을 하다보면 제도권 금융기관 이상으로 부실채권이 많이 발생합니다. 특히 직장인 신용대출, 부동산 담보대출 등 대출업 쪽에서 부실채권이 많이 나옵니다.

과거 부동산 담보대출이 성행할 때 대형 부동산 담보대출 사무실엔 채권만 전담하는 직원이 별도로 있을 정도였습니다. 100여 평이 넘는 커다란 사무실 한켠에서 대출을 원하는 고객과 상담을 하고 있는가 하면 다른 한켠에선 대출금 연체자에게 채권을 독촉하느라 목이 터져라 외치는 직원이 있었던 것입니다.

처음 몇번은 이 부실채권 전담직원이 전화를 걸어 점잖게 독촉합니다. 독촉전화를 몇번 거듭해도 연체이자 등이 납입되지 않으면 그 다음부턴 거친 욕설이 나가게 되지요.

사채업자들은 법적인 절차를 싫어합니다. 이것을 밟는다

는 것이 얼마나 번거로운 일인지 해보지 않은 분은 모를 것입니다. 「빚진 죄인」이란 말이 있지만, 이럴 때 채무자만 힘든 게 아니라 법적 절차로 돈을 받아내려는 사채업자도 매우 피곤합니다.

일일이 법무사 사무실을 찾아다녀야 하고, 또 법원을 드나들며 채무자의 집에 찾아가 압류를 하는 등의 일이 얼마나 힘들고 하기 싫은 것인지 당사자가 아니고는 잘 모를 것입니다.

앞에서 채권추심 전문회사 이야기를 했지만, 20~30%의 수수료를 주고라도 누가 받아만 준다면 부실채권 모두를 맡기고 싶은 심정입니다. 이러한 심정은 돈을 빌려주고 받지 못하는 일반시민도 마찬가지이리라 생각됩니다.

그래서 대형 담보대출 사무실엔 부실채권 전담직원을 두고 있는 것이지요. 이들은 전화독촉에서부터 법적 절차를 밟기까지 모든 일을 다 합니다.

그러나 주먹은 법보다 앞선다고 했습니다. 법적인 절차를 밟으려면 시간이 오래 걸립니다. 그래서 악성 채무자와 실랑이를 하다보면 주먹이 앞서는 수가 생깁니다.

개중에는 법을 교묘히 이용하여 요리조리 날짜를 지연시키는 악질 채무자도 분명 있습니다. 이럴 때 등장하는 게 폭력배, 소위 해결사이지요.

③ 마지막엔 해결사가 동원되기도 한다

극히 일부, 해결사인 폭력배를 끼고 사채업을 하는 사람이
있는 건 사실입니다. 그렇다고 시도 때도 없이 아무때나
폭력배를 동원시키는 건 아닙니다. 악성 채무자일 경우 어
쩔 수 없이 폭력배를 동원시키지요.

그들도 폭력배 동원이 불법이란 사실은 잘 알고 있습니
다. 하지만 법적인 절차를 밟아봤자 숟가락 하나 건질 게
없는 형편이란 걸 알고 나면 법적 소송은 아무런 의미가
없습니다.

때론 해결사의 역할이 법적 효력보다 훨씬 좋은 효과를
가져오기도 합니다. 얼마 전 모 TV에서 폭력배를 동원한
악덕 사채업자의 비리를 방영한 적이 있는데, 남대문시장
에서 일수업을 해본 경험이 있는 저는 악덕 사채업자라 할
지라도 그의 입장을 어느 정도 이해할 수 있을 것 같습니
다. 질적으로 나쁜 악성 채무자를 만나면 법 이전에 폭력

을 휘두르고 싶은 충동을 느끼게 됩니다.

사채업자 중에 폭력배 좀 동원할 수 없느냐고 묻는 업자가 한둘이 아닙니다. 전문 사채업자가 아닌 일반 채권자·채무자 간에도 간혹 이러한 충동을 느낄 때가 있으리라 짐작됩니다.

폭력배를 동원하여 꼭 상대방을 해코지하려는 것은 아니며, 또 이들을 동원한다 해서 모든 채무가 하루아침에 해결되는 것도 결코 아닙니다. 단지 돈을 받아내기 위한 시위요 엄포인 것이지요.

그러나 지나친 폭력행위와 무리한 이자계산으로 원금의 몇배가 되는 금액을 요구하는 등의 행위는 반드시 근절되어야 합니다. 의도적으로 해결사를 동원하는 악덕 사채업자는 사라져야 마땅하지만 해결사가 나서기 전에 원만히 해결하려는 채무자의 자세도 중요하겠지요.

4 사채시장에서 안전하게 돈을 빌리려면

여러분은 이미 이 책을 다 읽으셨기 때문에 사채시장에서 안전하게 돈을 빌리려면 어떻게 해야 하는지 요령을 터득했으리라 믿습니다. 대출, 할인, 긴급교환자금, 일일자금 등을 어디서 어떻게 구해야 하는지 잘 아시겠지요?

하나하나 종류와 방법을 소개하면서 이미 설명하였지만, 사채시장에서 안전하게 돈을 빌리려면 무엇을 어떻게 해야 하는지 다시 한번 정리하여 알아보겠습니다.

1 침착한 마음으로 충분한 상담을

부득이하게 사채를 쓸 수밖에 없는 상황이 되었을 경우 여러분은 먼저 사채사무실로 전화를 할 것입니다. 이때 대부분의 사채업자는 직접 사무실로 방문해서 상담할 것을 요청합니다.

그러면 제도권 금융기관과 달리 사채사무실을 찾는 사람들은 편하지 못한 마음으로 상담에 임하게 됩니다. 이러한 자세로 상담을 하다보면 유리한 조건을 제시하지 못하고 결국 사채업자에게 끌려가게 되겠지요. 이렇게 되면 금리나 수수료가 올라갈 가능성이 높습니다.

그래서 우선 침착한 마음가짐으로 충분한 상담을 하도록 권하고 싶습니다. 대출금리, 수수료, 대출기간 등을 정확히 물어보고 차분하게 상담한 뒤 대출여부를 결정해야 합니다.

 4. 사채시장에서 안전하게 돈을 빌리려면

 # 사채시장을 찾을 땐 미리미리

돈이 필요하다고 해서 다급하게 허겁지겁 사채시장을 찾다 보면 무리가 따르게 마련입니다. 우선 급하게 되면 고금리건, 수수료건 따질 겨를이 없겠지요. 급할수록 이율과 수수료가 높아지는 건 정한 이치입니다.

대출자가 급박해지도록 의도적으로 유도하는 사채업자도 더러 있습니다. 긴급교환자금의 경우 곧 빌려줄 것처럼 해놓고선 시간을 끌다가 은행마감 시간이 다되어서 금리를 한껏 올려받고 돈을 내주는 못된 업자도 가끔 있습니다.

담보대출의 경우 대출 의뢰인의 사정이 급하게 되면 그것을 약점으로 이용하여 수수료를 대폭 올려받는 업자가 있습니다.

상황이 나빠지면 대출인은 끌려다닐 수밖에 없습니다. 사채업자가 바라는 궁극적인 목적은 높은 이율과 수수료이겠지요.

조건에 따라 약간의 차이가 있긴 하지만, 낮은 이율과 적은 수수료로 돈을 빌리려면 미리미리 사채시장을 찾아서 자금계획을 마련해야 합니다.

3 자금계획을 세운 후 대출을

어디서나 마찬가지겠지만, 특히 사채시장에서 돈을 빌릴 때는 변제계획을 확실히 세운 후 대출받아야 합니다.

사채시장에서 대출받는다는 것은 제1·제2 금융기관과 비교할 때 거의 모든 면에서 불리합니다. 높은 이율은 물론이려니와 대출기간도 짧습니다. 그리고 단서조항도 까다롭기 때문에 자칫하면 낭패를 보기 일쑤이지요.

그러므로 언제쯤 자금이 마련될 것인지 정확하게 확인한 뒤 돈을 빌려야 합니다. 우선 급하다고 해서 치밀한 자금계획없이 사채시장에서 돈을 빌리다보면 심각한 위기에 처하게 됩니다.

특히 교환자금 같은 경우에 자금계획을 정확히 맞추지 않고 2~3차례 교환자금에 의존하다가는 결국 부도사태를 맞게 되는 수가 많습니다.

이것은 매우 중요한 조언입니다. 명심하길 바랍니다.

 # 사채를 빌릴 땐 최저자금을

어쩔 수 없이 사채시장을 찾을 때는 최소한의 자금만 빌리기를 권합니다.

사채시장의 금리는 꽤 높기 때문에 이자가 여간 부담스럽지 않습니다. 처음 빌릴 때는 잘 모르지만 이자지급을 하다보면 이것이 얼마나 부담스러운지 곧 알게 될 것입니다. 이자율이 높다보니 배보다 배꼽이 더 커져서 결국 이자만 늘어날 뿐 원금은 제대로 갚지도 못하는 수가 생겨납니다.

사채시장에서 빌리는 돈의 액수를 최저로 맞추라는 것은 이자부담을 줄이기 위함입니다. 이자가 없거나 이율이 낮은 돈을 최대한 준비한 후 그래도 부족한 나머지 자금만을 사채시장에서 빌려야 합니다. 이자는 원금을 갚는 데 있어 최대의 걸림돌이 되기 때문입니다.

5 철저한 서류 검토를

사채시장에서 돈을 빌릴 때는 작성하는 서류가 많고 도장 찍는 곳도 많습니다. 이때 사채업자에게 모든 것을 맡기지 말고 내용을 하나하나 면밀히 검토해야 합니다.

특히 각서는 일방적이거나 불리하지 않은가 자세히 읽어본 후 날인해야 합니다.

대출별로 유의해야 할 서류를 정리하면 다음과 같습니다.

업 종	주의해야 할 서류	유의사항
자동차 담보대출	매매계약서	명도 위험
전세계약서 담보대출	양도양수 공증, 화해조서	명도 위험
골프회원권 담보대출	회원권양도공증, 명의변경서	명의변경 주의
부동산 담보대출	대출기간	재탕 주의
아파트청약통장 담보대출	통장해약 위임장	해약 주의

일 수	연체시 조건	연체이자
당좌수표 할인	백지 견질수표	금액 임의기재
가계수표 할인	백지 견질수표	금액 임의기재
신용카드 할인	함부로 맡기지 말 것	이중전표 작성

이외에도 모든 서류의 내용을 꼼꼼히 검토하고, 궁금한 것
은 충분히 알아본 후 사인해야 합니다.

6 이율, 수수료, 대출기간에 대한 분명한 약속을

앞에서 여러번 설명한 적이 있지만 사채의 문제는 이율과 수수료입니다. 이것은 대출조건에 따라, 그리고 대출인이 얼마나 자금을 급하게 필요로 하느냐에 따라 달라집니다. 어느 누구에게나 높은 이율과 수수료는 여간 부담스러운 게 아니겠지요.

일단 사채업자를 만나 상담을 하게 되면 이율과 수수료는 최저로 하고, 대출기간은 최대한 장기간으로 확정지은 후 대출절차를 밟도록 신신당부드립니다.

이율과 수수료를 최저로 하기 위해서는 지금까지 설명한 6가지의 노하우를 잘 이해하고 멋지게 활용하는 지혜를 짜내시기 바랍니다.

5 흥미진진한 사채시장의 뒷얘기들

이 책에서 제가 맡은 글의 주제는 사채시장에서 쉽
고 안전하게 돈 빌리는 법을 소개하는 것입니다.
사채에 대한 이야기를 하다보면 흥미진진한 에피소
드가 무척 많습니다. 이런 얘깃거리를 모으면 이것
자체로 한권의 책이 충분히 될 것입니다.
그러나 이 책에서 그 모든 것을 다 풀어놓을 수는
없고, 요즘 세간에서 떠들썩하게 나도는 사채시장
의 뒷얘기를 몇개만 모았습니다.
「전주」「대형 곗방」「대형 괴자금」의 실체 등, 일
반 시민이 궁금해 하던 것들의 원래 모습이 무엇인
지 저와 함께 독서여행을 떠나십시다.

1 전주의 춘추전국시대

전 국민의 전주화!

바야흐로 전주의 춘추전국시대입니다. 이제 웬만하면 전주가 아닌 사람이 별로 없습니다. 퇴직금을 탄 사람이 전주요, 적금을 탄 사람도 전주입니다. 심지어 세들어 사는 사람도 전주이지요. 목돈이 조금이라도 있으면 더 높은 금리로 재테크하려고 사채사무실을 찾는 사람이 한둘이 아닙니다.

신문광고마다 "돈놀 분 환영, 5부 보장, 7부 보장, 법적 보장……" 하며 전주확보에 혈안인 겁니다. 처음 사채시장에 발을 내디딜 때가 조금 꺼림칙할 뿐 일단 사채의 높은 금리 맛을 보고나면 제도권 금융의 금리는 양에 차질 않는 모양입니다.

퇴직금을, 적금을 어떻게 활용할까 고심하다 맡긴 전주에서부터 은행대출을 받은 후 그것을 사채로 놓아 금리차

액을 챙기는 전주까지 등장했다고 합니다. 심지어 주변 사
람으로부터 2~3부 등 비교적 싼 이자의 사채를 얻어 더
높은 금리를 받을 수 있는 전문사채업자를 찾아 돈을 맡기
는 전주도 생겨났습니다. 그리고 세를 사는 사람까지도 집
장만을 위하여 마련한 목돈을 하루빨리 늘리고자 사채시장
을 찾는 실정이 되었습니다.

이렇듯 온 국민이 전주가 되고 있습니다. 이것은 1982
년에 발생한 「장영자 사건」 이후 정부의 강력한 사채시
장 단속으로 큰손들이 사라지자 사채시장이 전문업종으로
분화되면서 나타난 현상입니다. 큰손들이 떠난 후 사채업
자들이 소액전주를 확보하기 위하여 안간힘을 쓴 결과이지
요.

국가의 경제규모가 커지면서 유통자금 또한 풍부해졌습
니다. 1972년 「8.3조치」 당시 총통화가 1조 5천억원이었
는데, 25년이 지난 현재의 총통화는 150조원이 넘습니다.
무려 100배가 넘는 자금규모지요.

증권시장의 규모만 봐도 한눈에 알 수 있습니다. 과거에
는 일일거래량 1,000만주, 일일거래금액 1,000억원이면
사상 최고의 거래량과 거래금액이라고 보도되었습니다. 그
러나 지금은 어떠합니까. 일일거래량 1억주, 일일거래금액
이 1조원을 넘고 있습니다.

이런 상황이고 보니 요즘 웬만하면 1억원 이상 안 가진
사람이 없습니다. 정년퇴직, 명예퇴직 등등으로 받은 금액

이 보통 1억원은 되는 거지요.

그래서 이제는 사채업자들이 과거처럼 큰손 전주 한둘에 의존하지 않고 소액전주 여럿을 확보하여 그때그때 물건에 따라 전주를 하나하나 연결시키곤 합니다. 그러다 보니 신문광고에는 날마다 「전주모집」이요, 전 국민은 전주가 된 것입니다.

2 신문광고를 보는 법

저는 평소에 「사채시장의 모든 것은 신문광고 속에 있다」
라고 늘 주장합니다. 그렇습니다. 사채시장의 모든 것은
신문광고 속에 들어 있습니다. 신문의 금융광고면을 보면
그때그때의 경기동향과 사채시장의 흐름을 금방 알 수 있
습니다.

대부분의 사람은 광고라면 한번 쓱 훑어보고 그냥 지나
치기 일쑤인데, 그러지 말고 관심을 가지고 꾸준히 지켜보
십시오. 그러면 어떤 변화를 느낄 수 있을 것입니다.

광고는 항상 같을 수 없습니다. 언제나 변하지요. 그러
나 변화하는 모습이 하루아침에 눈에 띄는 것은 아닙니다.
꾸준히 지켜보면 변하는 움직임을 느낄 수 있을 것입니다.

금융광고에 특정상품이 눈에 많이 띄면 사채시장은 그
것이 주류를 이루고 있다는 얘기입니다.

예를 들어볼까요. 1990년대 초 부동산 담보대출이 한창

이던 시절, 광고란은 매일 부동산 담보대출 광고로 가득하였습니다. 그러나 요즘은 어떻습니까? 광고란 한쪽에 겨우 한둘이 게재될 뿐입니다.

또 신용카드 대출이 전국적으로 성행하던 시절, 광고란엔 "싼 %" 광고가 꽤 많은 면적을 차지하고 있었지요. 자동차 담보대출을 한번 볼까요? 여전히 "차차차" 하는 광고가 실리는 걸 보면 아직도 꾸준하게 자동차 담보대출이 이루어지고 있다는 걸 알 수 있습니다.

한동안 광고뿐 아니라 사채시장에서도 구경조차 할 수 없었던 딱지어음. 그런데 요즘엔 "어음당좌 빌려줌"이란 광고가 부쩍 눈에 띄게 늘어났습니다. 사업자 신용대출 광고는 또 어떻습니까? IMF로 은행대출이 어렵게 되자 이 틈을 타고 잽싸게 재등장하여 다른 광고와 어깨를 나란히 견주고 있습니다.

누가 뭐라해도 1년 365일 꾸준히 광고면의 반 이상을 차지하는 것이 있습니다. "가계수표, 당좌수표 할인" 바로 긴급교환자금이지요. 이것만 보더라도 중소기업과 사채시장이 얼마나 밀접한 관계를 맺고 있는지 알 수 있습니다.

여기서 한가지 유의해야 할 사항이 있습니다. 어느 광고나 마찬가지이겠지만 광고내용을 그대로 믿지 말라는 것이지요. 싼 %, 0.5 %, 1 % …… 사실을 말하자면, 신문광고에 실리는 이자율과 수수료는 손님을 끌기 위한 숫자일 뿐입니다. 백화점의 세일광고처럼 고객을 끌기 위한 일종의 눈가림이니까 이에 현혹되지 마십시오.

　여기서 강조하는 것 두가지, 바로 신문광고는 관심을 가지고 지속적으로 살펴보라는 것과 광고에 실린 이자율과 수수료를 그대로 믿지 말라는 것입니다.

 **일수를 쓰고 일수에서 헤어나지 못하는 이유**

저는 시내 중심가의 의류상가와 유흥업소 및 남대문시장 상인들을 상대로 오랫동안 일수업을 해보았기 때문에 누구보다 일수에 대하여 잘 알고 있습니다. 당연히 재미있는 에피소드도 많지요.

사람들이 흔히 말하길, "사채는 한번 쓰기 시작하면 계속 사채업자에게 말려 들어 사채에서 헤어나지 못하고, 결국은 패가망신한다"고 합니다. 이런 얘기가 일반 시민에게 널리 퍼져 있어서, 보통사람이 사채에 대하여 갖는 첫인상으로 굳어져버린 듯 합니다.

하지만 꼭 그럴까요? 백번 양보하여 위의 얘기가 맞는 것이라 한다면, 거기에는 무슨 이유가 있지 않겠습니까? 정상적인 방법으로 거래를 했다면, 절대 이런 딱한 일이 일어날 수 없습니다.

저의 20여년 사채업자로서의 경험을 통하여 보면, 일수를 쓰는 사람들 중에서 가끔 위와 같은 곤욕을 치르는 분이 있더군요.

그러면 그들은 왜 일수를 쓰고서 일수에서 헤어나지 못할까요?

일수를 많이 써본 상인들은 대부분 2~3군데 사채사무실과 동시에 거래하고 있더군요. 일단 장사를 시작하면 하루에 얼마씩의 고정수입이 있기 때문이겠지요. 그리고 자금여력이 없는 상인일수록 목돈을 만들자면 시간이 걸리므로, 우선 구하기 쉬운 일수를 얻게 마련입니다.

그런데 문제는 「일수」 편에서도 말했듯이, 한 사채업자가 한꺼번에 많은 돈을 빌려주지 않기 때문에 돈이 필요한 상인은 또다른 사채업자에게 일수를 얻어 목돈을 만드는 데 있습니다.

얼핏 생각하면 두 군데건 세 군데건 일수를 얻어 잘 갚으면 됐지 무슨 상관이냐고 반문하겠지요. 그렇지만 그게 그렇지가 않습니다.

A라는 사람이 B라는 일수업자에게 100만원을 일수로 빌렸다고 합시다. A는 돈이 더 필요하여 B에게 100만원을 더 요구합니다. 그러나 B는 A에게 더이상은 줄 수 없다고 거절하는군요. A는 하는 수 없이 B 모르게 C업자에게 다시 100만원을 빌리게 되었습니다.

잘 보십시오. 여기서부터 문제가 발생합니다.

물론 장사가 잘 되어 두 군데 일수를 무사히 잘 찍으면 문제가 없지만, 그렇지 않기에 말썽이 생기는 것이겠지요.

A가 200만원의 일수를 쉽게 찍을 능력이 된다면 벌써 B가 그에게 200만원을 빌려 주었을 것입니다. A의 일일 변제능력이 어느 정도라는 것을 B가 이미 알고 있기 때문에 더이상 대출해주지 않는 것이지요.

시간이 지나 A의 변제능력이 한계에 이르고 일수를 끝까지 찍어 끝내지 못하면, B와 C는 A에게 중도에서 해지한 후 다시 대출을 받게 합니다. 새로 일수 찍기를 시작해서 날짜가 연장되면 1년 12달 내내 일수가 끝나는 날이 없게 되겠지요.

한번 꼼꼼히 따져 볼까요?

A가 B와 C로부터 각각 100만원씩 일수를 얻고, 하루 불입금 1만 2,000원씩 100일간 일수를 찍기로 했는데 변제능력이 부족하여 얼마 찍지 못하고 건너뛰게 되었다고 합시다. A는 B와 C의 독촉에 시달림은 물론, 신용을 잃게 되므로 이를 복구하기 위해서 다시 100만원을 일수로 얻습니다.

전번 대출에서 갚아야 할 액수가 원금 이자 포함 120만원(1만 2,000원씩 100일이면 모두 120만원)인데, 그동안 변제한 금액이 60만원이라 한다면, 새 대출 100만원 중 60만원을 제한 나머지 40만원밖에 손에 쥐지 못하므로 실제 돈은 몇푼되지 않으면서 일수 기간은 다시 100일로 연장됩니다. 이렇게 해서 일수에서 헤어나지 못하는 결과를 초래합니다.

제가 남대문시장에서 거래했던 많은 상인들이 일수의 그늘에서 헤어나지 못하고 이 사람, 저 사람, 몇 사람의 업자에게 시달리는 것을 여러번 목격하였습니다.

이 사람에게 빌려 저 사람 막고, 저 사람에게 빌려 또 다른 사람 막고, 이러다 보니 이자에 이자가 붙어 한달 만에 수천만원의 빚더미에 앉게 되는 것입니다.

급하게 목돈이 필요할 때 잠시 일수를 활용하여 요긴하게 쓰는 것이 가장 좋습니다. 그러나 우선 빼먹기에 곶감이 달다고 이곳저곳 함부로 일수를 끌어 쓰다간 큰 낭패를 볼 수가 있으므로 신중히 생각하십시오.

일수는 결코 싼 이자가 아니기 때문입니다.

강남의 대형 곗방, 무엇이 문제인가

앞에서 본 것처럼 낙찰계라 해서 무조건 큰 문제가 있는 것은 아닙니다. 계주와 계원만 든든하면 서로의 이점을 최대한 활용하여 좋은 친목단체가 될 수도 있습니다.

문제는 이를 악용하는 계주가 있다는 것입니다. 강남의 대형 곗방에서는 과연 어떤 형태로 피라미드식 계를 조직하는지 그 실체를 지금부터 하나 둘 해부해 보겠습니다.

얼마 전 어떤 TV의 대형 곗방 피라미드식 계조직에 대한 특집프로에서 자세한 내용을 보도했지만, 저도 처음 그곳을 가보고는 깜짝 놀랐습니다. 100여평이 넘는 넓은 지하실에 계꾼들이 100명 이상 모여 있었습니다.

그곳에서 친지의 소개로 만난 계주는 저에게 어떠어떠하게 계를 운영하고 있으며, 계를 들면 어떤 이익을 볼 수 있으며, 자신의 계원은 200여명이 넘으며, 심지어 특정직 공무원들도 자신의 계에 들었다는 등 장황하게 설명을 늘어 놓았습니다.

그러나 저의 첫인상은 "이건 아닌데?" 하는 판단과 함께 경험으로 보아 이건 정상적인 계가 아니란 심증이 굳어졌습니다. 저를 소개한 사람에게도 이건 절대 정상적인 계가 아니니까 조심하라고 귀띔해 주었습니다.

계주도 문제려니와 이곳에 몰려와 계를 든 사람들도 문제가 많다고 생각됩니다. 한 사람이 계를 몇개씩 들었는가 하면 계의 만기가 보통 1년 이상인데 비해 여기서는 1개월, 2개월, 3개월…… 로 기간이 너무 짧은 점, 그리고 계를 누가 탔는지 정확히 알 수 없다는 점 등 모든 게 계주 마음대로 운영되고 있었습니다.

계를 가입할 때 필수요건이 계주가 누구이며 계원이 누구인가를 알아야 하는 것이지만 이곳은 그렇지 않았습니다. 계원들은 서로 누가 누구인지도 모르는 채 낙찰계의 이점만 노리며 일단 계를 들고보자 하는 식이었습니다.

그러면 지금부터 이들의 맹점을 하나하나 짚어보겠습니다.

❶ 계원 수가 많다(100~200명).
❷ 계의 종류가 많다(1개월, 2개월, 1년, 2년 등).
❸ 계원으로 하여금 여러 개의 계에 중복하여 가입하도록 권유한다.
❹ 자기가 든 계의 계원이 누구인지 정확히 모른다.
❺ 해당번호에 계를 탄 사람이 누구인지 모른다.

❻계를 탄 사람이 써낸 이자를 계원이 정확히 모른다.

❼❹, ❺, ❻의 경우 계원 모르게 계주가 마음대로 정한다.

❽낙찰계의 이점(필요할 때 탈 수 있고 이자가 많다)을 선전하며 또다른 계원을 모을 것을 권유한다.

❾작은 금액에서 점차 큰 금액의 계에 들 것을 권유한다.

❿큰 금액(1억원 이상)에 가입할 경우 앞번호 하나에 뒷번호 2~3개를 포함하여 가입시킨다.

⓫큰 금액의 계를 해당번호에 태워줄 경우 계원 일부가 펑크를 냈다고 하며 태워주질 않는다.

⓬⓫의 경우 현금 대신 장롱 등 다른 물건으로 대체하여 가져가라고 한다.

이외에도 여러가지 허점이 있을 수 있습니다. 이러한 허점이 어떠한 문제점을 내포하고 있는지 좀더 세밀히 알아보지요. 우선 계의 기본요건을 소개합니다.

첫째 계를 시작할 때의 필수요건은 계주가 누구이며 계원이 누구인가를 알아야 합니다. 계를 시작하기 전, 계주는 계원을 엄선하겠지만 계원도 계주와 타계원이 어떠한 사람인지 충분히 알아본 후에 가입해야 합니다.

둘째 계의 기간은 보통 짧게는 10개월부터 길게는 36개월까지로 기간을 정하지만 짧을수록 좋습니다. 기간이 길면 계원들 중에서 사고를 낼 확률이 높아지기 때문입니다.

셋째 곗날 계를 태워줄 때는 계원이 모두 참석한 가운데 최고액 낙찰자가 누구인가를 확인한 후 태워주도록 해야 합니다.

넷째 계를 들 때는 자신의 한달 수입을 충분히 고려하여 무리한 금액은 가입하지 말아야 합니다.

다섯째 하나의 계를 조직할 때 2~3개를 들어 먼저 계를 탄 후 그 돈을 활용하여 나머지 2~3개의 곗돈을 불입한다는 생각은 절대 금물입니다. 계획대로 되지 않을 경우 그 계는 깨지게 되어 있습니다.

여섯째 계를 먼저 타는 것은 이자부담이 좀 높지만 먼저 목돈을 활용한다는 이점과, 늦게 탈 경우 이자가 많다는 이점이 있을 뿐 여러 개를 드는 것은 별의미가 없습니다.

이상과 같이 계를 들 때 주의해야 할 몇가지 기본요건이 있는데 이 요건에 입각하여 대형 곗방의 문제점을 파악해 볼까요?

❶ 계원 수가 100~200명 정도로 많다는 것은 그 자체로 이미 문제가 있는 것입니다. 계원이 누구인지 알 수 없기 때문이지요.

❷ 계의 종류가 1개월, 2개월, 3개월, 1년, 2년 등 여러가지로 많다는 것은 계원을 이리저리 중복가입시켜 계원들을 혼동시키기 위한 것입니다.

❸여러 계에 중복하여 가입하면 「+－＝0」이므로 결국 아무런 이득이 없습니다.

❹자기가 든 계의 계원이 누구인지 모르면 그 계가 어떻게 진행되는지 알 수 없습니다.

❺❹와 같은 결과로 누가 계를 탔는지도 모르고 계주의 말에 이끌려 다니게 됩니다.

❻❹, ❺와 마찬가지로 계원이 누구인지도 모르고, 계를 탄 사람이 누구인지도 모르기 때문에 정확히 이자(낙찰금액)가 얼마인지 모릅니다.

❼낙찰자가 이자를 많이 쓰도록 유도하고 이를 빙자하여 낙찰계를 여러 개 들면 많은 돈을 번다고 선전하면서 다른 사람을 끌어들이도록 유도합니다.

❽작은 금액에서 큰 금액의 계를 들도록 유도하는 이유는 일단 큰 금액에 가입하면 쉽게 계를 포기할 수 없기 때문입니다.

❾큰 금액에 가입할 때 2~3개를 묶어 동시에 가입하면 계주가 요청하는 대로 끌려다닐 수밖에 없게 됩니다.

❿계를 타야 할 달에 펑크가 났다며 태워주질 않고서 이의 복구를 위하여 또다른 계에 가입할 것을 유도합니다.

⓫계주는 곗돈을 태워주는 대신 곗돈의 1/5~1/10 가격밖에 나가지 않는 장롱 등으로 대체함으로써 엄청난 이익을 챙깁니다.

　우리나라의 전통적인 미풍양속으로 이어져온 계. 사채의 모체이기도 한 계. 잘 활용하면 좋은 협동기구가 되지만 잘못 이용하면 여러 사람에게 불이익을 주는 피해기구가 될 수 있습니다.

　현재 크게 사회적인 문제가 되고 있는 강남의 대형 곗방의 맹점을 저의 경험과 지식을 토대로 설명해 보았습니다. 이제 계의 가입여부는 독자 여러분께서 판단하여 결정할 때입니다.

 # 노태우 전대통령과 5,000억원 비자금

경기가 불황이어서 시중 자금사정이 나빠지면 사채시장은 활발히 움직일 것이라고 생각하는 사람이 많습니다. 그러나 사실은 그렇지 않습니다. 오히려 그 반대이지요. 사채도 경기가 좋고 자금의 흐름이 빠를 때 호황기에 접어듭니다.

요즈음은, I9세기 말 외세침략에 시달렸던 구한말 이래 다시 I00년 만에 오는 시련기라고 할 정도로 국내외 정세는 복잡하고 어렵기만 합니다. 그렇기 때문에 사채 쪽도 대단히 어렵습니다. 그래서 몇년 전에 비해 사채사무실의 크기와 숫자도 엄청 줄어들었지요.

그런데 자금규모는 더욱 커지는 기현상이 일어났습니다. 그리고 이 대형자금이 웬만한 규모의 대형자금이 아닌 것입니다.

5년 전에도 대형자금설이 나돌아 한동안 사채시장을 떠

들썩하게 하더니 요즈음 또다시 괴자금설로 사채시장뿐 아니라 재벌기업까지도 난리법석인 겁니다.

100억～1,000억에 가까운 돈이 연 8%에 수수료 12%라는 둥, 이자 수수료 합하여 선취 20%라는 둥, 상환기간이 3년 거치 5년이라는 둥 별의별 소문이 다 떠돕니다.

4년 전 이 소문을 『사채이야기』에서 다루었을 때, 저는 매우 노력했으나 끝내 그 실체를 접하지 못하였기 때문에 이것은 소문에만 그친 요란한 무엇이 아닐까, 하지만 어쩌면 우리가 미치지 못하는 어느 곳에서는 그런 거액의 물밑 거래가 이루어지고 있을지도 모른다고 결론지었습니다.

그러나 이에 대한 정확한 답은 아닐지 몰라도 최소한 그러한 소문을 뒷받침할 만한 사실이 뒤늦게 세상에 공개되었지요. 노태우 전대통령의 비자금이 바로 그것입니다.

전 민주당 박계동 의원의 국회폭로로 시작된 이 비자금 시비는 일파만파로 정국을 발칵 뒤집었고 급기야 전국을 비자금 도가니로 몰아넣어 온 국민의 눈이 온통 비자금에 쏠리게 되었습니다.

조사 결과에 의하면 노태우 전대통령은 5,000억원이라는 비자금을 조성하였다고 하지요?

"노씨가 각종 금융자산, 부동산, 해외금융기관 등에 그치지 않고, 약점이 많고 자금사정도 좋지 않은 대기업을 대상으로 사실상의 사채놀이를 했다는 점에서도 그의 도덕성이 또한번 문제가 되고 있다"라는 1995년 10월 31일

『조선일보』 기사와 "검찰조사 결과, 한보 정회장은 당시 「연리 8.5%에 5년 거치 후 매월 100억원씩 분할상환」의 조건으로 노씨의 비자금을 빌린 것으로 드러났다. 검찰 관계자는 이와 관련, 「노씨가 대기업을 상대로 전형적인 사채놀이를 했다」"는 1995년 11월 7일 『조선일보』 기사를 보면 대형 괴자금에 대한 실체는 윤곽이 잡히고도 남습니다.

노태우 전대통령의 집권기간이 1987년부터 1992년이고 보면 1992년부터 1993년 8월, 즉 그의 퇴임 후부터 금융실명제가 실시되기 전까지 무성하게 나돌던 「100억원대 혹은 1,000억원대의 자금을 연리 8%에 5년 거치 몇년 상환」하고 떠돌던 소문은 결국 헛된 것이 아니라는 결론이 나옵니다.

옛날 속담 그대로 "아니 땐 굴뚝에 연기나랴?" 바로 그것입니다.

 **항간에 떠도는 1조원의 괴자금과
김 모씨의 비자금설**

그렇다면 요즈음 또다시 시중에 한창 나돌고 있는 괴자금
의 실체는 무엇일까요?

1998년 2월 9일 『매일경제』 사회면에 실린 기사를 우
선 봅시다.

"금융권, 기업에 「괴자금」 유혹"

"「거액 원화·외화 싸게 빌려주겠다」 잇단 제의"

"대우그룹 김우일 경영기획실 이사는 조(兆) 단위의 자
금을 연 6%로 빌려주겠다는 제의를 최근 다섯 차례나 받
았다."

"효성그룹 관계자도 최근 이같은 제의를 받은 적이……"
등등의 내용입니다.

과연 이러한 괴자금의 실체는 무엇일까요? 허구일까요,
실제일까요, 아니면 사기집단의 소행일까요. 직업이 직업
인지라 저 역시 매우 궁금하여 몇차례나 소문의 실체를 찾

아나서 보았습니다.

하루는 저와 친분이 있지만 사채시장과는 전혀 무관한 한 여자에게 전화가 왔습니다. 그녀가 잘 아는 분이 있는데, 100억원 이상의 담보물건이 있으면 연리 8％에 수수료 12％로 해줄 수 있으니 물건만 구해오라고 한답니다.

제대로 된 「큰손」 전주를 만나나 싶어 한편 반갑고 또 한편 웃음이 났습니다. 사채에 대해서 저에게 이것저것 묻던 여자가 100억원 이상의 큰 물건을 소화할 수 있다며 가져오라고 하니 실소를 머금을 수밖에요.

그녀의 말을 그대로 믿을 수 없어 다시 한번 다짐을 했습니다. 그리고 이렇게 큰 일을 성사시키려면 중간에 여러 사람이 있으면 곤란하니 그녀가 잘 안다는 사람을 내게 직접 소개하라고 했습니다. 그녀는 순순히 그러마고 했지요.

이틀 후엔가 드디어 그를 만났습니다. 두 남자가 함께 나왔는데 한 사람은 모 증권회사의 차장으로 재직하다가 이번에 명퇴하였고 다른 한 사람은 모 은행의 과장으로 있다가 역시 명퇴했다고 합니다. 제가 잘 아는 여자의 특별한 소개로 봐서 이들의 전직이 거짓인 것 같지는 않았습니다.

그러나 대화를 해보니 사채시장의 생리나 전주의 생리를 전혀 모르고 있었습니다. 전직 증권회사 간부이고 또 전직 은행의 간부라면 어떤 「큰손」을 잡고 있지 않을까 은근히 기대했었는데, 그들의 말을 들어보니 자기들도 전주를 직접 아는 것은 아니고, 모 회계사 사무실의 사무장이 전주 바로 앞에 있는 사람이라고 합니다. 그가 자신들에게 물건을 구해오라고 했다며, 그런 위치에 있는 사람이 행여 실없는 거짓말을 하겠느냐는 것입니다.

저는 마음속으로 고소를 금치 못하며 그들과 작별하고 돌아왔습니다. 한심했지요. 저도 한심했지만 그들도 정말 한심했습니다.

다음 기회에 다시 한번 실체를 찾아보기로 마음먹었습니다.

시중엔 루머만 무성했습니다. 너나없이 100억, 1,000억이라며 서류 가져오라고 난리입니다.

이젠 주문내용이 조금 바뀌었습니다. 건물은 복잡해서 안되니 나대지만 가져오라고 합니다. 나대지라면 공시지가의 60%까지 대출해준다면서요.

이 또한 가당치 않은 일입니다. 100억원대가 넘는 나대지가 우리나라에 과연 얼마나 흔하게 있겠습니까.

사채의 「사」자도 모르는 사람들까지 너나없이 100억원대 이상되는 물건 있으면 가져오라고 속삭입니다. 이러다간 전 국민이 사채업자가 될 지경이지요. 그래도 혹시나 하고 전주를 다시 찾아나섰습니다.

먼저 신문광고를 꼼꼼히 챙겨 보았습니다.

"부동산 담보대출 1억~300억까지"

"부동산 담보대출 100억 이상 연 8%"

5년 전에 신문광고에서 봤던 문구 그대로입니다. 그때

강남 일대의 사채사무실을 찾아다니며 몇번인가 허탕친 경험이 있지만 그래도 또다시 도전하기로 한 것입니다.

테헤란로에 있는 한 사무실에 전화한 후 찾아가 명함을 내밀었습니다. 사채 경력 20년에 『사채이야기』라는 책을 썼고 TV에도 몇차례 출연했다며 업자끼리 톡 까놓고 얘기하자고 했습니다. 그리고 나는 정말 매개인없이 물건을 구해올 자신이 있는데 당신은 100억원대를 소화할 전주를 직접 연결시킬 수 있느냐고 단도직입적으로 물었습니다.

그 사람이 이르기를, 실은 자신도 전주와 직접 연결되지 않으며 만일 제가 100억원 이상되는 나대지로 물건을 구한다면 그는 중간에서 빠지고 전주 바로 앞에서 일하는 사람을 연결시켜 주겠답니다. 대신 성사 후 커미션만 달라면서 전주 바로 앞에서 모든 실무를 담당하는 사람은 현직 모 은행의 과장이라고만 했습니다.

그 말을 과연 어디까지 믿어야 할지 모르겠지만 일단 그렇게 하기로 약속하고 그 사무실을 나왔습니다.

다음으로 찾아간 곳은 신림동에 있는 사채사무실. 들어가보니 이미 서류를 준비해서 기다리고 있는 사람이 두세 명 있습니다. 헌데 상담하는 사람들을 보니 "아니 올시다"라는 답이 절로 나왔습니다.

3~4명 중 젊은이는 하나도 없고 모두 50대 후반의 영감님인데다 차를 나르는 사람조차 50대 중반의 아주머니였습니다.

일반 담보대출 사무실을 가볼까요? 젊은 직원들이 손님을 상대로 은행직원 뺨치게 재치있고 순발력 있게 상담합니다.

한술 더 뜬 것은 100억원대 이상의 자금을 움직인다는 사람들의 상담솜씨였지요. 아니 대출의 과정조차 모르는 사람들이 아닙니까. 대뜸 서류부터 보자며 자기네가 우선 심사해서 서류가 통과되면 차용신청서를 쓰고, 거기에 인감증명서를 첨부해서 제출하라는 겁니다.

아니 무엇을 보고 차용신청서를 쓰고, 누굴 믿고 섣불리 인감증명서를 제출한단 말입니까. 저는 우물쭈물 아무말도 못하고 나올 수밖에 없었습니다.

곰곰이 생각해 보았지요. 과연 저들의 정체는 무엇일까. 사채시장의 소문대로 배후에 실제 큰손 전주가 있을까, 아니면 사기집단이 있을까. 그들이 내는 신문광고를 보면 한 달 광고비가 200만원은 족히 넘는 분량입니다. 이러한 광고비를 지출하면서 그들이 구하고자 하는 것은 과연 무엇인지 정말 궁금했습니다.

사채를 전혀 모르는 50대 후반의 영감님을 내세워 100억원 이상의 자금을 다루게 하는 것은 저의 경험으로 미루어 절대 있을 수 없는 일로 판단됩니다. 유추하건대 이는 가만히 앉아서 전국의 덩치 큰 부동산의 내용을 파악한 뒤 어찌어찌해 보려는 검은 집단의 전초기지는 혹시 아닐까요?

의문은 여전히 남습니다. 시중에 떠도는 괴자금의 실체는 무엇일까? 그냥 루머일 뿐일까요? 아니면 사기꾼들이 퍼뜨리는 허황된 소리일까요? 그것도 아니라면 사채시장의 소문대로 전 정권의 실세였던 김 모씨의 비자금일까요?

이러한 소문을 현실화시키고, 특히 대형 비자금의 사채시장 유입가능성을 뒷받침하는 「특별한 사건」이 최근에 있었습니다.

어음할인을 해주는 전주들은 대부분 지갑이나 핸드백에 수천만원에서 수억원까지 수표를 넣고 다니며 어음을 삽니다. 요즈음에는 폰뱅킹으로 자동이체시키기도 하고, 100~200만원 정도의 적은 금액은 현금으로 사기도 합니다. 이 것이 어음할인 시장의 관례이지요.

그런데 1억 6,000만원짜리 어음을 사가면서 모두 현금을 주고 간 「특별한 사례」가 있었습니다. 현금 1억 6,000만원이라는 적지 않은 부피의 뭉칫돈은 라면상자 같은 종이상자에 담겨져 있었으며, 거기에는 일련번호까지 매겨져 있었다고 합니다.

또 종이상자를 풀었을 때 곰팡이 냄새가 확 풍기는 것이 아마도 창고처럼 은밀한 곳에 오랫동안 보관되어온 돈인 듯했답니다.

이 거래를 성사시킨 사채업자는 어음할인 경력 10년이 넘도록 현금으로 1억 6,000만원어치의 어음을 사가는 사람은 처음이라고 했지요.

사채업자 특유의 예민한 감각이 있다고 자부하는 저이지만 괴자금을 직접 접해보지 않은 이상 무어라 단정해서 말할 순 없습니다. 하지만 반드시 부정적이지는 않습니다. 그것은 노태우 전대통령의 비자금 사건에서 불거져 나온 사실을 종합해보면 어느 정도 수긍이 갈 것 같습니다.

"한보 정회장은 「연리 8.5%에 5년 거치 후 매월 100억원씩 분할상환」의 조건으로……" 하는 당시의 사건들을 유추해보면, 이번의 괴자금 또한 우리가 상상치 못하는 어마어마한 금액의 비자금이 숨겨져 있는 것은 아닐까 하는 의심이 듭니다. 지금도 어디에선가는 수백억원의 자금이 은밀히 거래되고 있을지도 모르는 일입니다.

더욱이 이 괴자금은 사채시장에서의 공공연한 비밀 그대로 문민정부 시절에 조성된 비자금은 아닐까라는 생각마저 조심스럽게 듭니다. 전 정권의 실세였던 김 모씨의 비자금 조성문제로 한동안 세상이 떠들썩했던 걸 떠올리면 이러한 추론도 가능하지 않겠습니까?

또 얼마인가 세월이 흐르면 밝혀지겠지만, 사채시장에서 떠도는 루머가 결코 헛소문만은 아닐 것이라고 강조하고 싶습니다. 이 소문에 대한 결론을 저더러 내리라고 한다면 이번에도 역시 같은 속담을 인용하겠습니다.

"아니 땐 굴뚝에 연기나랴?"

사채시장에 떠다니는 대형어음 할인사건의 진상

융통어음! 어음할인 시장의 총아로 불렸으며 한때는 어음시장의 패륜아라고까지 불렸던 융통어음이 요즈음 다시 고개를 들고 사채시장을 휘젓고 있습니다. 왜? IMF 한파 때문입니다.

제도금융권이 국제결제은행(BIS) 기준을 맞추느라 기업에 대한 여신여력이 바닥나게 되자 사채시장으로 흘러나온 융통어음으로 인하여 요즈음 어음시장은 매우 요란한 지경에 이르렀습니다.

융통어음만이 아닙니다. 괴자금설도 파다하게 나돌고 있습니다.

앞에서 설명했던 괴자금과 비슷하게 어음 쪽에도 괴자금이 출현하여 어음시장을 온통 혼란케 하는 것입니다. 진성어음을 취급하는 업자는 융통어음은 아예 거들떠보지도 않습니다. 하지만 과거 큰손들 앞에서 일을 보며 융통어음에 손댔던 업자들은 지금도 그것에 대한 향수를 버리지 못하고 있습니다. 덩어리 하나면 몇백 몇천이 왔다갔다하지요.

10억원 3개월짜리가 0.1%이면 300만원이고, 50억이면 1,500만원이고, 100억이면 3,000만원이라는 수수료가 떨어지니 그럴 만도 하지요.

요즘 시중에는 날마다 5대 그룹 어음이 나돌고 있습니다. H자동차 50억원짜리, D자동차 100억원짜리, (주)S 100억원짜리 등등 업자들끼리의 전화가 매우 바쁩니다.

그런가 하면 또 한편에선 괴자금으로 요란합니다. (주)S 어음이라면 1,000억원까지 가능하니 있는 대로 모아 달라는 등 심지어 사채시장 밖에 있는 사람으로부터도 주문이 들어오는 지경입니다.

제가 겪은 일 하나를 소개하겠습니다. 제가 평소 잘 아는 담보대출 사무실의 사장에게 전화가 왔습니다. 그는 자신이 아는 사람이 5대 그룹 어음이면 1,000억원까지 매입할 테니 어음업자를 소개받기 원한다며 저를 소개시키는 것이었습니다. 그 사람을 직접 만나지는 못하였으나, 전화상으로 그가 어음수집을 부탁하길래 알아보겠다고 대답했습니다.

그리고 확실한 큰손 전주가 뒤에 있는지 확인질문을 했지요. "지금 나에게 모 그룹 어음 100억원짜리가 있는데 자금이 되겠습니까?" 하고 물었습니다. 그는 자신의 영감에게 물어본 후 곧바로 연락을 주겠다며 전화를 끊었지요.

잠시 후 전화가 왔습니다. 그는 그 어음을 할인하기 위해서는 몇가지 구비서류가 필요하다고 하더군요.

여러분도 이젠 아시겠지만 어음을 할인하려면 발행회사, 발행금액, 지불기일만 알면 되지요. 그런데 뚱딴지같이 구비서류라니, 그만 그 말이 귀에 거슬렸습니다. 그는 법인 인감증명서, 선이자 공제각서, 세금계산서 등 몇가지를 늘어놓았습니다.

도무지 가당치 않아 저는 웃고 말았습니다. 그리고 저는 사채 경력 20년인 전문가인데 어음할인을 할 경우 그런 서류는 필요 없다고 말했습니다. 덧붙여서 어음할인이라면 당연히 선이자를 공제하는 것인데 왜 선이자 공제각서가 필요하며, 어음만 있으면 됐지 법인 인감증명서는 왜 필요하냐고 얘기해주었습니다. 그리고 세금계산서는 융통어음을 할인할 때는 편법상 필요한 경우가 있지만 어음을 할인할 때라면 필요 없는 것입니다.

그후 몇번 더 통화를 하자 그가 솔직히 털어놓더군요. 사실은 그도 아는 분이 알아보라고 부탁해서 저에게 연락했는데 시간이 지나고 보니 도무지 뭐가 뭔지 모르겠다며 자신은 이쯤에서 손을 떼겠노라고 했습니다.

요즈음 어음시장의 실태가 이렇습니다. 어음할인 경력 10년 이상인 업자도 50억, 100억짜리 풍문에만 시달릴 뿐 어음의 실물을 봤다는 사람은 거의 없습니다. 또한 자금이 있다는 측도 마찬가지여서 어음실물이 있으니 막상 돈을 가지고 나오라고 하면 그쪽이 나타나지 않는 겁니다.

그러나 이러한 소문이 꼭 낭설이라고만 보기는 어렵습니다. 전에 융통어음이 횡행하던 시절, 한꺼번에 수십억의 자금이 움직였다는 사실을 알 만한 사람은 다 압니다.

한 예를 들겠습니다. 1992년 대통령선거 당시 국민당의 대통령후보였던 현대그룹의 정주영 회장이 출마할 때였습니다. 선거자금이 부족한 정주영 후보측은 현대그룹 임직원을 동원하였습니다. 그들이 직접 현대그룹의 융통어음을 들고 나와 수십억원씩 할인해간 사실은 사채시장뿐 아니라 일반 시민들 사이에서도 누구나 다 아는 「비밀 아닌 비밀」이지 않습니까?

그러나 지금의 실정은 금융실명제로 인하여 뭉칫돈을 움직이기는 그리 쉽지 않습니다. 그리고 전과는 달리 한 회사의 어음에 50억원, 100억원씩 자금을 잠겨둘 큰손 전주는 없다고 보는 편이 타당할 것입니다.

다만 이렇게 큰 어음은 어떤 경로를 통하여 할인하는 그들만의 노하우가 있을 것으로 짐작됩니다. 예를 들어 자금을 조성해주는 대신 할인을 한다든지 하는 어떤 메커니즘이 있을 것이란 거지요.

실제로 사채시장에선 지금 당장이라도 100억~200억원 정도는 거뜬히 동원할 수 있습니다. 「일일자금」편에서 설명하였지만 잔고증명이나 당좌대월 또는 법인증자와 같은 경우라면 저 역시 앉은 자리에서 수백억원을 동원할 수 있습니다.

이렇듯 사채시장은 쉽게 자금동원이 가능한 쪽이 있는가 하면 어음할인처럼 쉽사리 성사되기 어려운 분야도 있는 겁니다.

이 글들을 통하여 여러분께서 사채시장, 나아가 우리 경제의 한 단면을 엿보는 즐거움을 누렸다면 저로서는 큰 다행이겠습니다.

 5. 흥미진진한 사채시장의 뒷얘기들

쉽고 안전하게 돈 빌리는 법 45가지

펴낸날 ■ 1998년 9월 15일 1판 1쇄

지은이 ■ 오남영 · 박연수

펴낸이 ■ 김혜숙

펴낸곳 ■ 도서출판 참솔

등록번호 ■ 제8-244호

등록일 ■ 1998년 5월 13일

주소 ■ ⑨ 120-013 서울시 서대문구 충정로 3가 32-11

전화 ■ 363-4261

팩시밀리 ■ 393-5685

ⓒ 오남영 · 박연수 1998

ISBN ■ 89-88430-01-8

값 ■ 10,000원